Werner Ross
Baudelaire und die Moderne

SERIE PIPER
Band 1855

Zu diesem Buch

Charles Baudelaire (1821–1867) ist der erste Dichter der Moderne: Sein Gedichtband »Les fleurs du mal« forderte mit seiner provokanten Mischung von Ideal und Kreatürlichkeit, von Schönheit und Morbidität die Öffentlichkeit des Zweiten Kaiserreichs heraus und sprengte die überlieferten Techniken und Regeln. Seine kritischen Reflexionen zu Dichtung, Malerei und Musik bereiteten das Zeitalter der Moderne vor, dessen Wandel zur Postmoderne wir heute erleben.

Werner Ross zeichnet die Geschichte dieses Prozesses nach und entwirft damit ein faszinierendes Bild der Epoche Napoleons III., des Aufstiegs von Paris zur Weltmetropole, der Entstehung der modernen Malerei mit Delacroix, Courbet und Manet und vor allem des genial-bizarren Gegenspielers des Kaisers: Baudelaires.

Werner Ross, geboren 1912 in Uerdingen am Niederrhein. Romanist und einer der namhaftesten deutschen Literaturkritiker, hat an der Münchner Universität vergleichende Literaturwissenschaft gelehrt und vorher acht Jahre lang das Goethe-Institut geleitet. Zahlreiche Publikationen, darunter die vielgerühmte Nietzsche-Biographie »Der ängstliche Adler« (1980). Werner Ross wurde 1992 mit dem Ernst-Robert-Curtius-Preis ausgezeichnet.

Werner Ross

Baudelaire und die Moderne

Porträt einer Wendezeit

Mit 21 Abbildungen und 2 Faksimiles

Piper
München Zürich

ISBN 3-492-11855-0
Originalausgabe
Dezember 1993

Umschlag: Federico Luci,
unter Verwendung des Aquarells »Schreitende Frau« (um 1870)
von Constantin Guys (Musée du Louvre, Paris)
Satz: Uwe Steffen, München
Druck und Bindung: Clausen & Bosse, Leck
Printed in Germany

Dem Weltbürger und Freund Harald Weinrich

Inhalt

Vorwort

Von meiner Arbeit an Nietzsche bin ich so zu Baudelaire gekommen, wie man von den Eltern zu den Großeltern aufsteigt – immer den Fragen folgend, die man als Kind zuerst zu stellen wagt und auf die auch das Alter keine endgültige Antwort weiß, den Fragen: Warum? Woher? Wozu? Was wir »Zeit« nennen, ist eine Abfolge von Veränderungen. Was wir wissen wollen, ist, wie und warum aus dem einen das andere wird.

Nietzsche war einer der ersten Deutschen, vielleicht der erste Deutsche, der den Autor Baudelaire kennenlernte. Er nannte ihn – verehrend und verständnisvoll – einen »Dreiviertelnarren«. Er war noch nicht so weit, konnte so weit nicht sein, den Wegbereiter der Moderne Baudelaire hoch über den Modeschriftsteller Bourget zu plazieren, durch den er ihn kennenlernte, aber die Ahnung eines gemeinsamen Geschicks und einer gemeinsamen Rolle hat er gefühlt.

Baudelaire ist eine Epochenfigur, weil er als erster in den sechziger Jahren des vorigen Jahrhunderts den Anbruch einer neuen Zeit gespürt hat, die nicht nur modern war, wie immer das Neue modern ist im Verhältnis zum Gestern, sondern deren eigentliches Kennzeichen »Modernität« sein würde, ein rasanter und erst nach einem Jahrhundert sich erschöpfender Wille zum Sich-selbst-Überholen, so mannigfaltig, aber tiefer, wilder, manchmal verbissener, manchmal verzweifelter als die Moden in ihrer diktatorischen Folge.

Baudelaire war kein Denker, sondern ein sensibler Poet. Aber er beobachtete die Vorgänge, die sich um ihn herum abspielten – in der Politik, in der Umwandlung von Paris aus einer mittelalterlichen Stadt in eine moderne Metropole, in der Literatur und in den bildenden Künsten, in der Gesellschaft und auf den Straßen – mit kritischer Genauigkeit. Er versuchte, diese Vorgänge in die überlieferten Denkschemata einzuordnen, und erst als dies nicht mehr glückte, wagte er sich an die Definition eines Künstlers, der nicht bloß im Wechsel der Moden »modern« sein würde, sondern als neuer Typus mit neuen Augen und neuer Gestaltungsgabe MODERN.

Dies freilich setzte voraus, daß auch die Welt, in der er lebte, sich, energisch, verlockend oder bedrohlich, wandelte. Das Stichwort »modern« bezeichnete, wie heute noch, die Fülle der technischen, industriellen, zivilisatorischen Neuerungen, deren Vollstrecker in Frankreich der zweite Kaiser, Napoleon III., war. Das Wort *progrès*, »Fortschritt«, klang damals den Zeitgenossen lieblich in den Ohren, und einer mußte so feinfühlig, so tief empfindend, so widerspenstig sein wie Baudelaire, um das versteckte Elend *dieser* Modernität zu spüren und um ihr triumphierend eine andere, selbstkritische, aber am Ende triumphierende Modernität entgegenzusetzen.

Daraus ergeben sich die beiden Gesichtspunkte, nach denen sich der Stoff dieses Buches organisiert. Erstens: Was heißt eigentlich, wie wandelt sich der Begriff »modern«? Zweitens: Warum vollzieht sich mit Baudelaire und durch ihn der Übergang vom jeweils relativ bestimmten Neuen (gegenüber einem verharrenden Alten) zu einer Moderne, deren Wesenszug der Wechsel, deren Definition die Ausschaltung aller alten Wertsysteme und die Inthronisierung des Experiments sein wird?

Die Geschichte des Begriffs umfaßt mehr als ein Jahrtausend, die Entdeckung der Moderne, des Modernen durch Baudelaire wenig mehr als ein Jahrzehnt. Die eine Geschichte ist der Vorlauf zur anderen. Sie muß erzählt werden, weil die Aussage, diese Person oder jenes Ereignis sei »modern«, immer wieder in der abenteuerlichsten Weise angewandt worden ist, womit schon Goethe anfing, als er, durchaus nicht leichtsinnig, Homer in einer bestimmten Hinsicht »modern« genannt hat.

I

Das Wort »modernus« und seine Folgen

Vorläufige Klärung einiger Begriffe

»Moderne«

Vor mehr als hundert Jahren, am 3. September 1886, erfand ein Berliner Literat namens Eugen Wolff, später Germanistikprofessor in Kiel, ein Wort, das alsbald Karriere machen sollte: »die Moderne«. Es sollte eine neu anbrechende Epoche bezeichnen, die hoffnungsvoll am Horizont erschien. Eugen Wolff und seine Freunde wollten zu ihrer Verwirklichung aufrufen und beitragen. Der rasche Erfolg des neuen Etiketts zeigt, daß es einer Erwartung abhalf.

Was »modern« war, wußte man seit langem: das Neue, das sich ankündigte, auf die Bühne trat, vorrückte, aufstieg, welkte und verschwand, weil etwas Moderneres es ablöste. Neu und kühn war es, eine kommende Epoche mit diesem Signalwort zu versehen, ihr das »modern« als Hauptkennzeichen aufzudrücken. Die so anvisierte neue Zeit würde keine Leitlinie, kein Programm, keine tragende Idee mehr haben außer dem Anspruch, neu zu sein, also auch bereit, das Neue durch das Neuere und Neueste zu ersetzen, den Wechsel, den Zwang des Überholens und das Leid des Überholtwerdens in sich aufzunehmen.

Das Deutschland Eugen Wolffs war das neu geeinte Reich im Glanz des Kaisertums. Nietzsche warnte das siegreiche Deutschland, von einem Siege der deutschen Kultur könne keine Rede sein, »weil die französische Kultur fortbesteht wie vorher, und wir von ihr abhängen wie vorher«. Das war 1873, in der ersten seiner *Unzeitgemäßen Betrachtungen*. Sie waren in der Tat so unzeitgemäß, daß kaum einer sie las.

Auch was das Moderne angeht, hinkte Deutschland nach. Es war jenseits des Rheines längst ausgerufen, proklamiert, von neuen Schulen und Richtungen in Besitz genommen, von Gegnern bestritten und verworfen. Daß Technik und Industrie, Wissenschaft und Wirtschaft ein neues Lebensgefühl oder

Epochenbewußtsein geschaffen hatten, war mit Händen zu greifen. Napoleon III. war als Vollstrecker der Modernisierung aufgetreten; Baudelaire hatte sich ebendiesem »Fortschritt« energisch und engagiert widersetzt. Aber Baudelaire war tot, gestorben 1867, und ganz andere Einflüsse formten die französische Literatur. Die neueste Parole war der Naturalismus, dessen Theorie Zola 1880 in der Schrift *Le roman expérimental* vorgestellt hatte: Naturwissenschaftlich genau und naturwissenschaftlich experimentell sollte Literatur fortan geschrieben und betrieben werden. Naturalisten wollten auch die jungen Autoren sein, zu denen Eugen Wolff gehörte. Sie bildeten einen Verein, der sich markig »Durch!« nannte. Vor dessen Mitgliedern hielt Wolff den Vortrag, den er *Die »Moderne«, zur Revolution und Reform der Literatur* überschrieben hatte.

Die poetische Einkleidung, die der Literaturrevolutionär Wolff seinen Gedanken und Vorschlägen gab, kommt uns heute eher altmodisch, »wilhelminisch«, vor. Aber in Gleichnissen zu reden und Symbolfiguren aufmarschieren zu lassen war in Deutschland Stil der Zeit, und so erfand sich Wolff zwei Frauenfiguren zur Ausmalung des Gegensatzes zwischen der alten versinkenden und der aufsteigenden neuen Zeit.

Die eine war eine antike Göttin, vor deren Bild man niederkniete. Aber: »Da tönt von außen ein Tosen und Brausen an unser Ohr, erschreckt fahren wir aus unserer Andacht auf, wir stürmen hinaus und siehe: Überall Bewegung, Handlung und das Bild des modernen Lebens.« Unseren Eugen Wolff, den inzwischen längst vergessenen Literaten, packt der dichterische Schwung; durch das Gewühl des modernen Lebens bahnt ein Weib sich seinen Weg: »In wilder Schönheit umrahmt ihr Haar Stirn und Nacken, und in wilder Hast stürmt sie dahin.« Das Weib, so darf man aus weiteren Einzelheiten schließen, ist eine Werktätige, die nach getaner Arbeit eilig zu ihrem Sprößling strebt, und es folgt ihr, immer noch schillerisch, »der idealsuchende Jüngling«. Er lebt auf, »wie wenn ein lang Gesuchtes gefunden, ein lange nach Gestaltung Ringendes sich gestaltet, und es flüstert in ihm: Die Moderne!«

Zum Glück erdichtete Wolff nicht nur diese Allegorie, sondern formulierte auch zehn Thesen, von denen die sechste hieß: »Unser höchstes Kunstideal ist nicht mehr die Antike, sondern die Moderne.« Da stand die Parole, wurde aufgegriffen und verbreitete sich in Windeseile.

Im Flug fing ein Autor das Wort auf, der es alsbald mit seinen *Studien zur Kritik der Moderne* (1890) populär machte: Hermann Bahr. Hermann Bahr war Österreicher und hatte in Berlin und in Paris gelernt. In Berlin stand der Naturalismus auf der Tagesordnung, in Paris, 1888, wurde er gerade von neuen Literaten überholt, die sich *décadents* nannten. Schon 1891 sammelte Bahr weitere Essays unter dem Titel *Die Überwindung des Naturalismus*. Gerhart Hauptmann nannte er darin »eine enge, schmale, keuchende Natur, dumpf, kümmerlich und mühsam« und fügte, um ein gutes Haar an ihm zu lassen, hinzu, »die sich aber auszudrücken und mitzuteilen weiß«.

Was nun »die Moderne« hieß, erlaubte, ja ermutigte solche Kurswechsel. In diesem Sinne charakterisierte und karikierte Bahr die achtziger Jahre: »Es war die Zeit, da jede Woche eine Zeitschrift aus irgendeinem neuen Bethlehem kam, bald grasgrün, bald blutrot gekleidet, aber immer berufen, der harrenden Nation den Befreier... zu bringen.« Bahr war so erfolgreich, weil er sich selber jeweils besonders frühzeitig wandelte. Kaum brach der Expressionismus aus, da war auch schon sein Buch über ihn da (1914).

Freilich überwand der neue Begriff »Moderne« nicht die Grenzen des deutschsprachigen Raumes. Es gab da ein unübersteigbares Hindernis. Während in Deutschland nach der eingebürgerten Epocheneinteilung das Mittelalter durch die *Neuzeit* abgelöst wurde, herrschten in England seit der Zeit um 1500 die *modern ages*, in Frankreich *l'âge moderne*, in Italien *l'età moderna* und so fort. »Modern« war also schon vergeben, und es bedurfte anderer Kunstwörter, wie etwa des in Frankreich um 1867 erfundenen *modernité*, um das Neueste vom Neuen abzusetzen. (Zu den Absonderlichkeiten, die sich die Sprache leistet, gehört auch, daß im angelsächsischen Raum, weil »modern« vergeben war, »new« freiblieb, so daß in unserem Jahrhundert eine missionarische Weltanschauung sich keck und zukunftstüchtig *New Age* nennen kann.)

Daß »modern« in der außerdeutschen Welt für die ganze Neuzeit gebraucht wurde und wird, wirkte wiederum auf die deutsche Wissenschaft zurück, die ohnehin seit Jacob Burckhardt mit der Etikettierung »modern« ewa für den Stauferkaiser Friedrich II. oder den italienischen Stadtstaat des Trecento großzügig umging. So kam in den letzten Jahren ein sonderbarer Notbehelf zustande, der inzwischen schon lexikalisch legitimiert ist: nämlich die Unterscheidung einer *großen* Moderne, die bis 1789 oder 1492 zurückreicht, und einer *kleinen*, die um 1890 beginnen darf.

In der Sprache des Brockhaus von 1991: »M[oderne] bezeichnet jetzt nicht nur die Mikroperiode, deren Beginn mit dem Aufbruch des Naturalismus und Ästhetizismus am Ende des 19. Jh. anzusetzen ist, sondern auch die Makroperiode seit dem durch Aufklärung und Revolution hervorgerufenen Umbruch in der 2. Hälfte des 18. Jh.« In Klammern wird hinzugesetzt, daß »gelegentlich« dieser Umbruch, also der Beginn der Makroperiode, bis zur Renaissance zurückverlagert wird, »so daß [er] sich mit dem Begriff der Neuzeit deckt«.

Es bedarf geringer Phantasie, um sich auszumalen, welchen Begriffswirrwarr eine solche salomonisch-sibyllinische Lösung des Dilemmas auslösen würde. Man liest darum lieber, was das Lexikon zur Moderne im engeren Sinne zu sagen hat: »Die M. ist dadurch gekennzeichnet, daß sie auf allen Gebieten ihre Orientierung nicht mehr im tradierten Erfahrungsraum, in den ›Normsuggestionen der Vergangenheit‹ (J. Habermas) sucht, sondern ihre Normativität aus sich selbst schöpft. Am frühesten und nachdrücklichsten kommt das in der Ästhetik, in der Überwindung der normativen und Nachahmungspoetik durch die Ideen der vorbildlosen Originalität (Innovation) und der Autonomie der Kunst zum Ausdruck.«

So in der Tat. Indem der wackere Wolff formulierte, daß das Kunstideal nicht mehr die Antike, sondern die Moderne sei, konnte er nur meinen, daß die gerade erst entstandenen oder die erst zu schaffenden Werke in der Zukunft das »Kunstideal«, also die Normen für weiteres Schaffen, abgeben würden.

Wie wenig haltbar seine naturalistisch inspirierte Moderne war, konnte er in seiner naiven Zuversicht kaum ahnen. Von seinem Zukunftsgemälde blieb so gut wie nichts übrig. Weder taugte die zu ihrem Kinde eilende berufstätige junge Frau als künftiges Motiv oder Modell, noch konnte der schillerische ideale Jüngling die Leitfigur eines neuen Publikums abgeben. Die einzige Vokabel, die sein Idealbild überdauern sollte, war »wild«. Das »wilde« Haar, die »wilde« Hast waren echte Neuerungen. Zu Beginn des neuen Jahrhunderts würde eine französische Malergruppe sich *Fauves* nennen, »wilde Tiere«, und es ist noch nicht lange her, daß die Künstlergruppe der »*Neuen* Wilden« in Berlin bewundert wurde.

»Modernität« und »Dekadenz«

Von der Moderne reden wir oft und leichthin, das Wort liegt uns auf der Zunge, wir sind darin zu Hause. »Modernität« hingegen ist selten. Man stößt darauf in Nietzsches späten Schriften, im *Fall Wagner*, in *Ecce homo*, in den nachgelassenen Aufzeichnungen der letzten Zeit, nicht weit weg also von dem Gründungsmanifest der Berliner Moderne 1886. Nietzsche hat den Pariser *naturalisme* in *Jenseits von Gut und Böse* noch zur Kenntnis genommen, den Berliner nicht. Als die Berliner Zola entdeckten, wurde er in Paris gerade unmodern. Eine neue »Nervenkunst« entstand. Nietzsche in Nizza las das *Journal des débats*, er entdeckte für sich Paul Bourgets *Essais de psychologie contemporaine* (1883–85) und fand darin jene nachnaturalistische Seelenlage und Zeitstimmung illustriert, die er für den *Fall Wagner* brauchte, samt einem Terminus, der sie zusammenfaßte: *modernité*. Im Epilog zum *Fall Wagner* wird Wagner zu ihrer Inkarnation: »dies gute Gewissen in der Lüge ist vielmehr *modern par excellence*, man definiert damit beinahe die Modernität«.

Im Nachlaß liest man dazu, den Fall Wagner verallgemeinernd: »Zur Charakteristik der Modernität. – Überreichliche Entwicklung der *Zwischengebilde; Verkümmerung der Typen; Abbruch der Traditionen, Schulen; die Überherrschaft der Instinkte* (philosophisch vorbereitet: das Unbewußte *mehr wert*) nach eingetretener *Schwächung der Willenskraft*...« Und als ob Nietzsche schon ins 20. Jahrhundert hätte hinüberblicken können, fährt er in einem neuen Absatz fort: »Das Übergewicht der *Händler* und *Zwischenpersonen*, auch im Geistigsten: der Literat, der Vertreter, der Historiker (als Verquicker des Vergangenen und Gegenwärtigen), der Exotiker und Kosmopolit, die Zwischenpersonen zwischen Naturwissenschaft und Philosophie, die Semi-Theologen.«

Das ist eine Hellsichtigkeit, wie sie im deutschen Bereich allein Nietzsche, dem vorgeschobenen Beobachter in Frankreich, möglich war. Sie erlaubt schließlich, in *Ecce homo* alles Zeitgenössische im Begriff der Modernität zusammenzufassen, um ihm global den Krieg zu erklären. So heißt es über *Jenseits von Gut und Böse*: »Dies Buch ist in allem Wesentlichen eine Kritik der *Modernität*, die modernen Wisssenschaften, die modernen Künste, selbst die moderne Politik nicht ausgeschlossen...« Es enthält zugleich Fingerzeige zu einem gegensätzlichen Typus, »der so wenig modern als möglich« ist.

Modernität ist also nach Nietzsche in der Tat der letzte Schrei, das Kennzeichen der Epoche, aber sie ist zugleich eine Art Krankheitszustand, der durch einen neuen Willen zur Gesundheit überwunden werden muß.

In den späten Nachlaßaufzeichnungen gelingt Nietzsche ein glänzendes Porträt der Modernität unter den Bildern von Ernährung und Verdauung »... die Fülle disparater Eindrücke größer als jeder *Kosmopolitismus* der Speisen, der Literaturen, Zeitungen, Formen, Geschmäcker, selbst Landschaften. Das *Tempo* dieser Einströmung ein *Prestissimo*; die Eindrücke wischen sich aus; man wehrt sich instinktiv, etwas hereinzunehmen, *tief* zu nehmen, etwas zu verdauen... Eine Art *Anpassung* an diese Überhäufung mit Eindrücken tritt ein: der Mensch verlernt zu *agieren*; er *reagiert nur noch* von außen her... Künstliche Zurechtmachung seiner Natur zum Spiegel; interessiert, aber gleichsam bloß epidermal-interessiert: eine grundsätzliche Kühle, ein Gleichgewicht, eine festgehaltene *niedere* Temperatur dicht unter der dünnen Fläche, auf der es Wärme, Bewegung, Sturm, Wellenspiel gibt.« Das 20. Jahrhundert liest sich wie eine Illustration dazu.

Der sein Zeitalter so kennzeichnet, gehört diesem Zeitalter voll an. Die Verfeinerung aller Wahrnehmungstalente ist seine Mitgift und ermöglicht überhaupt erst die Selbstreflexion. An einer anderen Stelle der Nachlaßaufzeichnungen nennt Nietzsche als die »eigentliche Modernität« den Sinn für die und die Lust an der Nuance. Er hat brillant daran teil.

So wie die Modernität, hat Nietzsche auch sein Konzept der Dekadenz aus Frankreich bezogen, wo es einen besonderen Grund hatte, sich epidemisch auszubreiten: die Niederlage von 1871. Der Krieg ging verloren, weil man im Gegensatz zu den jungfrischen Deutschen einer Kulturspätzeit angehörte, man war, weil höchst zivilisiert, militärisch unterlegen.

Nietzsche hat die *décadence*, ihre französische Orthographie beibehaltend, in den letzten Jahren seines Schriftstellerlebens voll in seine Gedankenwelt integriert. In dem oben zitierten Vergleich mit den Ernährungsvorgängen diagnostiziert er für die tieferen Zonen der modernen »äußeren Beweglichkeit« »tiefe Schwere und Müdigkeit«. Verfeinerung wird mit Verfall, vor allem mit Kraftverfall, bezahlt. »Modernität« und Müdigkeit haben die gleiche Wurzel. So kann er in *Ecce homo* am Ende des Abschnitts »Warum ich so weise bin« mit Emphase ausrufen: »Wohlan, ich bin das Gegenstück eines décadent...«, und Malvida von Meysenbug weist er zurecht: »Ich bin, in Fragen der *décadence*, die höchste Instanz, die es jetzt auf Erden gibt.«

Dekadenz als Verfeinerung und als Verfall, Modernität als die höchste Stufe einer sich vollendenden Zivilisation, die dennoch, oder gerade deshalb, überwunden werden muß, so hat Nietzsche die Lage gesehen und sich selbst als Teilhaber beider und als ihr Überwinder zugleich verstanden. Nur aus dem Einverständnis ist das große Loblied zu begreifen, das er in *Nietzsche contra Wagner* den Modernen unter den Franzosen singt:

> Allesamt beherrscht von der Literatur bis in ihre Augen und Ohren – die ersten Künstler Europas von *weltliterarischer* Bildung – meistens sogar selber Schreibende, Dichtende, Vermittler und Vermischer der Sinne und Künste, allesamt Fanatiker des *Ausdrucks*, große Entdecker im Reiche des Erhabenen, auch des Häßlichen und Gräßlichen, noch größere Entdecker im Effekte, in der Schaustellung, in der Kunst der Schauläden, allesamt Talente weit über ihr Genie hinaus –, *Virtuosen* durch und durch, mit unheimlichen Zugängen zu allem, was verführt, lockt, zwingt, umwirft, geborene Feinde der Logik und der geraden Linie, begehrlich nach dem Fremden, dem Exotischen, dem Ungeheuren, allen Opiaten der Sinne und des Verstandes. Im ganzen, eine verwegen-wagende, prachtvoll-gewaltsame, hochfliegende und emporreißende Art von Künstlern...

Ganz unübersehbar, daß da in den Adjektiva (»verwegen-wagend, prachtvoll-gewaltsam«) Nietzsches Übermensch sich anmeldet. Aber dann, sozusagen alle aufgezählten Qualitäten mit einem Strich annullierend, folgt: »Aber *krank*...« Nietzsche, so sah er seine Aufgabe, würde die Krankheit kurieren als der, der sie am eigenen Leibe durchgemacht hatte.

Die Theorie der *décadence* hatte er im wesentlichen von Bourget übernommen, aus dem Essay, der Baudelaire gewidmet war. Bourget hatte Düsteres prophezeit: Überall balle es sich zusammen, in Rußland Nihilismus, in Deutschland Pessimismus auf Schopenhauers Spur und in Frankreich die Neurose. Grund genug also, an den Abstieg Europas, die *décadence*, zu glauben.

Was Nietzsche, dieser sehr deutsche Deutsche, nicht begriff, was ihn nötigte, sich gleichzeitig als *décadent* und das Gegenteil davon zu bekennen, war die französische Neigung, Parolen als Provokationen, als modische Stich- und Schlagworte zu prägen. Denn *modern* und *matt* ging ja tatsächlich nicht zusammen, das war für ein paar Jahre eine passende Verkleidung, als Maske des hypersensiblen Ästheten, dann kam die Zeit für einen Rollenwechsel.

Hätte Nietzsche Baudelaires Antwort auf den Vorwurf, er produziere *»littérature de décadence«*, gelesen, würde er den Triumphruf eines Modernen vernommen haben, der die Akademiker, die Weisen des Literaturbetriebs, mit blankem Hohn bedachte und dem es nie eingefallen wäre, sich selbst auf dem absteigenden Ast zu sehen. Mit dem ihn schmähenden Zitat *»littérature de décadence«* fangen Baudelaires *Nouvelles notes sur Edgar Poe* an, und dann holt der Dichter, der zugleich ein begnadeter Polemiker war, zum Gegenschlag aus. Sollte es wirklich, so fragt er höhnisch, in der Literatur eine Skala geben, die mit dem säuglingshaften Schreien beginnt, dem sodann eine kindliche, eine jugendliche und am Ende die greisenhafte Epoche der Dekadenz folgt? Ist nicht vielmehr das Leben so bewegt, daß sich in der Literatur die verschiedensten Kombinationen und Komplikationen ergeben? Was sagen die Professoren, wenn zum Beispiel eine Nation mit der Dekadenz beginnt? Wie steht's zum Beispiel mit Amerika, das jung ist, aber das Späte aus Europa gern übernimmt, siehe Poe?

Das war 1857 geschrieben, ein Vierteljahrhundert vor Bourgets Versuch, *décadence* zum Epochenbegriff zu erheben und nachträglich Baudelaire zu ihrem Vorläufer zu machen. Baudelaire war tot und konnte nicht mehr protestieren. Einige Wochen vor seinem Tod am 31. August 1867 hatte sein Freund und Förderer Théophile Gautier ihn treffender charakterisiert: *»D'un côté, la modernité la plus extrême, de l'autre, l'amour austère de l'antiquité«* (auf der einen Seite äußerste Modernität, auf der anderen eine strenge Liebe zur Antike).

Das war ein bemerkenswerter Unterschied zwischen Baudelaire und dem Literaturreformer Eugen Wolff, der die Antike in Gestalt einer Göttin gern für das wild daherstürmende Weib der neuen Zeit zu opfern bereit war. Auch Baudelaire hatte sich übrigens in seinen *Bemerkungen über Poe* zweier allegorischer Damen bedient, um den Gegensatz zwischen der herrschenden professoralen Literatur und der von ihm verfochtenen modernen deutlich zu machen: die eine eine ländliche Matrone, von Tugend und Gesundheit strotzend, aber »ohne Schritt und ohne Blick«; die andere »eine von jenen Schönheiten, welche die Erinnerung beherrschen und bedrängen; mit ihrem tiefen und ursprünglichen Charme vereinigt sie die Beredsamkeit ihrer Toilette; sie schreitet königlich und ist sich ihrer Rolle herrscherlich bewußt. Ihre Stimme ist ein wohlgestimmtes Instrument, ihre Blicke sind gedankenvoll und lassen von diesen Gedanken nur erkennen, was sie selber wollen.« Dergleichen Bilder kehren bei Baudelaire häufig wieder. Sie zeigen nicht mehr die *femme fatale* der Romantik oder die sentimentale Madame Bovary, sondern vorahnend, vielleicht damals schon in Einzelfällen verwirklicht, die selbstbewußte moderne Frau.

»Epoche«

Wer »die Moderne« sagt, benennt eine Epoche. Diese nimmt ihr Ende, indem die Beobachter der Zeit eine neue Epoche, die Postmoderne, registrieren und diagnostizieren. Aber wer mit Epochen hantiert, muß sich die Frage gefallen lassen: Gibt es sie eigentlich? Ist der Streit, wann und wo die Moderne begonnen habe, nicht müßig, wenn sie selbst nur eine Setzung, eine spekulative Fiktion ist?

In der Tat: Das wuchtige griechische Wort *epoché*, das wir nur in der Aussprache verändert haben, heißt Einschnitt; aber die Zeit fließt. In einen Fluß läßt sich kein Schnitt machen. Die Geschichtsschreiber sind wie die Romanschreiber, die eine fließende Handlung in Kapitel unterteilen, oder wie die Dramatiker, die mitten im Stück den Vorhang fallen lassen. Auch wenn wir mit dem deutschen Wort für Epoche von »Zeiträumen« sprechen, drängt sich ein Bild auf: Zeitzimmer, aus denen sich das Haus der Weltgeschichte zusammenfügt. Wir scheiden und schneiden – das sind *unsere* Entscheidungen – im unbegrenzten Chaos der Geschehnisse. Aber unsere Einschnitte, nachträglich vollzogen, ändern wenig am Lauf der Welt.

Dennoch ist das Bedürfnis, Epochen zu definieren, zu unterscheiden, gegeneinander abzugrenzen, sehr menschlich und ganz ununterdrückbar. Nur in den ältesten Zeiten der

Geschichtsschreibung reichte die chronologische Reihung aus. Die höhere, reflektierende Geschichtsschreibung verachtet diese erste Form historischer Bewußtseinsbildung, faßt größere Zeiteinheiten zusammen. Aber diese höhere Geschichtsschreibung kann auch sich selbst und ihre Markierungen in Frage stellen. Es gibt eine immer weiter anschwellende Epochenliteratur gerade in den letzten Jahrzehnten, die alte Fixierungen vom Typ Altertum, Mittelalter, Neuzeit aus den Angeln hebt, früher fixierte Großzeiträume neu gliedert oder neu begrenzt, in Unterzeiträume auflöst oder unter neuen Gesichtspunkten umbenennt.

Auch die genaue Fixierung älterer Zeiten, die das Datum festhält, an dem diese oder jene Epoche begann, hält dem skeptischen Blick heutiger Geschichtsdenker nicht mehr stand. Es hat sich als Antwort darauf der Begriff der »Epochenschwelle« herausgebildet: kein scharfer Schnitt mehr, sondern eine breitgelagerte Übergangszeit, in der das Alte noch, das Neue schon präsent ist. Aber auch diese bequemere Perspektive ist schwer durchzuhalten. Ein neuester Sammelband mit der Überschrift *Frühe Neuzeit – frühe Moderne?* stellt als Definition der Epoche »Verschichtungen« und »Überlagerungen« fest, und in einer Rezension heißt es dazu: »Eine mit der nötigen gedanklichen Konsequenz betriebene Präzisierung der Periodisierung muß daher die Epochenbegriffe immer unpräziser machen. Am Ende sind sie alle nichts anderes als Allegorien der Zeit, sagen, daß etwas anfängt und etwas aufhört und ein Drittes, für eine gewisse Zeit, Bestand hat.«

Trotzdem: es gibt objektiv gegebene Voraussetzungen für die Bestimmung von Epochen, die für den Historiker bloße Willkür ebenso ausschließen wie beim Romanschreiber oder Dramatiker, der seine Kapitel oder Aktschlüsse in den Fluß des Geschehens einzeichnet. Dazu gehören vor allem die sogenannten »einschneidenden«, »epochemachenden« Ereignisse, ärgerlicherweise meist Kriege und Revolutionen, eher selten Friedensschlüsse wie der Westfälische Friede oder die Eckdaten 1918 und 1945.

Das Moderne in der Antike – das Antike in der Moderne

Die mächtigen Alten und die schmächtigen Jungen

Die »Moderne« – so dürfen wir vermuten – kristallisiert sich zur neuen Epoche in den Jahren und in dem Maße, da das vorherrschende Modell der Antike – die »Alten« oder das »Altertum« – seine Macht einbüßt und zu einem Paradigma unter vielen anderen absinkt, relativiert, historisiert, auch zu Zeiten nostalgisch verehrt und zurückbeschworen, aber ohnmächtig gegenüber dem, was nun, etwa seit der Mitte des 19. Jahrhunderts, überwältigend als WIRKLICHKEIT auftritt.

Der Anspruch, mit dem man die »Alten«, das »Altertum« liebevoll oder ehrfurchtsvoll als Autoritäten verehrte, wurzelte auf die naürlichste Weise in dem Respekt, den das Alter und die Alten überhaupt genossen. Die Machtstellung der Eltern gegenüber den Kindern – so sagt ihre deutsche Bezeichnung aus – beruhte darauf, daß sie die *Eltern*, lies: Älteren, sind. Das machte sie automatisch überlegen: Wer länger lebte, hatte mehr erfahren, konnte am Ende als weise gelten. Je älter, um so größer; der Vater des Vaters und der der Mutter wurden zu Großvätern. Die Vorfahren hießen bei den Römern *maiores*, »die Größeren«.

Man kann die Geschichte nicht verstehen ohne jene uralte Religion, die wir den Ahnenkult nennen. Die Ahnen waren die Größeren, Edleren, Götternäheren, vielleicht selbst Götter. Sie hatten die Einrichtungen gestiftet, die Festsetzungen getroffen, die Bräuche befohlen, innerhalb derer sich die Lebenden bewegten. Sie waren immer dabei. Sich von den Vätern loszumachen ist der eigentliche emanzipatorische Akt der Weltgeschichte.

Ob das Patriarchat oder das Matriarchat herrschte, spielt in unserem Zusammenhang so gut wie keine Rolle. Wie auch immer, die Herrschaft lag in den ältesten Zeiten nicht bei Männern oder Frauen, sondern bei Vätern oder Müttern, wie die Bezeichnungen »Patriarchat« und »Matriarchat« deutlich genug verkünden, auch nicht zu selten bei den Großvätern oder Großmüttern, Sippenältesten mit all der Macht und Würde, die auch den Schwächlichen und Gebrechlichen unter ihnen noch zustanden.

Ohne dieses Übergewicht des Alten und der Alten läßt sich alte Geschichte nicht verstehen. Eine der daraus sich notwendig ableitenden Folgen ist die Berufung auf die Alten als Zeugen. Die Zeugen, die man vor Gericht aufmarschieren läßt, sind Lebende, möglichst Augenzeugen, die Zeugen, die für die Wahrheit von Geschichte oder Mythos, von Philosophie oder Physik, aufgerufen, »zitiert« werden, sind alt, lang überliefert, je älter, um so besser, um so näher dem göttlichen Ursprung der Welt. Sie sind für die Römer *auctores,* Urheber, Gewährsmänner, und davon leitet sich ihre *auctoritas*, »Autorität«, ab. Alter und Verläßlichkeit stützen sich gegenseitig.

»Alt« *(archaíos)* und »Ursprung« *(arché)* entstammen im Griechischen der gleichen Wurzel. *Arché* ist aber zugleich für die frühen Philosophen das Prinzip, aus dem sich alles ableitet, Urstoff oder Urgedanke. Unser »Ur« bewahrt noch einen Funken vom alten Glanz, der den Anfang umgab. Auch ein kühner Denker wie Platon zitiert immer wieder die alten Überlieferungen und ist bei den Hütern der Ältesten, den Ägyptern, in die Schule gegangen. Diese Alten der Überlieferung sind auf die gleiche Weise präsent wie die Eltern für die Kinder und die »Ältesten«, die Senatoren oder Geronten, in der Leitung des Gemeinwesens.

Je deutlicher ausgeprägt dieses Machtmonopol, um so weniger Veränderungen. So, meinen wir, ist die ägyptische, die chinesische Geschichte im Grunde stillgestanden. Das sind zwar optische Irrtümer, es bewegte sich mehr, als den Untertanen lieb sein mochte, aber es blieb unverhältnismäßig viel »beim Alten«. Wer durch die Ausstellung ägyptischer Kunst geht, hat nicht das Gefühl, vergleichsweise mehr Zeit zu durchmessen als von den Tempeln von Paestum bis zu den Wolkenkratzern von Manhattan, und doch wandert er durch drei Jahrtausende.

So war es auch in Rom. Die Vergangenheit nicht gegliedert, sondern im Nebel verschwimmend, und aus diesem herausragend die Väter der Vorzeit, so wie die Gegenwart vom Senat, dem Rat der weisen Greise, überragt wird. Rund siebenhundert Jahre war dieses mythengläubige Rom alt, als es endlich die Jungen, die Neuen, die Neueren, wagten, sich einen Namen zu geben und unter diesem Namen aufzutreten. Es waren junge Leute aus guter Familie, meist aus der Provinz und eben erst mit dem römischen Bürgerrecht versehen, die sich selbst den griechischen, also feineren Namen *neoterici* gaben, Intellektuelle, Literaten nach unserem Sprachgebrauch, mit Freundinnen, die sie nicht nur liebten, sondern auch besangen. Der Berühmteste von ihnen, der Schüler noch heute überzeugen kann, daß Latein mehr ist als eine tote Schulsprache, war Catull.

Neoterós ist die Steigerung von *néos*, »neu«, »jung«. Die neoterici waren junge Leute, die Neuerungen im Sinn hatten: *neótera*, und charakteristischerweise heißt dies auch »Unglück«, »Schlimmes«; so gefährlich war alles Neue. Ein Kenner und Verehrer Altroms, Otto Seel, hat sie mit den rebellischen Malern der »Neuen Sezession« um die Jahrhundertwende verglichen:

> Jedes Jahrhundert hat von neuem seine »Alten« und seine »Modernen«, entweder nacheinander als Generationsproblem oder nebeneinander als Gegensätzlichkeit von Konservativen und Avantgarde.

Aber da ist eben doch ein Fragezeichen zu machen. Die Neoteriker haben sich nicht aufgelehnt. Sie gliederten ihr Neues in die Tradition ein. »Morgenluft vom Po und von den Alpen drang in die Häuser Roms, wo man Literatur pflegte«, schreibt zwar der große Latinist Ernst Bickel in seiner *Geschichte der römischen Literatur*, aber er betont auch, daß ihre Dichtung »nicht bloß Sturm und Drang, sondern auch Meistersingerweise mit Messen und Zählen« war.

Das Wort »neotericus« hat sich als gelehrter Ausdruck fortgeschleppt. »Je älter das Altertum wurde«, schreibt Ernst Robert Curtius in seinem Buch über *Europäische Literatur und lateinisches Mittelalter,* »um so mehr bedurfte man eines Wortes für modern. Aber das Wort *modernus* war noch nicht vorhanden. Diese Lücke füllte nun *neotericus* aus.«

Ein Gegensatzpaar gewiß. Aber der eine Partner, der zeitgenössische, stand auf schwachen Füßen. Die »antiqui« bildeten eine Phalanx wie noch in den Bücherschränken unserer Großväter die Klassiker. Sie waren kanonisiert, wurden immer wieder abgeschrieben (wir würden sagen: aufgelegt), wurden in den Schulen gelesen und als Stilvorbilder gelehrt. Sie waren ein flächendeckender Bestand; die Neueren rückten auf die wenigen von ihnen freigelassenen Plätze und wurden Klassiker nun auch ihrerseits.

Modernus tritt auf

Es ist in den Handbüchern verzeichnet, wann das Wort *modernus* zum erstenmal auftaucht, aber ich meine, niemand hat bisher hinreichend unterstrichen, in welchem epochalen Augenblick es geschah. Ein neues Wort, eindeutig in seinem Ursprung, abgeleitet nicht von *modus*, das die Art und Weise, auch das Maß bezeichnet, sondern von *modo*, »eben erst«, »kürzlich«, »neulich«. So, nur zu *mo'* verkürzt, lebt es heute noch im Italienischen. Der Erfinder des Wortes hängte an *modo* die Endung von *hodiernus*, »heutig«, an,die Lücke war gefüllt, so als ob wir das Wort »ebenerstig« geprägt hätten.

Das neue Wort war praktisch, aber ohne Glanz. Es kam gegen Ende des 5. Jahrhunderts auf, findet sich etwa in amtlichen Schreiben des Papstes Gelasius I. (492–496). Die Zeit selbst war aufregend genug. Im Jahr 476 wurde der letzte weströmische Kaiser, Romulus Augustulus, abgesetzt, das Kaiserlein, und der Generalissimus Odoaker, ein Germane oder, wie man damals sagte, ein Barbar, setzte sich an seine Stelle. Er kam nicht von außerhalb, sondern war Befehlshaber eines den Römern verbündeten Heeres, so etwas wie der einheimische Kommandeur einer Kolonialtruppe. Die Truppen, die er befehligte, waren Militärbauern mit Anhang, und die getroffene Regelung sah vor, daß die Neuankömmlinge für ihre Dienste ein Drittel des italienischen Bauernlandes zugeteilt erhielten. Es war eine schiedlich-friedliche Regelung, denn die Barbaren übernahmen den Grenzschutz, also auch den Schutz der römischen Bevölkerung. Ein Auszehrungsprozeß, der vorher das Römische Reich gelähmt hatte, wurde umgekehrt: Land war vorher drastisch besteuert worden, Landflucht war die Folge gewesen, mit dem Zwang zu immer härterer Steuereintreibung bei den Bauern. Nun gab es wieder mehr Bauern, mehr Erträge, auch vermutlich mehr Widerstand gegen die Eintreiber, man arrangierte sich.

Die Sache hat ihre Wichtigkeit wegen des Schlüsseljahres 476 und der Frage, ob da nun wirklich nicht nur etwas Altes (und sehr Hinfälliges) aufgehört, sondern auch etwas Neues, nämlich das Mittelalter, das von den Germanen beherrschte Feudalzeitalter, begonnen habe. Ja, es ging nach dem Sturz Odoakers in der gleichen Richtung weiter, der Gote Theoderich der Große, im Auftrag des oströmischen Kaisers, regierte nun selbst als von Byzanz legitimierter König im Westen, aber seine wichtigsten Helfer waren römische Senatoren aus altadligen Familien, Boethius und Cassiodor. Beide waren Figuren von epochaler Bedeutung: Sie haben dem barbarischen Europa, dem »Mittel-Alter« zwischen Verfall und Wiedergeburt, die antike Bildung in komprimierter Form, als Schulsystem, und in ihrem kulturellen Bestand, als Literatur, vermacht.

Was er und seine Senatskollegen bewirkten, läßt sich so formulieren: Das weströmische Reich ging zwar in seiner Erscheinungsform 476 unter, in seiner Substanz blieb es aber erhalten, als von der Wirklichkeit niemals eingeholtes, aber auch niemals ganz aufgehobenes Ideal eines friedlichen Weltreichs, bis zu seiner endgültigen Abschaffung am Anfang des 19. Jahrhunderts, 1806.

Cassiodor also als Ratgeber Theoderichs ließ es sich angelegen sein, trotz des trüben Datums 476 die römische Kontinuität zu wahren. Unter seinen schönen, rollenden Sätzen findet sich auch dieser, gerichtet an einen dritten großen

Zeitgenossen, den Senator Symmachus in Rom: Da er sich als *antiquorum diligentissimus imitator, modernorum nobilissimus institutor* erwiesen habe, als höchst sorgfältiger Nachahmer der Alten und als vornehmster Lehrmeister der Modernen, möge er doch das baufällige Theater des Pompejus in Rom wiederherstellen, damit so die alte Welt um so anständiger *(decentius)* erneuert werde.

Da sind sie nun zum erstenmal greifbar: die *moderni*, die Zeitgenossen, klar unterschieden von den *antiqui*, den alten Römern, aber doch nur ein Ziel vor Augen, diesen alten Glanz, diese alte Würde zu erneuern; *innovare* steht da, und das heißt nicht: Neuerungen einführen, sondern *er*neuern, was zerfallen, verfallen ist. Wer heute nach Ravenna kommt, darf staunen über den Glanz, der diese mittlere Provinzstadt noch erfüllt.

Wir schauen nun auf den Römer Cassiodor zurück, dem aufgegangen ist: Ja, Rom muß erneuert werden, ja, Rom wird in Ewigkeit herrschen, aber es bedarf neuer frischer Führung, neuer tapferer Soldaten. Die Barbaren mögen ruhig die Führung übernehmen, wenn sie nur hineinwachsen ins Reich. Die neue Zeit, die moderne, wird das leisten.

Theoderich ist, wie später der Franke Karl, dem auch der Beiname des Großen angeheftet worden ist, leider nicht die Regel, sondern die Ausnahme. Nach seinem Tod zieht sich Cassiodor von den Staatsgeschäften zurück auf seine Güter in Kalabrien. Dort gründet er zwei Klöster, sie heißen *Vivaria*, zu deutsch etwa »lebendige Gehege«. Das Wort lebt in unserem Weiher, dem Fischteich, fort. Aber in diesen Vivaria werden nicht Fische vervielfältigt, sondern Kodizes. Die Mönche beten, aber vor allem schreiben sie, unermüdlich, denn eine ganze Kultur muß über dunkle Zeiten, über Gewalttat und Eroberung, über Plündern und Brandschatzen hinweg, gerettet werden.

Als Cassiodor in einem Brief zwei römische Senatoren rühmen wollte, hob er hervor, sie seien eine Zierde nicht nur ihrer Familie, sondern auch des Senats, und fuhr fort: *modernis saeculis moribus ornabantur antiquis*, »in modernen Zeiten waren sie mit alten Tugenden geschmückt«. Die Tugenden, die er aufzählte, waren: Güte, Beständigkeit, Freundschaft. »Bonitas« heißt freilich noch mehr als »Gutheit«, nämlich Tüchtigkeit, Zuverlässigkeit, Treue. Es waren alte römische Tugenden, diejenigen, die in der Kaiserzeit verlorengegangen waren, die das Christentum auf seine Weise erneuert hatte und die nun, da auch das Christentum in den römischen Verfall mit hineingezogen war, bei den Barbaren wiederauferstehen würden.

Was aber die »modernen Zeiten« angeht, die hier ihren Namen gefunden haben, so ist dem Cassiodor absolut selbstverständlich, daß sie Glanz und Eigenständigkeit, Größe und Bedeutung gewinnen können nur durch Wiederherstellung alter Zustände, durch ein neues Rom in Glanz und Gloria, in Tüchtigkeit und Züchtigkeit. Und ähnlich wird es noch sein zur Zeit Ottos des Großen vierhundert Jahre später und zur Zeit Karls V. tausend Jahre später, und jenes Reich mit den deutschen Kaisern, das immer ein römisches war, verschwindet erst eintausenddreihundert Jahre nach Theoderich. Der neue Kaiser, Napoleon, beeilt sich, aus Aachen das Zepter Karls des Großen zu beschaffen, denn auch er möchte als Römer in den großen Traditionszusammenhang treten, und er heiratet, weil es ihm so sehr darauf ankommt, des römischen Kaisers Tochter.

Der Streit der Alten und der Modernen

Ein neues Zeitalter hat begonnen – das äußert sich in der neuen Wortprägung. Die *moderni* – wie schwach sie auch immer sein mögen im Verhältnis zu den Ahnen – fühlen sich als andere. Sie sind schon deshalb nicht mehr »alte« Römer, weil sie Christen sind. Das Altertum, so die nun sich bildende Konvention, war heidnisch. Die ersten tastenden Versuche, eine neue christliche Zeitrechnung einzuführen, stammen aus den unruhigen Zeiten zwischen dem Kaiserlein Augustulus und dem germanischen Neurömer Theoderich.

In diesen Zeiten konnte es nur den wehmütigen Rückblick zu den Alten geben, den unendlich überlegenen. Wenn trotzdem unter großen Herrschern wie Karl dem Großen und Otto dem Großen Bildungsbewegungen entstanden, von diesen Herrschern befohlen oder angeregt, »Renaissancen«, wie wir heute sagen, die »karolingische« und die »ottonische«, dann wurde im kleinen Kreis Altertum gespielt, das augusteische Modell – der Kaiser umgeben von Dichtern und Gelehrten – wurde nachgestellt.

Dann kam wie ein Frühlingssturm das Neue, um 1100. Niemand hat das so bildkräftig ausgedrückt wie der englische Kunsthistoriker Kenneth Clark in seinen berühmten Vorlesungen über *civilization,* die er *A personal view,* eine persönliche Sicht der Dinge, nannte.

> Es war wie ein russischer Frühling. Jeder Zweig des Lebens – das Bedürfnis zu handeln, zu denken, zu planen, zu produzieren – erfuhr einen ungewöhnlichen Energiezustrom, der eine Steigerung des Lebensgefühls bewirkte. Macht der Kirche, Reichtum der Bürger, Weitung des Horizonts durch Pilgerfahrten und Kreuzzüge, das sind Einzelmotive, die doch die Gewalt des Tauwetters nicht ganz erklären. Die Grundstruktur, der christliche Glaube, war unerschütterlich. Aber sie war umgeben vom freien Spiel des Geistes, von inneren Kämpfen und Spannungen, wie sie kaum jemals wieder vorgekommen sind.

Das läßt sich genau in unsere Fragestellung übersetzen. Das Hauptschlachtfeld der Auseinandersetzung war die um 1150 aus geistlichen Schulen zusammengewachsene Universität Paris, etwas »Modernes«, das es im Altertum nie gegeben hat, und hier wurden die Kämpfe zwischen den *antiqui* und den *moderni* ausgetragen. An der Universität siegten die Modernen, Philosophen und Theologen, welche die klassischen Autoren aus dem Lehrplan warfen und die Logik allen anderen Wissenschaften voranstellten, Rationalisten reinsten Wassers. Einer von ihnen höhnte: »Du weißt in der Grammatik Bescheid, aber nicht in den Naturwissenschaften, nicht in der Logik, Dummkopf, warum rühmst du dich?« Das war um 1250, mitten im »Mittelalter«.

Die Geschichte dieses Dauerstreits ist gründlich erforscht und mehrfach dargestellt worden. Wir heben darum nur ein paar Motive und Metaphern hervor, das von den Zwergen (wir sind kleiner als die Alten, sitzen aber auf ihren Schultern und können darum weiter blicken); das von den Bienen (wir sind später und können daher alles sammeln, was in Jahrtausenden an Nützlichem produziert worden ist); schließlich die Umkehrung von Jugend und Alter (wir Neueren sind die Älteren, weil wir mehr Jahrhunderte auf dem Buckel haben als die früheren).

Der erstaunlichste Fall einer Neuerung des 12. Jahrhunderts ist der viel später, als er schon altmodisch geworden war, Gotik genannte neue Stil in der Baukunst. Erstaunlich einmal, weil er der einzige Stil ist, der resolut aus dem vorgezeichneten Weg der antiken Baukunst heraustritt, dann aber auch, weil ihn keinerlei Neuerergeschrei begleitete, so daß er zu seiner Zeit sogar ohne einen eigenen Namen blieb. Dennoch siegt in der ersten Schöpfung des neuen Stils, der Klosterkirche von Saint-Denis bei Paris, der Geist der neuen Zeit, die Nähe jener Denkschulen, aus denen sich die Universität entwickelte, die reine Logik der *moderni* und ihre Verehrung der mathematischen Formen. Der Abt Suger, der Erbauer von Saint-Denis und einer der mächtigsten Männer seiner Zeit, hatte freilich gute Gründe, nicht die Neuheit, sondern die Altehrwürdigkeit seiner Baupläne zu betonen. Seine Kirche war die wiedererstandene heilige Stadt Jerusalem; in den gotischen Bauhütten wurde von Traditionen gemunkelt, die geheimnisvoll bis zum Tempel Salomons zurückführten. Das Neue in seiner Kühnheit mußte durch das Älteste gestützt werden.

Das Bewußtsein und der Wille zum Neuen formulierten sich eindeutig und selbstsicher rund hundertfünfzig Jahre später im literarisch-musikalischen Bereich, in dem, was Dante den *dolce stil nuovo* nennt, den »süßen neuen Stil«. Dieser gewaltige Geist konnte sich als einer fühlen, der vor ihm nie begangene Wege einschlug, und in diesem Sinne muß man ihn zu den *moderni* rechnen, eher zu den Philosophen jedenfalls als zu den Literaten, trotz seiner glänzenden Kenntnis der alten Autoren. Gerade im Verhältnis zu ihnen wird von ihm eine neue Gleichrangigkeit proklamiert: In einer denkwürdigen Szene im Limbus, im Niemandsland zwischen Himmel und Hölle, nehmen ihn die fünf großen Dichter des Altertums als sechsten in ihren Kreis auf. Stolz heißt es: *»e fui sesto tra cotanto senno«* (und sechster ward ich zwischen so viel Weisheit).

Sehr charakteristisch für die neue Unabhängigkeit sind auch die Einleitungssätze von Dantes *De monarchia*: Alle Wahrheitssuchenden seien nicht damit zufrieden, durch die Arbeit der Vorfahren bereichert zu werden, sondern strebten ihrerseits danach, diesen Schatz zu mehren. Denn:

> was hat der für ein Verdienst, der den bekannten Satz des Euklid noch einmal beweisen wollte, der es noch einmal versuchte, den Beweis des Aristoteles über das glückselige Leben zu erbringen? der Ciceros Verteidigungsschrift zugunsten des Alters wiederaufnähme? Das wäre zu nichts gut. Höchstens würde er... Langeweile und Überdruß ernten.

»Neu« und »süß« war der Stil, den Dante pries, weil er das scheinbar Widersprüchliche, philosophischen Scharfsinn und Wohlklang des Ausdrucks, miteinander verband. Von daher ist auch jene andere *Ars nova* zu verstehen, die »Neue Kunst«, die Philippe de Vitry (1291–1361) schuf, das musiktheoretische Werk eines von seinen Zeitgenossen bestaunten Dichters, Komponisten, Philosophen und Mathematikers, dessen musikalische Notationen ebenso bahnbrechend waren wie seine Motetten, Balladen und Rondeaux. Ein Autor seiner Zeit hat ihm bescheinigt, daß er *subtilitas* mit *dulcedo* verbinde, fachmännische Kompositionstechnik, könnte man frei übersetzen, mit eingängiger Melodie. Italien war übrigens nicht unschuldig an Philippe de Vitrys subtiler Süße. In Avignon hatte er sich mit Petrarca befreundet, dem Erben des *dolce stil nuovo*.

Auch in der Malerei schließlich vollzog sich die Wende zu einer noch nicht definierten Moderne, bewirkt durch das Genie eines Florentiner Generationsgenossen Dantes, Giottos. Wie das die damals Lebenden empfanden, kann man in der *Divina commedia* nachlesen:

Credette Cimabue nella pittura
Tener lo campo, ed ora ha Giotto il grido
(Purg. XI 94/95)

Cimabue glaubte, in der Malerei das Feld zu halten, doch nun hat Giotto den Ruhm...

Es ist die Blockierung des damals schon sehr alten Streits der Alten und der Modernen durch eine neue Geschichtskonstruktion, welche Alte und Neue als wetteifernd Gleiche miteinander versöhnt und in der eigenen Zeit eine wiederbelebte, wiederauferstandene Antike sieht. Eben diese Sichtweise machte in ungeahntem Sinn Epoche: Sie gab der neuen Zeit den Namen *rinascita*, »Wiedergeburt« (später französisch Renaissance), und sie verdammte die Zeit zwischen den Hochleistungen des Altertums und dem eigenen Glanz als barbarischen Abfall von den ewigen Prinzipien und Maßstäben des Schönen und des Edlen.

In diesen Denk- und Anschauungszusammenhängen war der Begriff »modern« fast überflüssig geworden. Nur im Norden, in den Niederlanden, taucht er um 1400 in einem kuriosen Kontext wieder auf, da, wo man ihn am wenigsten erwarten würde, in der Geschichte der Frömmigkeit. Es handelte sich um die *devotio moderna*, eine Ordensgemeinschaft oder eine Sekte, die sich bewußt von der *devotio antiqua*, also allen älteren Formen des Gebetslebens, absetzte. Huizinga hat sie in seinem berühmten Buch über den *Herbst des Mittelalters* beschrieben:

> Innerhalb der engen Konventikel leben sie in der Freude eines empfindsamen gegenseitigen Zugewandtseins: der Blick des einen ruht unaufhörlich auf dem des anderen, um alle Anzeichen der Gnade wahrzunehmen; sich gegenseitig zu besuchen, ist ihr Vergnügen.
>
> Man erkannte die Devoten an ihren abgemessenen stillen Bewegungen, manche auch an den zum Lächeln verzogenen Gesichtern oder an den absichtlich geflickten neuen Kleidern, und nicht zuletzt an ihren häufigen Tränen.

Bis auf die absichtlich geflickten neuen Kleider fällt es uns schwer, dergleichen für modern zu halten. Aber jede »moderne« Bewegung entwickelt eben mit dem Anspruch, abzustechen von allem Vorherigen, einen neuen Formenkodex, und das Weinen kann dazu ebenso gehören wie seine Verweigerung durch *coolness;* wie Dantes neuer Stil sich als *dolce* empfohlen hatte, als herzbewegend, so sprachen die neuen Devoten von der *dulcedo Dei*, der Süßigkeit des Aufgehens in Gott.

Jean Gerson (1363–1429), der Kanzler der Pariser Universität und der größte Gelehrte seiner Zeit, fand das bedenklich: Der Teufel flöße manchmal den Menschen eine unermeßliche und wunderbare Süße ein, damit der Mensch in dieser falschen Süße sein wahres Ziel vergesse. Er sah düstere Zeiten um sich und vor sich: Die Pest hatte Europa um die Hälfte seiner Bevölkerung gebracht, der Krieg zwischen England und Frankreich wollte nicht enden, die Kirche war durch das Große Schisma zerrissen, und 1453 wurde Konstantinopel, die östliche Hauptstadt des Imperiums, von den Türken eingenommen. Doch 1453/54 druckte in Mainz Johannes Gutenberg die Bibel, und das Gutenberg-Zeitalter begann.

Der große Angriff der Modernen

Der gewaltige Innovationsschub zwischen 1450 und 1650, das Zeitalter des Gutenberg und des Galilei, des Kopernikus und des Kolumbus, des Paracelsus und Giordano Bruno, hat den Konsens darüber erlaubt, hier den Beginn der Neuzeit, der *modern ages*, anzusetzen. Das Fortschreiten der Menschheit vollzieht sich jetzt handgreiflich und in Siebenmeilenstiefeln. Was verlorengeht, fällt zunächst nicht ins Gewicht: die Einheit des Abendlandes und der Kirche, die Unangefochtenheit des christlichen Glaubens, die Internationalität der Universitäten.

Was bleibt, ist der lateinisch inspirierte Bildungskosmos, der wiederum das Schulwesen bestimmt. Die mit dem Pathos und der praktischen Verwertbarkeit der Erfindungen und Entdeckungen neu auftretenden Naturwissenschaften haben ihren Platz vorläufig nur an den Universitäten und bei den gelehrten Gesellschaften, von denen die eine, die humanistische, vor allem bewahrend wirkt, während sich die andere, die naturwissenschaftliche, mit jedem Fortschritt, jeder Neuentdeckung, selbst erneuert. Der »Fortschritt der Menschheit« als unendliche utopische Perspektive ersetzt am Ende das Bild des geordneten Kosmos, das die Physik und die Mathematik zunächst noch bestätigen.

Zwei Denkansätze von enormer Zukunftswirkung räumen mit dem Übergewicht der Alten auf, indem sie eine Art Tabula rasa proklamieren, einen Nullansatz: Descartes mit dem *Discours de la méthode* und Bacon mit dem *Novum organum* (1620). Besonders dieses letztere ist für das Thema wichtig. Schon mit seinem Titel erstrebt es die Ersetzung des alten *Organon*, der unter diesem Namen zusammengefaßten Schriften des Aristoteles. Gewissermaßen in ehernen Lettern steht da der neue Grundsatz:

> Die Achtung vor der Antiquität und Autorität jener Männer, die man für bedeutende Philosophen hielt, hatte die Menschen vom Fortschritt in den Wissenschaften abgehalten und fast verhext... Richtig nennt man die Wahrheit eine Tochter der Zeit, nicht der Autorität.

Je mehr Zeit verflossen ist, um so größer ist unser Kenntnisstand; im Paradox zusammengefaßt: *Antiquitas saeculi iuventus mundi* (Das Alter der Zeit ist die Jugend der Welt). Hier hat das seinen Ursprung, was heute »der neueste Forschungsstand« heißt, der auf jeden Fall, eben als solcher, dem von gestern voraus ist.

Bacon, als Philosoph viel weniger bedeutend als Descartes, ist doch in seinem enzyklopädischen Neuerungswillen, mit seinem Ehrgeiz, alle Wissenschaften in seiner *Instauratio magna* (Großen Einsetzung) zum System zu vereinigen, die zeittypischere Figur. Dazu paßt, was man seine totale Indifferenz nennen könnte, sein blinder Wille, auf jeden Fall bei Hof Karriere zu machen – bis zum schließlichen Stolpern und Sichverfangen im eigenen Intrigennetz. Es gehört ja zu den merkwürdigen Nebenfolgen jener Zeitwende, daß die alten christlich-humanistischen Zielvorstellungen von Charakter und Persönlichkeit ins Wanken geraten. Machiavelli wird ein neuer Seelenführer, der Einfluß seiner Doktrin ist gewaltig. Es bildet sich als ganz neuer Typ der politischen Organisation der fürstliche Absolutismus heraus, mit seinem Mittelpunkt, dem Hof, und seinem neuen Menschenideal, dem Höfling. In unglaublicher Verkürzung bezeichnet in Frankreich das Wort *monde* nicht mehr die Welt, sondern die höfische Gesellschaft; wer dazu gehört, ist *mondän*. In diesem neuen System wird auch die Konsequenz daraus gezogen, daß nunmehr die Erde sich um die Sonne dreht: Der »Sonnenkönig« Ludwig XIV., der gefeiertste Monarch des 17. Jahrhunderts, ist gleichsam der Mittelpunkt des Universums, um den sich die anderen Mächte als Planeten drehen.

Die Schmeichelei der Höflinge Ludwigs XIV. war eine Ursache dafür, daß nun, 1687, die *Querelle des anciens et des modernes*, der Wettkampf zwischen den Alten und den Modernen, in voller Stärke entbrannte. Mit einem Huldigungsakt fing es an: Der König war von schwerer Krankheit genesen, und der Dichter Charles Perrault, heute nur noch bekannt als Märchenerzähler, trug in der Académie Française sein Gedicht *Le siècle de Louis le Grand* vor, ein Loblied auf die Ära des Sonnenkönigs. Mit einiger Leichtigkeit konnte Perrault behaupten, daß die Moderne der Antike in allen technischen Dingen überlegen sei, aber er dehnte diese Überlegenheit auch auf die schönen Künste aus, wo das Altertum immer als vorbildlich gegolten hatte. Damit stach er in ein Wespennest. Die großen Autoren der Zeit wollten an ihrem Formenideal nicht rütteln lassen. Boileau, der sein Lehrbuch der Dichtkunst in enger Anlehnung an die *Ars poetica* des Horaz verfaßt hatte, widersetzte sich, und Perrault holte zu einem weiteren Schlag aus, indem er in sogenannten *parallèles*, Vergleichen zwischen den Leistungen des Altertums und denen der Zeitgenossen, im einzelnen nachzuweisen versuchte, daß die Modernen überall an der Spitze lägen. Um die Sache lesbarer zu machen, verteilte er die Rollen auf verschiedene Sprecher, wobei ein *Président* die Alten, ein *Abbé* die Modernen zu vertreten hatte.

Der Abbé rühmt zum Beispiel, daß »der eitle Wunsch, durch Zitate als gelehrt zu glänzen, dem weisen Wunsch Platz gemacht habe, durch die unmittelbare Kenntnis der Werke der Natur gelehrt zu sein«. Der *Président* räumt zwar ein, daß Ludwigs große Bau- und Verschönerungsarbeiten die handwerklichen Künste vervollkommnet hätten, aber was die Poesie und Redekunst angehe, sehe er schlechterdings nichts, was sie seit der Antike zu einem höheren Vervollkommnungsgrad gebracht haben könnte. Darauf weiß der Abbé eine Antwort, die für die Folge ihre Gültigkeit behält: Die Alten, gewiß, hätten, wie sie auch schon die sieben Planeten kannten, auch über die Leidenschaften der Seele Bescheid gewußt. Aber ihnen sei doch eine Menge feiner Seelenregungen und ihre Begleitumstände entgangen, und so wie die Anatomie bei der Untersuchung des Herzens eine Unmenge von Einzelheiten neu gefunden habe, welche die Alten noch nicht kennen konnten, so habe die Moral – wir würden heute sagen: die Psychologie – Neigungen und Abneigungen, Vorlieben und Ekelempfindungen entdeckt, von denen die Alten keine Ahnung hatten. Erfindungen und Entdeckungen also auch hier, *réflexions ingénieuses*, neue Einfälle. Es herrscht das *ingenium*, die Kunst, sich etwas Neues einfallen zu lassen, und ein neuer Traumberuf wird der Meister dieser Kunst, der Ingenieur.

Um den Streit, der im folgenden Jahrhundert erneut aufflammte, richtig einzuordnen, tut man gut daran zu bedenken, daß der wackere Perrault, der sich für den großen König und den unaufhaltsamen Fortschritt in die Bresche warf, ein literarisches Nichts war. Was Rang und Namen hatte, Racine, Bossuet, Fénelon, La Bruyère, stand auf der Seite Boileaus, auf der Seite des Alten.

Noch einmal standen die Gebildeten als Phalanx zusammen, und das Dogma, das sie mit allem Anschein der Unfehlbarkeit proklamierten, sollte tatsächlich noch bis weit ins 19. Jahrhundert hinein vorgetragen werden. Aber die Hofepisode mit dem aufgeblähten Perrault macht einen Tatbestand sichtbar, der die Anhänger des Alten immer hoffnungsloser in die Defensive trieb: das Vorrücken der Mode als das gesellschaftlich Tonangebende, das Abwechseln und die Ablösung der Bräuche, die sonst mindestens eine Regierungszeit lang geherrscht hatten, und das Zurücktreten der humanistisch gebildeten und auf die Alten eingeschworenen Gelehrten. Der *bel esprit* ersetzte den *savant.*

Ein Blick in die Wörterbücher zeigt, daß das Wort »Mode« damals seinen Siegeszug antrat. Es war noch jung, im 16. Jahrhundert – tausend Jahre nach *modernus* – vom lateinischen *modus,* »Art und Weise«, neu gebildet, aber im Gegensatz zum lateinischen Modell weiblich, wie mit diesem Fingerzeig die weitere Karriere andeutend. Zunächst meinte es nur die persönliche Art, etwas zu sagen, zu tragen oder zu tun, wie *à sa façon,* das den Engländern ihr Modewort *fashion* lieferte. Aber in seinem Aufstieg verdrängte es immer kräftiger den altehrwürdigen »Brauch« und die altüberlieferte »Gewohnheit«, Handlungsweisen, die ihre Legitimation daraus zogen, daß man immer schon so verfahren war.

In La Bruyères *Caractères* ist der Mode ein eigenes Kapitel gewidmet, und es läßt sich da ablesen, daß sie erst auf halbem Weg zu ihrem vollen Triumph war. Noch meint das Wort vor allem die persönlichen Eigenheiten und Leidenschaften, die Hobbys, die man sich zulegte, um gesellschaftlich hervorzustechen. So macht sich La Bruyère zum Beispiel lustig über einen Herrn Soundso, der die Sprachen des Orients und des hohen Nordens, die der beiden Indien und womöglich auch die Mondsprache studiert, wo es doch genüge, die eigene Sprache und dazu Lateinisch und Griechisch zu lernen. Er ahnte nicht, daß aus dem Hobby des Herrn X ein ganzer Fächer von Wissenschaften sich bilden würde und daß er selbst mit seiner Dreiheit Französisch–Lateinisch–Griechisch schon die Rückzugsposition vertrat.

Vergebens seufzte er: »Kaum hat eine Mode eine andere zerstört, so ist sie schon wieder durch eine noch neuere abgeschafft, die dann derjenigen nachgibt, die ihr folgt und die keineswegs die letzte sein wird.« So war es, so wellenmäßig verlief es vor allem in der phantastischsten handwerklich-industriellen Neuschöpfung des 18. Jahrhunderts, der Damenmode. So fiel auf das Wort »modern«, das bis dahin nur die Neueren im Gegensatz zu den Alten bezeichnet hatte, ein neuer Funkelglanz.

Die Herrenmode blieb zwar konservativer, aber dafür griff die Lust am Wechsel immer einschneidender in die Politik ein. Die Umwälzung, sonst eher gefürchtet wegen ihrer chaotischen Folgen, stellte sich als Wegbereiter des Fortschritts dar, und der Aufruhr der durch Brotverknappung und Preiserhöhungen erbitterten Massen, in früheren Zeiten mit den Gewaltmitteln des Staates niedergeschlagen, weitete sich mit dem Beistand der neuerungslustigen Gebildeten aus zur großen Französischen Revolution.

Sie war in vielem ein Triumph der Modernen. Sogar die Zeitrechnung begann neu. Was an die alten Traditionen erinnerte, wurde abgeschafft, von den Namen der Monate bis zu den Namen der Provinzen. Die Meteorologie gab den Monaten neue Namen. Die hießen nun Regen-, Nebel- oder Schneemonat; Frankreich wurde neu in Departements eingeteilt, die wiederum nach Naturphänomenen, nach Bergen, Flüssen, Meeren ihre Namen zugeteilt bekamen. Schließlich wurde auch der alte Gott abgeschafft, der sich in der Geschichte offenbart hatte, und wurde durch die Vernunft ersetzt.

Aber eben bei diesem Inthronisierungsakt siegte paradoxerweise wiederum die Antike: Die Vernunft, das Abstraktum, ließ sich auf keinen Thron setzen, es mußte eine Göttin her, griechisch oder römisch, verleiblicht in einer Frauenperson. Und in einem grandiosen Verkleidungsakt stilisierte sich die Revolution selbst antik, römisch-republikanisch, gelegentlich auch griechisch, angefangen von der phrygischen Mütze als Kopfbedeckung bis zu den neuen Namen, Brutus, Camillus, Gracchus, die man sich als Vornamen zulegte, um Gesinnung zu demonstrieren. Die Bürger versammelten sich auf dem Marsfeld, wie einst ihre römischen Vorfahren, und selbst der Schrecken kostümierte sich halb lateinisch als *terreur*.

Als die Schreckensherrschaft zu Ende war und das sogenannte Direktorium herrschte, versuchte einer der Revolutionsführer, Gracchus Babeuf, noch einmal, die Volksherrschaft, die der *égaux*, der »Gleichen«, aufzurichten. Er verlieh sich selbst den römischen Titel des Volkstribuns, und der Aufruf, den er 1796 an die Soldaten der Heimatarmee richtete, fing an: »Soldaten! In einer Republik, die zu ihrer Zeit mehr galt als die unsrige, hatten die Armee und das Volk etwas, das wir heute nicht mehr besitzen: Volkstribunen und Militärtribunen.« Die römischen Volkstribunen waren unabsetzbar und unantastbar. So weit ging aber die Römernachahmung nicht. Der Aufstand scheiterte, Babeuf wurde mit der Guillotine hingerichtet, für die es, da dem technischen Bereich angehörend, kein römisches Vorbild gab. Ein Jahr vor der Konspiration Babeufs hatte der General Bonaparte mit Kanonen einen Pariser Aufstand zusammengeschossen. Bald würde er die Macht ergreifen, mit dem römischen Titel eines Konsuls, und diesen eines Tages mit dem römischen eines Imperators vertauschen.

Fragt man sich, wozu eigentlich die Maskerade diente, warum sie, obwohl doch offenbar künstlich, so ungeheuer ernst genommen wurde, so ist folgendes zu vermuten. Der Fortschritt, der sich radikal vollzog, mit der Köpfung des Königs, mit der Vertreibung und Enteignung des Adels, mit der Abschaffung der angestammten Religion, brauchte, um eine Form zu finden, das Alte, die Alten, als diejenigen, die schon einmal eine Republik gegründet und hochgehalten, am Ende freilich ans Kaisertum verloren hatten (Napoleon lag also in der Linie, ein neuer Cäsar-Augustus). Auch moralisch sollte das Römertum Vorbild sein, nachdem die christliche Sittenlehre ausgedient hatte, und so wurde *vertu* (Tugend) – ein Wort, das heute »unmöglich« geworden ist – zur Lieblingsvokabel der Revolutionsprediger, wenn auch kaum zu ihrer Praxis.

Wirkungsvoller als die neue Tugend war die neue Mode. Sie kam während des *directoire* (1795–99) auf, behauptete, sie sei römisch-griechisch, und erlaubte den Frauen leichte, fließende Gewänder, tiefe Dekolletés und locker frisiertes Haar. Den Herren allerdings blieb nichts anderes übrig, als die langen Hosen weiterzutragen, die zu den Errungenschaften der Großen Revolution gehörten.

II
Napoleon III. und seine Welt

Übergänge: manches Neue, viel Beharrung

Zwischen dem Tod Napoleons I. (1821) und der Machtergreifung Napoleons III. (1851) liegen ganze dreißig Jahre, gerade der Zeitraum, den der Herzog von Reichstadt hätte ausfüllen können, wenn er Napoleon II. geworden wäre. Daß Louis Napoléon die Ziffer III wählte, spiegelte Kontinuität vor, als ob ein Halbjahrhundert lang eine Dynastie in angemessener Erbfolge die Macht in Händen gehalten hätte.

Aber Tatsache war der rasche Wechsel. Die Franzosen, nach Cäsar immer begierig nach Neuem, probierten zuerst die Rückkehr zu den Bourbonen aus, fünfzehn Jahre lang, dann etwas länger das Regiment eines Königs, der ein Bürger sein wollte wie alle anderen. Wiederum Tatsache ist aber auch, daß sich in diesen Jahrzehnten wenig änderte, denn es wechselten zwar die Könige und die Regime, aber die herrschende Klasse blieb die gleiche: das durch die Revolution zu Macht und Einfluß aufgestiegene Bürgertum, untermischt mit einigem alten und reichlich neunapoleonischem Adel. In den alten feinen Zeiten hatte man Geld und sprach nicht davon (oder man hatte keines und klagte nicht). In den neuen des Bürgerkönigs Louis Philippe hieß die Losung »Enrichissez-vous« (»Werdet reich!«), und längst ehe die Industrialisierung voll anlief, war die Börse da, als eine Art Spielkasino, wo die Erfolgsaussichten ganz andere waren als je in Monte Carlo.

Das Entscheidende aber war, daß Frankreich ziemlich ungeschoren aus der Niederlage Napoleons gegen die Koalition der europäischen Mächte hervorgegangen war. Es waren zwar gewaltige Mengen von Franzosen gefallen oder invalid zurückgekommen, aber an solchen Verlusten trugen auch andere Völker. Unangetastet blieben die Grenzen; vor allem aber: unangetastet blieb des Kaisers Ruhm. Es waren keine Greuel abzubüßen, und die Heldentaten blieben unvergessen, steigerten sich zur Legende, der Kaiser erhob sich zur mythischen Figur.

Dies ist der unüberbrückbare Unterschied zwischen den Eroberungszügen Napoleons und denen Hitlers: Der eine blieb ein Held, der andere entlarvte sich als Monster. Für unsere Perspektive ist entscheidend: In der *Querelle des anciens et des modernes* bewies Napoleon, daß auch die Modernen noch Helden antiken Ausmaßes und antiker Prägung hervorbringen konnten. Es war absolut folgerichtig, daß Napoleon sich nicht als irgend etwas Neues präsentierte, Führer oder Duce oder dergleichen, sondern erst wie ein Römer Konsul und dann Imperator wurde, daß er römische Adler als Feldzeichen an seine Truppen verteilen ließ und den namhaften Autor Goethe nach Paris einlud, um ein Theaterstück über Cäsar als Weltbeglücker zu schreiben.

Schiller hatte in den *Räubern*, 1781, seinen Karl Moor seufzen lassen, es ekle ihn vor seinem »tintenklecksenden Säkulum«, wenn er im Plutarch von den Helden des Altertums lese, vor dem »schlappen Kastratenjahrhundert«, das die Taten der Vorzeit nur wiederkäue. Nun war der Heros, der Gigant, der Titan wiederauferstanden. Und als er gestürzt war, grimmig auf Sankt Helena saß, strickte die Legende weiter an seiner Legende.

Es dauerte lange, bis sich Neues hervorwagte, und auf seine Weise griff es wieder so auf Älteres zurück wie 1789 die Revolution, die sich römisch verkleidete. Die neue Bewegung war in Deutschland ausgeheckt worden, hieß Romantik und wählte statt des Altertums das Mittelalter als Modell, das Christentum statt der Götter, die Ritter statt der antiken Helden, aber Helden auch sie. Ein neuer Kostümfundus mußte her, ohne daß sich sonst viel geändert hätte. Immerhin waren damit im ewigen Streit der Alten und der Modernen die Alten abgewählt, und folgerichtig empfanden sich die Romantiker als »modern« – nur daß diese Moderne schon in der frühen Neuzeit anfing, bei Kolumbus oder bei Cervantes, bei Shakespeare oder sogar bei Dante.

Ganz unabhängig von dieser Mode, die in den zwanziger Jahren anhob und in den Vierzigern langsam versickerte, blieb das Vorbild Napoleons ermunternd für Eroberungswillen und Blitzkarrieren, für Aufstieg und Triumph auch im zivilen Bereich. Stendhals Julien in *Le rouge et le noir* (*Rot und Schwarz*, 1830) war ein solcher Aufsteiger, und Balzacs Rastignac stieg auf eine Höhe über Paris und sprach dort sein berühmtes *»A nous deux maintenant«* (frei übersetzt: Wer von uns beiden, Paris oder ich, wird die Partie gewinnen?). Balzac selbst wollte reich werden, Bankier, Minister, Machthaber, das schwebte ihm vor (während er die Nächte durchschrieb, um seine Schulden abzutragen).

Titanisch war das Werk, das er plante: eine Gesamtdarstellung der Gesellschaft seiner Zeit in Dutzenden von romanhaft breiten Einzelszenen, eine vielbändige menschliche Menagerie *(Comédie humaine)* seiner Zeit, mit der er neben Dantes *Divina commedia* treten wollte. Und ausdrücklich merkte er an, daß Ägypten, Persien, Griechenland und Rom es versäumt hätten, uns solche Gesellschaftspanoramen oder Sittenbilder zu liefern. Ein Sieg der Modernen gewissermaßen, aber das Gesellschaftsbild, das Balzac entwarf, war eher altertümlich, die Berufe – er zählt als Beispiele Arbeiter, Soldaten, Advokaten, Arme, Verwalter, Seeleute, Priester und Dichter auf – so statisch aufgefaßt wie Wolf, Esel, Rabe, Hai. Und wenn er in den dreißiger Jahren ankündigte, er werde das 19. Jahrhundert darstellen, so lag auch dem die Vorstellung zugrunde, daß sich im weiteren Laufe dieses Jahrhunderts wenig ändern werde.

Er mochte allen Ernstes den »modernen« Vergleich wagen, die vielteilige Gesellschaft Frankreichs gleiche einem großen Dampfschiff, sein Dampfschiff fuhr nirgendwohin, seine Comédie war so sauber enzyklopädisch angelegt, wie es im Aufklärungsjahrhundert Linné mit der Pflanzenwelt betrieben hatte.

Während Balzac an diesem Riesengemälde arbeitete, schrieb in Deutschland ein damals namhafter Autor, Karl Leberecht Immermann, einen Roman mit dem Titel *Epigonen* (1825–36). Nach Napoleon und Beethoven, nach Goethe,

Schiller, Kant drückte er das Schwächegefühl der Nachkommen aus. Die Epoche bekam in Deutschland bald den Namen Biedermeierzeit, mit dem Ruf und Reiz einer etwas schläfrigen Familienidylle. Davon konnte in Frankreich nicht die Rede sein. Die großen Männer gingen nicht aus, Victor Hugo herrschte als Dichter wie Delacroix als Malerfürst. Aber etwas Biedermeierliches, bei größerer Turbulenz der Politik und strahlenderem Glanz der Lebensführung, haftete auch der Zeit Louis Philippes an. Es war eher Nachrevolutionszeit als Vorrevolutionsstimmung. Es rumorte unten, aber das Bürgertum als Sieger der Großen Revolution fühlte sich sicher und saturiert.

So war die wirkliche, die erschreckende Revolution der vierziger Jahre nicht die vom Februar 1848, durch die der Bürgerkönig abgesetzt und die Zweite Republik begründet wurde, sondern der Arbeiteraufstand im Juni desselben Jahres, der blutig niedergeschlagen wurde. Da war – so sah es in den Augen der Saturierten aus – ein neuer Napoleon immer noch das kleinere Übel.

Im Vergleich zu braven deutschen Residenzstädten wie Berlin oder München war Paris zwar ein tropischer Dschungel von fieberhafter Vitalität, in Wirklichkeit blieb es aber, etwa im Vergleich zu London, eine mittelalterliche Stadt, eng und schmutzig, mit verfallenden Elendsvierteln. Wenn ein paar geschickte Spekulanten dazwischen »Passagen« einrichteten, »glasbedeckte, marmorgetäfelte Gänge durch ganze Häusermassen«, an denen die elegantesten Geschäfte ihren Platz fanden, so waren das Inseln im städtischen Morast, »bei plötzlichen Regengüssen die Zuflucht aller Überraschten«. Nach diesen Passagen heißt die enorme Stoffsammlung, die Walter Benjamin für sein Projekt *Paris, die Hauptstadt des XIX. Jahrhunderts* anlegte, das Passagenwerk.

So wie die Industrialisierung sich nicht systematisch, sondern in Ansätzen und Abenteuern vollzog, blieb auch die Gegenbewegung, das Eintreten für den neu aufkommenden vierten Stand und für ausgleichende Gerechtigkeit, zunächst die Sache einzelner. Der sogenannte Frühsozialismus wird zwar heute in die Geschichte der Arbeiterbewegung und des sozialen Fortschritts einbezogen, in eine gradlinige Entwicklung also, war aber in Wirklichkeit eher die Fortsetzung der utopisch-aufklärerischen Schriften des 18. Jahrhunderts. Das zeigte sich vor allem darin, daß keinerlei praktische Rezepte für die Hinführung zu den Idealzuständen dieser Utopien gegeben wurden. Eben weil sie Gedankenspiele waren, Modellbilder für ein Zukunftsmuseum, wurden sie von der Gesellschaft begierig aufgenommen, die eben dadurch, ohne weitere Opfer, ihr gutes Gewissen bezeugen konnte.

Der ältere der beiden führenden Köpfe des Frühsozialismus, der Graf von Saint-Simon, ein Generationsgenosse Napoleons, lehrte den notwendigen Sieg der Tüchtigen über die Müßigen, der Bürger über den Adel, aber auch der im gemeinsamen Stand der *industriels* vereinigten Arbeiter und Unternehmer. Er selbst hatte in der Revolutionszeit auf seinen Adel verzichtet, hatte mit Grundstücksgeschäften in der Zeit der Enteignungen ein Vermögen verdient und es im lebenslustigen Paris der nachnapoleonischen Zeit noch schneller ausgegeben. Für die Regierung seines Staates erfand er drei Kammern, von denen die erste die »Erfindungskammer« war, die sich aus zweihundert Ingenieuren und einhundert Dichtern und Künstlern zusammensetzen sollte.

Er hatte zahllose Verehrer und vor allem Verehrerinnen, und als er starb, brach ein regelrechter Kult aus, dem er selbst durch die Schrift *Das neue Christentum* den Weg geebnet hatte. Es entstand eine Saint-Simonisten-Kirche mit einer richtigen Hierarchie und einem päpstlichen »Vater« an der Spitze. Sie unterschied sich von der alten katholischen vor allem dadurch, daß sie billigte, was in Deutschland die »Emanzipation des Fleisches« hieß. Heine, der 1831 nach Paris emigrierte, »um mich ganz den Gefühlen meiner neuen Religion hinzugeben«, dichtete:

> Aus diesem Felsen bauen wir
> Die Kirche von dem dritten
> Dem dritten Neuen Testament:
> Das Leid ist ausgelitten.

Zur Großen Mutter neben dem päpstlichen Vater erwählten sich die Saint-Simonisten 1836 die berühmte Schriftstellerin George Sand, die aber dankend ablehnte. Immerhin zeigt das Verlangen nach der Großen Mutter, daß sie den Sozialismus entschärft hatten und ihn biedermeiergemütlich wollten. So konnten Saint-Simonisten auch im Zweiten Kaiserreich noch eine bemerkenswerte Rolle spielen. Ihr Haupt, Vater Enfantin, hatte zunächst mit seinen Getreuen in der Nähe von Paris ein Kloster gegründet, hatte dann in Kairo eine Studiengesellschaft für die Schaffung des Sueskanals zusammengebracht, half bei der Erschließung des eben eroberten Algerien mit und wurde endlich unter Napoleon III. Direktor einer der großen neu gegründeten Eisenbahnlinien, der *Paris-Lyon-Méditerranée*. Die Große Mutter, die er wie so viele andere Reformbegeisterte fand, war das Kapital.

Der andere Frühsozialist, Charles Fourier, war kein Graf, sondern von Beruf Handlungsreisender, das, was man heute »Vertreter« nennt. Seine Ideenware vertrat er mit werbewirksamer Beredsamkeit. Wie Saint-Simon setzte er nicht auf Revolution, sondern – darin wie in vielem anderen ganz ein Kind des 18. Jahrhunderts – auf die Überzeugungskraft seines neuen Modells, das zwar ganz auf Glück, Harmonie und Liebe ausgerichtet war, wie die meisten früheren Utopien aber bis ins kleinste gehende Regelungen und Kontrollen vorsah, um dieses Glück gleichmäßig und dauerhaft zu verteilen. Was davon übrigblieb und in den Formenschatz des Sozialismus überging, war der Genossenschaftsgedanke.

Ganz der Kategorisierungslust und Klassifizierungssucht des 18. Jahrhunderts entsprang sein politisches Zukunftsbild. Seine Genossenschaften, exakt durchkonstruierte Lebensgemeinschaften, hießen *familistères*, »Familienklöster«, und waren ihrerseits wieder in *phalanstères* zusammengefaßt, was man frei mit Regimentsklöster übersetzen kann. Fourier lehnte die Einehe ab und war für die freie Liebe; diese aber sollte wieder streng geregelt sein, und so kam ihm die Idee, zur Versorgung der Männer ein Bacchantinnencorps bereitzustellen. Es versteht sich, daß das meiste davon auf dem Papier blieb, aber das vorrevolutionäre Paris schwelgte in der Ausmalung solcher durchnumerierten Menschheitsphantasien.

All diese Pläne waren *vor*modern. Sie bewegten nicht viel, es bewegte sich nicht viel. Erst in der Jahrhundertmitte trat der große Modernisierer auf, der Frankreich umgestaltete: Louis Napoléon. Daß er ein Usurpator, ein Diktator, der Zerstörer der Republik war, hat die Nachwelt gegen ihn eingenommen. Einen Mythos wie sein großer Onkel hat er nicht schaffen können. Heute, da der Fortschritt keine Gloriole mehr besitzt, fällt es leichter, anzuerkennen, was er geschaffen hat – das moderne Frankreich. Eben dagegen, gegen die unheilige Seite dieses Modernisierungsprozesses, stemmte sich, für die Zeitgenossen ein skurriler Geselle und Möchtegernpoet, Baudelaire, nicht als politischer Gegner und Revolutionär, sondern die Modernität der napoleonischen Wende bestreitend und eine ganz andere verkündend, diejenige, die wir heute unter *Moderne* verstehen.

Darüber soll hier ein dritter nicht vergessen werden, der auf seine Weise ein neues Zeitalter entwarf: Karl Marx. Er kam im Oktober 1843 nach Paris, mit langem Bart und wallendem Haar. Er ließ Bart und Haar pariserisch zurechtstutzen, fand aber trotzdem keinen Anklang bei der Gesellschaft, in die Heine seit langem integriert war. Er zog mit Frau und Freunden zusammen zu einem *phalanstère* und zog nach vierzehn Tagen wieder aus. Er begründete die *Deutsch-französischen Jahrbücher*, fand aber keinen französischen Mitarbeiter. So wanderte er nach Brüssel und London weiter, als Privatgelehrter, um politisch unbehelligt zu bleiben.

Aus der Entfernung beschrieb er die französischen Zustände und Entwicklungen und definierte 1852 in seiner Kampfschrift gegen den neuen Kaiser der Franzosen das, was er unter Revolution verstand:

> Die soziale Revolution des neunzehnten Jahrhunderts kann ihre Poesie nicht aus der Vergangenheit schöpfen, sondern nur aus der Zukunft. Sie kann nicht mit sich selbst beginnen, bevor sie allen Glauben an die Vergangenheit abgestreift hat. Die früheren Revolutionen bedurften der weltgeschichtlichen

> Rückerinnerungen, um sich über ihren eigentlichen Inhalt zu betäuben. Die Revolution des neunzehnten Jahrhunderts muß die Toten ihre Toten begraben lassen, um bei ihrem eigenen Inhalt anzukommen.

Warum mußten sie sich betäuben? Weil die Schrecken der Revolution, das Entsetzen über Zerstörung und Umsturz, noch einer edlen Fassade bedurften. Aber Marx proklamierte die Revolution als Zustand, als Dauerprozeß. In einer späteren Schrift, *Zur Kritik der politischen Ökonomie* (1859), macht er sich ausdrücklich lustig über die Römerschwärmerei vor allem der Franzosen: »Wo bleibt Vulkan gegen Robert & Co., Jupiter gegen den Blitzableiter und Hermes gegen den *Crédit mobilier*? Ist Achilles möglich mit Pulver und Blei? Oder überhaupt die Iliade mit der Druckpresse und der Druckmaschine?«

Marx gebrauchte nicht das Wort »modern«, aber diese Sätze sagten aus, wie die Zukunft sein würde: ohne die Alten, vergangenheitsfern, oder vergangenheitsfrei. So kam in der Streitschrift gegen Napoleon III. jene Definition der künftigen proletarischen Revolutionen (gleich im Plural) zustande, die als Prognose oder Prophetie voraussagte, was sich dann, nicht mehr im 19., aber im 20. Jahrhundert, abgespielt hat:

> Proletarische Revolutionen dagegen... kritisieren ständig sich selbst, unterbrechen sich fortwährend in ihrem eigenen Lauf, kommen auf das scheinbar Vollbrachte zurück, um es wieder von neuem anzufangen, verhöhnen grausam-gründlich die Halbheiten, Schwächen und Erbärmlichkeiten ihrer ersten Versuche..., schrecken stets zurück vor der unbestimmten Ungeheuerlichkeit ihrer eigenen Zwecke, bis die Situation geschaffen ist, die jede Umkehr unmöglich macht...

Hier wird nicht mehr betäubt. Zwar schrecken die Revolutionäre noch gelegentlich vor der »unbestimmten Ungeheuerlichkeit« (was für eine vornehme Umschreibung!) ihrer Ziele zurück, aber die Logik der Revolution triumphiert über ihre weichherzigen Bedenken.

So wie die Mode (die Marx *nicht* zum Vergleich heranzieht, die ihn nicht interessiert) wird auch jede künftige Revolution schon ihre Ablösung ins Auge fassen, mit ihrer Überwindung rechnen, aus ihren Unvollkommenheiten eine neue Revolution hervortreiben. So die Botschaft, die damals eine Stimme unter vielen blieb und die den Gang der Dinge erst mitbestimmte, als 1917/18 die alte europäische Ordnung endgültig zusammenbrach.

Der Kaiser, der modern sein wollte

So viel unentschiedenes Ringen, so viele Übergänge, so viele konkurrierende, sich ballende und sich durchkreuzende Tendenzen – und nun fängt es tatsächlich an mit der Moderne. Pünktlich auf der Bühne ein neues Stück, Datum 2. Dezember 1851, und es betritt diese Bühne ausgerechnet Napoleon III., ein scheinlegitim zur Macht gekommener Usurpator. Victor Hugo hat ihn als *le petit Napoléon* seinem großen Onkel verächtlich gegenübergestellt, und Karl Marx, im *18. Brumaire des Louis Bonaparte,* läßt die große Tragödie Napoleons I. sich mit ihm als »lumpige Farce« wiederholen. Die Februarrevolution, so Marx, wird »durch die Volte eines falschen Spielers« umgeworden, und noch schlimmer, statt daß sich die *Gesellschaft* einen neuen Inhalt erobert hätte, kehrt der *Staat* zu seiner ältesten Form zurück: »zur unverschämt einfachen Herrschaft von Säbel und Kutte«.

So unverschämt einfach ist die Sache freilich nicht. Marx sieht zwar richtig die Abfolge kommender Revolutionen voraus, wenn er sie auch antizipiert, ins 19. Jahrhundert datiert, während sie im 20. fällig werden. Was er nicht erkennt, ist das neue Modell, das Napoleon III. anstrebt, vorexerziert und verwirklicht – das des plebiszitären Volksherrschers, der mit den Massen regiert. Daß der dritte Napoleon *gegen* die Liberalen das allgemeine Stimmrecht wieder durchsetzt, mag ein Trick sein, aber es bezeichnet überdeutlich seinen Willen, mit dem Volk – wer immer das sein mag – gegen die herrschende Kaste von 1830 zu regieren.

Was war er, aufgeklärter Staatsmann, moderner Kaiser oder Vorläufer des Faschismus? Die Diskussion darüber ist bis heute nicht abgebrochen. Präsident war er legal geworden. Wenn er sich durch den Staatsstreich vom 2. Dezember an die Macht brachte, so ließ er den Coup alsbald durch Volksabstimmung legitimieren. Das Ergebnis war so überwältigend wie immer, wenn die Volks*stimmung* die Volks*abstimmung* lenkt: fast siebeneinhalb Millionen Stimmen für Napoleon, sechshundertvierzigtausend gegen ihn. Die Kaiserkrone lag in der Garderobe bereit, und kein Jahr nach der gewonnenen Abstimmung setzte sie der Neffe, angeblich und allzugern dem Drängen seines Volkes nachgebend, aufs Haupt.

Napoleon III. hat sich selbst gern als Sozialist bezeichnet. Er hing den Ideen von Saint-Simon an, und manche seiner wichtigsten Berater im Bereich der Wirtschaft waren Saint-Simonisten. Aber er läßt sich notfalls auch in einen frühen National-Sozialisten umschminken, wie es zum Beispiel der englische Historiker L. C. B. Seaman in seinem Buch *From Vienna to Versailles* (1956) in einem breit ausgeführten Vergleich getan hat. Da ist die Parallele mit Hitler fast perfekt, vom gescheiterten Putschversuch bis zum ausländischen Akzent, von Napoleons Traktaten bis zu *Mein Kampf*, vom anfänglichen Aufschwung bis zu schließlicher Zerstörung und selbst in Charakter und Aussehen. »Beide waren schäbige Charaktere und zeigten es im Habitus. Hitlers ungekämmtes Haar und sein gegürteter Regenmantel zeigten seine Hinterhof-Vulgarität, und die weniger geschmeichelten Photos Louis Napoléons lassen ihn als eine Art schmierigen italienischen Kellner erkennen, der gerade aus einem viertklassigen Hotel hinausgeworfen worden ist.«

Verständlich, daß die Dritte Republik, die ihn gestürzt hatte, ihn so wenig mochte wie sein Todfeind Victor Hugo und daß diese Abneigung bis in die Schulbücher hinein sein Bild als »bleicher Verbrecher« bestimmte. Auch die umfangreiche Rechtfertigungsliteratur unter Titeln wie *Napoléon le Grand, Der verleumdete Napoleon, Lügen über das Zweite Kaiserreich* wundert uns nicht, denn der Bonapartismus gehört immer noch zu den Spielarten der monarchistischen Opposition. Wie auch immer: mit ihm, durch ihn, unter ihm entstehen das moderne Frankreich, das moderne Paris, auch das moderne französische Kolonialreich, und erst in diesem Rahmen, im Zusammenspiel und Zusammenstoß dieser Kräfte, Gegebenheiten und Veränderungen bildet sich »die« Moderne. Das Zweite Kaiserreich ist nicht nur die Kulisse für Baudelaire und Flaubert, für Courbet und Manet, es ist ihre Lebenswelt, und wie oppositionell auch immer der Geist der Zeit sich zur Politik der Zeit verhalten hat, sie war sein Milieu. Selbst der einzige große Exilierte, Victor Hugo, war auf das Land und seinen Herrscher fixiert.

Ein Porträt Napoleons III. ist nicht leicht zu zeichnen. Eines darf man festhalten: Es mangelt ihm an Größe. Aber Größe selbst ist ambivalent, die achtzehn Jahre von 1853 bis 1870 waren entschieden friedlicher als die fünfzehn der napoleonischen Epoche. So unbeirrbar der neue Napoleon von seinem Ziel bestimmt ist, Kaiser zu werden, wie sein Onkel, so wenig Ähnlichkeit hat er mit dem überdimensionalen Modell. Er ist unauffällig, von unansehnlicher Statur; als er Abgeordneter in der Nationalversammlung ist, beschreibt ihn Victor Hugo so: »Er trägt schwarzen Schnurrbart und schwarzen Gehrock, gescheiteltes Haar, schwarze Krawatte, schwarzen zugeknöpften Rock, umgeschlagenen Kragen, weiße Handschuhe.« Ein Allerweltsabgeordneter, der selbst das Wort *compatriote* (Mitbürger) so ausspricht, als ob es englisch wäre. Ein Stich der Zeit zeigt ihn bescheiden, die Gänsefeder in der Hand, ein Buchhaltertyp. Er wirkt, so wieder Victor Hugo, eher verlegen als schweigsam. Nachdem er auf der Tribüne ein paar unbedeutende Bemerkungen abgelesen hat, kehrt er unter allgemeinem Gelächter auf seinen Platz zurück – wie ein Schulbub, der den viel zu großen Rock des Vaters trägt.

Eine gründliche Schulbildung hat er nicht bekommen. Hauslehrer haben ihn teils verwöhnt, teils geknechtet, das Gymnasium hat er ausgerechnet in Augsburg besucht, wo er von vierundneunzig Schülern erst der vierundfünfzigste ist und sich dann auf den vierundzwanzigsten Platz vorarbeitet, guter Durchschnitt bestenfalls. Immerhin, Deutsch hat er hier – und in der Schweiz – gelernt so wie Englisch in England und Amerika und Italienisch in Italien. So hat er überall geschnuppert, hingehört, und gerade diese Buntscheckigkeit seiner Bildung macht ihn in gewissem Sinne modern, läßt ihn als weitgereist, als Kosmopoliten, seinen mit den *anciens* aufgewachsenen Landsleuten gegenüber als überlegen erscheinen.

Er ist ein Prinz, seine Mutter eine Exkönigin, aber Louis Napoléon hat nicht einmal ein Vaterland, wo er Offiziersdienste leisten könnte. Die Familie ist dagegen, daß er in fremden Diensten den Griechen bei ihrem Aufstand oder dem Zaren gegen die Türken hilft. Da er einen Schweizer Paß hat, dient er als Artillerist (eine Erinnerung an den Onkel?) im schweizerischen Ausbildungslager, aber ein Soldat ist er nicht und wird er nie. Er verfaßt hingegen ein *Handbuch der Artillerie.* Es stellt sich heraus, daß er einen Hang zur Schriftstellerei verspürt. Ihn beschäftigen sowohl die großen Ideen, wie die Welt endgültig zu verbessern sei, unter einem neuen Napoleon natürlich, wie die kleinen Verbesserungen, die man die technischen und praktischen nennt und an denen er selbst tätig mitwirkt.

Mit vierundzwanzig, 1832, beginnt er seine literarische Karriere: mit *Rêveries politiques (Politische Träumereien)*, und romantische Träumereien sind es wirklich, denn zwei widerstreitende Ideen will der junge Schwärmer versöhnen: Kaisertum und Republik.

Er neigte dem Zeitgeist zu: Der war demokratisch, liberal, färbte sich sozialistisch. Aber das mußte mit seinem Ehrgeiz in Einklang gebracht werden, in Gestalt der Utopie eines Sozialisten auf dem Kaiserthron.

Die diese Ziele umkreisenden Gedanken verfestigen sich zu einer Theorie in den *Idées napoléoniennes* von 1839. Er, der Neffe, rekonstruierte, was des Onkels große Ziele gewesen seien, nämlich die Versöhnung von Ordnung und Freiheit, von Volksrecht und Autoritätsprinzip. Kriege seien Napoleon nur aufgezwungen worden. Italien, die deutschen Länder, Polen wollte er befreien. Eine *association européenne* habe er angestrebt, mit vollen Rechten für jede Nation, aber übergeordneten gemeinsamen Interessen.

Das war die Theorie des Louis Bonaparte. Die Praxis bestand in unermüdlichem Konspirieren, in Reisen nach England, wo der regierende Louis Philippe höchst unbeliebt war, im Paktieren mit italienischen Geheimgesellschaften, schließlich in den beiden Militärputschen von Boulogne und Straßburg, die im Grunde daran scheiterten, daß er so gar nichts Napoleonisches an sich hatte: kein »Mir nach!« mit gezogenem Degen, sondern das undurchsichtige Taktieren des politischen Verschwörers, dem die Militärs mißtrauen.

Zu lebenslänglicher Haft verurteilt und in der Festung Ham komfortabel eingesperrt, hatte er, bei geschickter Fortführung seiner Verschwörungsaktivitäten, reichlich Muße, seinem Autorenehrgeiz nachzugeben. Aus dem Briefwechsel mit seiner alten Freundin Hortense, nun Madame Cornu, haben wir einen genauen Einblick in seine Studierstube, der sich bald ein Laboratorium anschloß, denn die napoleonische Vielseitigkeit sollte sich auch in physikalischen und chemischen Experimenten, im Umgang vor allem mit der damals noch rätselvollen Elektrizität, erweisen.

Der Kaiserideologie diente der Plan, eine Biographie Karls des Großen zu schreiben, des großen Ahnherrn, der das westliche Europa schon einmal unter seinem Zepter vereint hatte. Aber es zeigte sich bald, daß nur ein Detail ihn an dem frühen Vorfahren wirklich interessierte: Karl der Große hatte einen Rhein-Donau-Kanal geplant. Er war »modern«.

Man muß nicht Goethe zitieren, der, an Alexander von Humboldt anknüpfend, 1827 Eckermann gegenüber davon spricht, der Durchstich durch die mittelamerikanische Landenge würde für »die ganze zivilisierte und nichtzivilisierte Menschheit ganz unberechenbare Resultate« erbringen, und der den Wunsch äußert, er möchte noch einmal fünfzig Jahre leben, um Panama-, Sues- und Rhein-Donau-Kanal zu erleben. Die Kanalprojekte liegen in der Luft, aber dem Gefangenen von Ham traut man zu, sie zu realisieren. Eine Delegation aus Nicaragua sucht ihn auf, um ihm die Präsidentschaft einer künftigen Kanalgesellschaft anzubieten.

Als er Kaiser ist, wird es ernst mit dem Kanalprojekt: Er schnappt den Sueskanal den Engländern weg, ein französischer Ingenieur, Lesseps, baut den Kanal, und französische Aktionäre werden daran reich.

Sein Fortschrittsdrang entlädt sich in immer neuen Plänen. Später vergleicht Lord Palmerston seinen Kopf mit einem Kaninchenstall. Einer seiner Freunde aus dem Pas de Calais baut Zuckerrüben an. Hat nicht schon der große Kaiser, als England Frankreich von den Kolonien absperrte, Rüben anbauen lassen? Er ist Feuer und Flamme, besorgt sich Statistiken, schreibt über *les sucres*. Ein großes Thema: Freihandel oder Protektion, auch stärkere Förderung der Industrie oder der Landwirtschaft. Die Industrie, so urteilt er, müsse zum niedrigsten Preis verkaufen, also eine Millionenbevölkerung im Elend halten, die Löhne möglichst senken, Frauen und Kinder arbeiten lassen. Landwirtschaftliche Arbeit hingegen ist »das Leben des Armen, das Brot des Arbeiters, der Reichtum des Landes«. Er hat, wie auch immer sein Bildungshorizont aussehen mag, praktische, »technische« Intelligenz. So erweckt er den Eindruck des Fachmannes für Wirtschaftsfragen. Aber auch den Militärs will er imponieren, und da schlechterdings keine Schlachten für ihn zu schlagen sind, macht er sich an die Geschichte der Artillerie. *Studien über die Vergangenheit und die Zukunft der Artillerie* lautet am Ende der anspruchsvolle Titel. Er möchte nicht nur Militärexperte, auch Historiker sein. Historiker, so sieht er's ja ringsum, sind zur Politik berufen, Guizot, Michelet, Thiers beweisen es. Ein willfähriger Professor schreibt später, anhand der Aufzeichnungen des Kaisers, das Werk zu Ende, sechs Bände, von denen der letzte erst nach seinem Sturz erscheint.

Als ihn später, als Kaiser, noch einmal der Ehrgeiz packt, seinen Untertanen auch als Wissenschaftler zu imponieren, schreibt er die Geschichte der Modellfigur des Volkskaisertums, *La vie de Jules César*. »Cäsarismus« heißt das Staats- und Verfassungsmodell, das ihm vorschwebt, das er eingeführt hat, die plebiszitäre Diktatur. Ein Stab von Gelehrten arbeitet ihm zu, und der große Mommsen hilft von ferne mit.

Er war, wie Gundolf in seinem *Cäsar im 19. Jahrhundert* geschrieben hat, »mehr ein weicher Streber als ein harter Frevler«. Darum schaffte er den Aufstieg nicht über den Militärcoup, sondern durch Werbung, durch Publizität. Er ist in dieser frühen Zeit der erstaunliche Fall einer Medienkarriere, kein Artillerist, sondern ein Journalist. Ihm schwebte der Plan einer eigenen in Paris erscheinenden Zeitung vor, die »radikal links« *(d'extrême gauche)* die demokratischen Ideen mit den Erinnerungen an das Kaiserreich verbinden sollte. Als daraus nichts wurde, arbeitete er von Ham aus an einer Regionalzeitung mit, deren Titel ganz seinem Programm entsprach, am *Progrès du Pas-de-Calais*.

Er hatte erkannt, daß die positive Einstellung zur sozialen Frage besonders werbewirksam war. Für den *Progrès* verfaßt er die Artikelreihe, aus der die Broschüre *L'exstinction du paupérisme* (1844) erwuchs. »Auslöschung«, »Ausrottung« war eine werbewirksame Übertreibung, Pauperismus klang wissenschaftlicher als *»pauvreté«* oder *»misère«*. Die Abhandlung zog die alten saint-simonistischen Zauberformeln aus dem Zylinder, aber sie verblüfft heute noch durch die ingenieurmäßig exakten Zahlen, die er der Zauberei zugrunde legte. Auch das Schweizer Modell, das schon die Zuckerrüben-Abhandlung befruchtete, floß ein.

Der Plan sah vor, daß 612700 Hektar brachliegenden Landes an die arbeitslose Stadtbevölkerung als Gemeinschaftseigentum übergeben würden. Der Staat sollte 300 Millionen Francs für diesen Zweck zur Verfügung stellen, was ihm leichtfallen sollte, da er jährlich 300 Millionen allein für Waffen ausgebe, 46 Millionen für die Polizei, »um das Eigentum zu schützen und zu rächen«, und 120 Millionen eingesetzt habe für die Errichtung neuer Gefängnisse. Noch heutige »grüne« Reformvorschläge bedienen sich bekanntlich solcher imaginärer Geldquellen.

Die so eingerichteten Arbeiterkolonien sollten 206400 Familien und 153166 Arbeiter ernähren, der Nettogewinn würde sich auf 816072522 Francs belaufen. Der Boden würde zunächst zu acht Francs, dann sich steigernd bis zu achtzig Francs verpachtet werden und wäre schließlich zu 2640 Francs pro Hektar zu erwerben.

Daß diese Siedlungen fast militärisch organisiert sein würden, entsprach dem Ordnungsfanatismus der Saint-Simonisten: Je zehn Arbeiter wählten eine Art Ombudsmann *(prudhomme), prudhommes* und Arbeiter zusammen wählten Direktoren und Gouverneure. Die Masse erhielte so einen Platz in der Gesellschaft, ihre Interessen seien an den Boden gebunden, Verwurzelung war geplant, Verbäuerlichung des Proletariats. Es war jener Frühsozialismus, den Karl Marx verabscheute, weil er den Kapitalisten das Kapital beließ. Aber der Sozialist Louis Blanc, der seinerseits ein berühmtes Buch über *L'Organisation du travail* geschrieben hatte, ließ sich von Louis Napoléon nach Ham einladen und war begeistert von der Leutseligkeit des Präsidenten und von seinen kühnen Plänen.

Paupérisme war nicht nur Armut, sondern Verelendung mit allen zugehörigen Lastern. Das Landleben hingegen – so Napoleon – ist »gesund, kräftigend, moralisch«. Die Bauern, die durch die Revolution Landbesitzer geworden sind, ziehen in geschlossenem Zug zum Wahllokal, um den Prätendenten zum Präsidenten zu machen. Er beteuert auch, obwohl als Freigeist aufgewachsen und Freimaurer, seine Neigung zur Religion. Die Unternehmer nimmt er durch Fortschrittsglauben ein, die Bankiers durch seine Finanzpläne.

Er läßt nach seiner Flucht aus dem Gefängnis von England aus durch seinen treuesten Anhänger, den Doktor Conneau, ein Idealporträt entwerfen:

> Der Prinz ist ein arbeitsamer, aktiver Mensch, streng gegen sich selbst, nachsichtig gegenüber anderen. Um sechs Uhr morgens ist er in seinem Arbeitszimmer, wo er bis zum Lunch arbeitet. Nach der Mahlzeit, die nie länger als zehn Minuten dauert, liest er die Zeitungen, um zwei Besuche, um vier Ausgänge, um fünf reitet er aus, um sieben ißt er zu Abend, um danach wieder ein paar Stunden zu arbeiten. Was seinen Geschmack und seine

> Gewohnheiten angeht, so neigt er zur ernsten Seite des Lebens. Am Morgen kleidet er sich für den ganzen Tag; in seinem Haushalt ist er der am einfachsten Gekleidete, wenn seine Erscheinung auch immer eine gewisse militärische Eleganz aufweist.

Das ist nicht einfach aus den Fingern gesogen; tatsächlich verbringt der Prinz viele Stunden in der Bibliothek des British Museum, wie manche Jahre später Karl Marx. Den Engländern selbst liefert er eine andere Show. Er ist, nachdem der alte Musterdandy Lord Brummel abgewirtschaftet hat, der neue Salonlöwe, der in den feinsten Häusern ein und aus geht, das Theater besucht, sich Mätressen hält, auch dies, wie man weiß, ein zeitraubender Sport. Aber er schaut sich, als Artilleriefachmann, auch das Arsenal an, und als an der »sozialen Frage« interessiert reist er nach Manchester, Liverpool, Birmingham, tut sich mehr um im Industriewesen als der eines Tages in London dauerhaft ansässige Karl Marx.

Auch sportlich will der fleißige Thronprätendent sein. Er nimmt an den kostspieligen Turnieren teil, die Lord Eglinton ausrichtet, und lädt Benjamin Disraeli zu einer Ruderpartie auf der Themse ein (die auf einer Sandbank endet). Bei seinem kurzen Amerikaaufenthalt wettet er, daß er in hundertvierzig Minuten eine Strecke von achtzehn englischen Meilen zurücklegen werde. Die Wette wird im Vauxhallgarten in der Bowery ausgetragen, im Zirkus, vor halb New York: Er schafft zehneinhalb Meilen in siebenundneunzig Minuten und bricht dann zusammen.

Das alles war nicht Ausfluß einer natürlichen Genialität, sondern Anstrengung und Kalkül. Es war, was die Nazis später »Triumph des Willens« genannt haben. Dabei war er von Hause aus eher gutmütig, liebenswürdig, lethargisch; ein bißchen Schriftstellerei, Privatgelehrsamkeit, Gärtnerei, Schürzenjägerei wären ihm durchaus auf den Leib geschrieben gewesen, aber nun war er einmal der Neffe, der einzige Anwärter aus dem Hause Bonaparte, nun räumte ihm der wachsende Napoleon-Mythos einen Platz an der Spitze ein, und so verfestigte sich in dem eigentlich eher mittelmäßigen, schwankenden jungen Mann die eine Überzeugung, daß er vom Schicksal ausersehen sei, ein zweiter Napoleon zu werden.

Dabei half ihm paradoxerweise die Tatsache, daß er so wenig Napoleonisches an sich hatte. Er empfahl sich als die zivile, zivilistische Neuausgabe. Als Präsidentschaftskandidat nimmt er Victor Hugo beiseite und versichert ihm, ein großer Ehrgeiz könne zwischen zwei Vorbildern wählen: Napoleon und Washington – der eine Modell eines Genies, der andere Modell der Moral. Genie könne man sich nicht vornehmen, wohl aber Rechtschaffenheit. »Vor die Wahl gestellt, ob ich ein schuldbeladener Held oder ein guter Bürger werden will, entscheide ich mich für den guten Bürger.«

Es sind Allerweltssätze, so wie die rhetorischen Versicherungen in den *Idées napoléoniennes*, die in dem Satz »Ich liebe die Freiheit« gipfeln, oder die ebendort ausgesprochene Empfehlung, zwischen Amerika, der unbegrenzten Freiheit, und Rußland, dem despotischen Zentralismus, gelte es den Mittelweg zu finden: treuherzige republikanische Freiheit plus napoleonische Oberaufsicht. War er verschlagen, so verstand er ausgezeichnet, sich als Biedermann zu tarnen. Wahrscheinlicher ist, daß er mit allen Tugenden des Taktikers, von Charme in der Unterhaltung bis zum Blick für die richtige Gelegenheit, ausgestattet war, daß ihm aber die wahre Intelligenz fehlte, die Widersprüche seiner *Idées napoléoniennes* zu durchschauen. Wäre die demokratische Diktatur ein Verkaufsartikel gewesen, sie hätte jedenfalls keinen besseren Verkäufer finden können.

Erstaunlich ist es, wie es ihm immer wieder gelingt, Vertrauen zu finden, so selbst bei dem erbittertsten seiner späteren Gegner, Victor Hugo. Hugo selbst, ein großer Rhetor, der sich kontinuierlich von seinem eigenen Edelmut überzeugt, der sich eine Mätresse hält wie der Prätendent und den Schürzen ebenso nachstellt wie jener, der das Los der Armen so heftig bemitleidet wie Louis Napoléon, läßt sich eine Zeitlang blenden, zu ihm hinüberziehen, vielleicht winkt ein Ministerposten, und ist um so bitterer enttäuscht, als der Sieger Napoleon ihn nur noch mit Routinehöflichkeit behandelt. Am 9. Januar 1852 wird er mit anderen Führern der Opposition aus Frankreich verbannt.

Octave Aubry, der Verfasser einer der populärsten Biographien Napoleons III., hat sein Urteil über ihn so zusammengefaßt:

> In einem hybriden Zeitalter lebend, hat er bei aller Ruhmbegier doch nicht jenen Trieb nach antiker Größe in sich, der die Persönlichkeiten der Revolution und des Ersten Kaiserreichs wie Statuen auf einem Piedestal erscheinen läßt. Er ist nicht von dem Streben nach den Gipfeln der Geschichte besessen. Sein wenn auch nicht sehr scharfer, doch recht umfassender Verstand ist weit mehr den sozialen Problemen, den Erfindungen und Fortschritten der Industrie zugewandt. In seinem Kopf vereinigen sich Pläne und idealistische Träume, die er seit zwanzig Jahren hegt, zu einem sonderbaren Gemisch: revolutionäre Prinzipien, die Theorie des Imperialismus, konservative Neigungen, pazifistische Schwärmerei, Lust auf militärische Erfolge. Durch all das wird seinen Gedanken sowohl wie seiner Politik der Stempel des Ruckhaften, Inkonsequenten aufgedrückt.

Sein Charakterbild schwankt nicht nur, weil es von der Parteien Gunst und Haß verzerrt ist, sondern wohl auch, weil er keinen Charakter hat. Er ist in einem erstaunlichen, auch in einem erschreckenden Maß ein »Mann ohne Eigenschaften«. Er will, durchaus im Ernst, alle glücklich machen, die Bauern und die Arbeiter, den Klerus und die Intellektuellen, die Bankiers und die Militärs, tatsächlich muß er lavieren und taktieren, sich bald mit dem einen, bald mit dem anderen verbünden, und am Ende wird seine Diktatur sogar liberal, paßt sich dem Zeitgeist an, um zu überleben.

Gerade die enormen ökonomischen und technischen Fortschritte seiner ersten Regierungsdekade haben die Problematik des Fortschritts erkennbar und fühlbar gemacht. Die Moderne der Dichter und Künstler, von Baudelaire und Flaubert bis Courbet und Manet, war die kritische Antwort darauf. Ehe wir uns ihr zuwenden, soll aber von den Monumenten des imperialen Fortschritts im Frankreich des 19. Jahrhunderts die Rede sein.

Die Eisenbahnrevolution

Wir, die Leidtragenden des Fortschritts, die gebrannten Kinder der Errungenschaften, können uns nicht mehr vorstellen, wie dieses Wort, diese Sache, dieser Traum die Menschen hinriß, die Wissenschaftler und Ideologen beflügelte, die Regierenden zu Taten und Leistungen anspornte. Die industrielle Revolution hatte zwar die soziale Frage dringender werden lassen, das Elend der Arbeitervorstädte und der Arbeitslosen drängte sich den Besitzenden, den Bürgern, auf; aber eben neuer Fortschritt würde allgemeinen Wohlstand ermöglichen, auch die Besitzlosen beteiligen. Marx vertraute ebenso auf diesen künftigen Überfluß, der das Niedagewesene, die klassenlose Gesellschaft, ermöglichen würde, wie die Saint-Simonisten, die nun glauben durften, mit dem Kaiser einen ihrer Anhänger im vollen Besitz der Macht zu sehen.

Ganz offenbar war der Sieg des Kaisertums ein Triumph über bestimmte Schichten des liberalen Bürgertums, einer inzwischen altmodischen Kaste, die einen altmodisch gewordenen Reichtum verteidigte. Balzacs Geizhälse und Emporkömmlinge gehören noch diesem alten Typus an: Der Père Goriot ist ein Nudelfabrikant, der alte Grandet ein reich gewordener Böttcher. Revolution und erstes Kaiserreich hatten diesen Reichtum wachsen lassen; Restauration und Bürgerkönigtum verschoben und verbrauchten ihn durch Korruption und Spekulation.

Napoleon III. vertritt gegenüber der bourgeoisen Erstarrung des Bürgerkönigtums die Zukunft; das sichert ihm beim ersten und zweiten Plebiszit die überwältigende Mehrheit der Stimmen. Bei der berühmten Rede in Bordeaux, die er noch als Präsident hält, findet er die Formel, mit der er sich sorgsam von Napoleon I. absetzt: *»L'Empire, c'est la paix!«* (Das

Kaiserreich wird ein Reich des Friedens sein.) Die Gegner deuten eilig um, zwei Vokale leicht verändernd: *»L'Empire c'est l'épée«* (Das Kaiserreich ist das Schwert.)

In dieser Rede wird das Fortschrittsprogramm entwickelt:

> Wir haben weite brachliegende Ländereien urbar zu machen, Straßen zu bauen, Flüsse schiffbar zu machen, Kanäle fertigzustellen, unser Eisenbahnnetz zu vervollständigen. Wir haben an der Marseille gegenüberliegenden Küste ein weites Reich Frankreich anzugleichen. Wir haben durch Verkehrsverbindungen, die uns noch fehlen, unsere großen Häfen an der Westküste dem amerikanischen Kontinent näherzurücken.

Es ist der Ehrgeiz, den man im 19. Jahrhundert und in den ersten Jahrzehnten des 20. »faustisch« genannt hat, Welterschließung, Landgewinnung, Siedlungspolitik, Freihandel. Mit dem Kaiserreich öffneten sich alle Möglichkeiten, die neuen friedlichen »Eroberungen«, die Napoleon in Bordeaux angekündigt hatte, als des Fortschritts »Soldaten« in Angriff zu nehmen. Die Parole lautete nicht mehr: »Bereichert euch!«, sondern »Handelt!«; Bereicherung würde die natürliche Folge sein. Das alte Spekulationsfieber verband sich mit dem neuen Fortschrittsrausch.

Das große Losungwort wurden die Eisenbahnen. Um 1850 hatten sie noch den Zukunftszauber, der für uns mit der Raumschiffahrt verbunden war. Zum erstenmal seit Bestehen der Menschheit war der Mensch schneller geworden als die Mittel der Natur, die Reittiere und der Wind. Frankreich lag gegenüber England, der Industrienation, und selbst gegenüber Deutschland noch weit zurück. Erst 1843 waren die Eisenbahnlinien Paris–Rouen und Paris–Orléans eröffnet worden, also kurze Verbindungsstücke zu Nachbarstädten. Das donnernde Pathos, mit dem der populäre Kritiker Jules Janin diese Großtat feierte, erscheint heute komisch, spiegelt aber deutlich die Gefühle der Zurückgebliebenen gegenüber dem Nachbarn auf der anderen Seite des Kanals:

> Doppelt erlauchte Eroberung, die Frankreich an zwei entgegengesetzten Punkten seines Territoriums vollzieht, immenser

> Fortschritt, sicheres Vorzeichen für die Zukunft dieser friedlichen Revolution, die sich des ganzen Königreichs bemächtigen und aus seinen verschiedenen Teilen einen Leib machen wird!

Ja, wenn die formidable Linie nach Rouen weitergeführt würde bis zum Ozean, wie würde der staunen über solches Menschenwerk!

Noch mehr: Bisher war die Eisenbahn nach Versailles und Saint-Germain nur ein Spielzeug für die müßigen Pariser. Sie diente noch nicht »der Arbeit, der Spekulation, der Industrie, dem Handel, dem Wohlstand, als ein Mittel, zu jener ehrenvollen Muße zu gelangen, der alle wohlgebildeten Seelen nach rauher Tagesarbeit zustreben«. Das war der behäbige Stil der Bürgerkönigszeit, eines französischen, also scheinbar lebhafteren, rührigeren, geschäftstüchtigeren Biedermeiers. Ein Werbeplakat der Zeit zeigt in der Tat die Eisenbahnwagen als zierliche Karossen und in jedem Abteil einen wohlgekleideten Herrn und eine feine Dame im Gespräch, als ob es Theaterlogen wären.

Was schon der Prinzpräsident, gleich nach dem Staatsstreich, in Gang brachte, war also ein gewaltiger Innovationsschub, und das Wort von der Eisenbahnrevolution trifft durchaus die Sache. Eine Woche nach dem Staatsstreich, am 10. Dezember 1851, übertrug Louis Napoléon den Brüdern Isaac und Emile Péreire den Bau der Verbindungslinie zwischen den Bahnhöfen von Paris, und am 3. Januar 1852 erteilte er die Konzession zum Ausbau der Strecke Paris–Lyon, der später zur PLM erweiterten berühmten Südstrecke.

Der Ausbau ging rasch weiter, mit Hilfe eines Finanzierungssystems, das man heute als »Volkskapitalismus« bezeichnen würde. In der Tat stand das Haus Rothschild, das die alte Wirtschaftsordnung des Bürgerkönigtums repräsentiert hatte und eng mit dem Haus Orléans liiert war, dem neuen Napoleon mißtrauisch gegenüber. Die Brüder Péreire, die 1852 als erste dieser Finanzierungsgesellschaften den *Crédit mobiliér* gründeten, waren Juden wie die Rothschilds und hatten bei ihnen das Bankhandwerk gelernt, aber sie waren Saint-Simonisten, der wirtschaftliche Aufschwung war für sie mit dem sozialen zu koppeln.

Saint-Simonisten waren der Journalist Duveyrier, mit dem der Kaiser von einem europäischen Eisenbahnnetz vom Ural bis zur Sierra Nevada und von einem Tunnel durch den Simplon schwärmte, und der als Berater des Kaisers höchst einflußreiche Nationalökonom Michael Chevalier, der in seinem *Dictionnaire de l'économie politique* von 1852 den Eisenbahnen auch gleich die metaphysische Begründung lieferte. Er schrieb:

> Man kann den Eifer und die Inbrunst, mit denen die Kulturnationen ihre Eisenbahnen bauen, mit dem vergleichen, was vor einigen Jahrhunderten beim Bau der Kirchen geschah... Wenn, wie man versichert, das Wort Religion von »religare« (verbinden) kommt, ... haben die Eisenbahnen mehr, als man denkt, mit der Religion zu tun. Denn niemals hat es ein Instrument gegeben, das so mächtig gewesen wäre, um die verstreuten Völker miteinander zu verbinden.

1855 konnte der Dichter Maxime Du Camp in seinen *Chants modernes* die *sainte fumée*, den »heiligen Rauch«, der Lokomotive besingen.

Der Kaiser reist selbstverständlich mit der Eisenbahn (oder mit dem Dampfschiff) und läßt es sich nicht nehmen, selbst auf einer neuen Strecke einen Zug zu führen. Die Bahnhöfe werden zu Repräsentationsbauten; das Wort vom »großen Bahnhof« hat hier seinen Ursprung.

> Die repräsentativsten und dem Schloßbau ähnlichsten Gebäude der bürgerlichen Stadt sind ihre Empfangsgebäude, die großen Bahnhöfe... Im Bahnhof erfährt das Schloß seine... Verdoppelung in ein Ankunfts- und Abfahrtspalais, die beide spiegelbildlich um eine Symmetrieachse gedreht sind. Sie bilden die alten Trichterflügel um die *Cour d'honneur* nach, die jetzt mit verglasten Eisengerippen in gotischer Höhe überwölbt ist... Der *Gare de Strasbourg* oder *Gare de l'Est* verschmilzt Palast und Kathedrale.

So hat Michael Winter in einem Essay über Architektur und Herrschaftsästhetik den neuen Stil beschrieben. Aber Bahnhöfe sind eben keine Herrschaftsinstrumente, und die neuen Bahnhöfe wurden bald Schlösser der kleinen Leute, selbstverständlich wohlabgestuft nach Stand und Geldbeutel (die »Klassengeschichte der Eisenbahn« ist noch zu schreiben).

Das Eisenbahnnetz ist das erste jener *net-works*, welche die neue technisch-industrielle Epoche so charakterisieren wie die Straßennetze alle vorigen. Der neue Plan von Paris, den Napoleon selbst entwirft, wählt die Bahnhöfe als Bezugspunkte. »Vom Bahnhofsvorplatz führen die Alleen in die Boskettzonen der Stadt, als langer Achsenboulevard, als Querachse oder als Strahlungen in vielen Richtungen« (Winter). Die Bahnhofstraßen sind Prachtstraßen, sie führen zu anderen Prachtbauten der neuen Epoche, den Grandhotels, wiederum Schloß- und Palastimitationen. Das Speisen an der *table d'hôte* bildet die fürstlichen Diners nach. Von den Bahnhöfen aus eröffnet sich der Weg in die weite Welt, aber auch zu den nahen Badeorten, die nun als elegante Sommerresidenz aufblühen, von Deauville bis Vichy.

Das Epochenbewußtsein nährte sich von solchen Großartigkeiten. Aus seinen vielen Zeugnissen greife ich eines heraus, weil es mit den Worten des Père Enfantin, des »Papstes« der Saint-Simonisten, deutlich macht, wo die Frontlinie zur alten Kultur hin verlief. Maxime Du Camp, der Literat und Freund Flauberts, suchte ihn im Jahr 1853 auf und hörte folgende Predigt von ihm:

> Du verachtest die Finanziers und die Industriellen, das haben fast alle Schriftsteller und Künstler miteinander gemein; du glaubst, daß sie auf einem Misthaufen leben und eine häßliche Arbeit verrichten. Gut, aber wenn ihre Arbeit beendet, ihr Misthaufen weggefegt ist, was siehst du dann an der Stelle, die sie besetzt hielten? Neue Höfe, neue Kanäle, sanierte Städte, neue hygienische Viertel, Parks, Eisenbahnen, Beziehungen zwischen Volk und Volk, gemeinsame Interessen, die die Kriegslust zwischen den Nationen dämpfen werden. Von dieser Arbeit siehst du nur die Äußerlichkeiten, als ob du ein Bauwerk nach dem Gerüst beurteiltest, das es verstellt und das zu seiner Errichtung nötig war. Mit Hilfe der Finanz verrichtet die Kultur ihre größten Taten.

Du Camp leistete hinhaltenden Widerstand. Niemals, sagte er, werde der Père Enfantin ihn dahin bringen, daß er ein Eisenbahngleis einem Gedicht oder eine Aktie einem Gemälde vorziehen werde. Worauf der Père, mit biblischem Gleichnis, antwortete, man sehe, daß er, Du Camp, den alten Menschen noch nicht abgestreift habe. Er könne über die Wüste ein herrliches Gedicht machen, aber selbst das größte Meisterwerk wiege niemals den Kanal auf, den der Ingenieur grabe und der dem Wüstensand Wasser, Grün und Leben bringe. Zwei Jahre nach diesem Gespräch, 1855, war Du Camp bekehrt. Seine *Chants modernes* vermählten die Eisenbahn mit der Göttin Poesie.

Die Welle der Weltausstellungen

Was die Menschen zu Beginn der zweiten Jahrhunderthälfte erlebten, war ein Siegeszug. Alles würde immer besser werden, den Armen würde Wohlstand, den Wilden die Zivilisation gebracht. Aber es blieb im Wettstreit der alten mit der neuen Zeit die Frage offen, wie es denn mit dem Fortschritt der Künste stehe. Die waren ja immer eine Art Monopol der *anciens* geblieben: Die Werke der Alten, der Griechen und Römer, werde man im technischen, praktischen, handwerklichen, wissenschaftlichen Bereich leicht übertrumpfen. Aber die Venus von Milo, der Hermes des Praxiteles, die Säulenordnungen der Tempel, die Verse des Horaz würden als ewige Modelle der Schönheit unangetastet, unübertroffen bleiben.

Die Frage nach den Fortschritten der Künste in diesem die Menschheit umfassenden neuen Zusammenhang war nun ganz neu zu stellen. Ob sie sich überhaupt verbessern ließen, war kein Denkgegenstand mehr. Die eigentliche Kunst war nun der *art social*, ein Mittelding zwischen Politik und Gesellschaftswissenschaften, und die alten Künste hatten ihrerseits »sozial« zu sein, Begleiterinnen und Dienerinnen des Menschheitsfortschritts. Daß die Französische Revolution künstlerisch auf der Stelle trat, keine Anstalten machte, die Herrschaft der *anciens* zu brechen, hängt mit dieser Rückstufung zusammen. Spätere Revolutionen haben es ähnlich gehalten, bis hin zur Doktrin vom sozialistischen Realismus, der ja auch ein *art social* war.

Ein weiterer Zielbegriff drängte sich vor: *l'art utile*, die nützliche, die Gebrauchskunst. Schon Rousseau in seinem berühmten *Premier discours*, der die Rückkehr des Menschen zur Natur forderte, hatte geseufzt: Wieviel besser wäre es doch, wenn die schlechten Versemacher gleich zu Beginn ihrer Laufbahn gescheitert wären und sich statt dessen zur Tuchfabrikation entschlossen hätten. Ein *grand fabricateur d'étoffes* sei eben nützlicher für die Gesellschaft als ein *mauvais versificateur*. Der ideale junge Mann, der in seinem Bildungsroman *Emile* erzogen wird, entschließt sich am Ende, Kunsttischler zu werden, denn da »bestimmt die Zweckmäßigkeit, während Eleganz und Geschmack nicht ausgeschlossen sind« (so wechselt auch Wilhelm Meister von ursprünglicher Theaterleidenschaft am Ende zur nützlichen Kunst des Arztes über).

Deutlich beruht diese Diskussion darauf, daß die schönen Künste als Luxus nur den Reichen zugute kommen. Aus den *arts utiles* entwickeln sich deshalb folgerichtig die *arts industriels*, industriemäßig hergestellte Kunstgegenstände, die einem breiteren Markt dienen. Es entsteht so eine neue Klasse von Luxusgütern, die auch dem Bürgertum zugänglich wird – neben »Kunst« »Kunstgewerbe«. Die »Kunstindustrie« schlug in der Theorie eine Brücke zwischen technischem Fortschritt und künstlerischer Leistung, und in der Praxis erwies sich, daß sie zu besseren Absatzmöglichkeiten führte als die alte Kunst der Künstler. Die waren auf die Aufträge und Bestellungen der großen Herren angewiesen. Jetzt schob sich das aufsteigende, zu Wohlstand gelangte Bürgertum neben sie.

Ausstellungen von Luxusgütern – Möbeln, Uhren, Teppichen, Gobelins, Porzellan, Bucheinbänden, Gemälden, Skulpturen, Seidenstoffen – fanden in und bei Paris seit 1797 statt; nach dem siegreichen Italienfeldzug wurde auf dem Marsfeld ein »Tempel der Industrie« eröffnet, mit einer sechzigbögigen Säulenhalle. Zum erstenmal wurden Medaillen verliehen, zehn in Gold, zwanzig in Silber, dreißig in Bronze. Für seinen neuen mechanischen Webstuhl bekam Jacquard nur Bronze.

Die Zahl der Aussteller stieg sprunghaft, von 200 im Jahr 1797 auf 600 1802, 1400 1806, 1700 1819, 4381 1839. 1844 fand die Ausstellung an den Champs-Elysées statt, immer noch in einem langgezogenen Gebäude mit griechischer Tempelfront, und auf den Medaillen segneten olympische Götter die Sieger. Die Ausstellungsgegenstände aber verkündeten den Triumph der Moderne und ihres Industriefleißes. Was gezeigt wurde, diente nicht der Kunst schlechthin, sondern der Bequemlichkeit und Muße, der Einrichtung von Salonfluchten, der Ausmöblierung von Schlössern und Villen. Was sich als Empire klassizistisch nobel gegeben hatte, war abgeschrieben und sollte auch unter dem Zweiten Kaiserreich keine Chance mehr bekommen. Eben die industrielle Fertigung erlaubte Fülle und Üppigkeit und als Ausdruck des Reichtums jenes Kunstmittel, das von der Architektur bis zur Kleinkunst in Zukunft alles überschwemmen und überwuchern sollte: das Ornament.

Die Idee, solche nationalen Wettbewerbe auf die Völkergemeinschaft auszudehnen, lag in der Luft. 1849 schlug der französische Handels- und Landwirtschaftsminister eine solche Weltausstellung vor. Auch in England wurden ähnliche Pläne diskutiert. Sie scheiterten an Trägheit und Interessengegensätzen. Aber in England gab es vor dem Prinzen Louis Napoléon, nämlich seit 1840, den Prinzen Albert, den Gatten der Königin Viktoria, der ganz ähnliche Menschheitsideale verfocht, und er setzte gegen den Widerstand der Presse, des Parlaments, der Experten die erste Weltausstellung der Welt, die »Industrieausstellung aller Völker«, durch, die 1851 in dem eigens für sie errichteten Kristallpalast im Hyde Park stattfand, ein Datum, entscheidender für die Epoche als viele Siege und Friedensschlüsse.

»Niemand«, predigte der Prinz 1850, »wird auch nur einen Moment daran zweifeln, daß wir in einer Periode des großartigsten Übergangs leben, in einer Periode, die jenem großen Ziel entgegeneilt, zu dem alle Geschichte hinstrebt: der Verwirklichung der Einheit der Menschheit.« Die Ausstellung würde ein genaues Zeugnis von dem Stand ablegen, zu dem die Menschheit bei ihrer großen Aufgabe aufgestiegen sei, und zugleich der Ausgangspunkt sein, von dem aus alle Nationen ihre künftigen Unternehmungen planen könnten. Der Wettkampf der Nationen würde in Zukunft ein friedlicher sein. Es war der gleiche überschwengliche Optimismus, der wenig später Napoleons III. Rede in Bordeaux auszeichnete. Immerhin, seit des ersten Napoleon Sturz hatte es in Europa keine Kriege mehr gegeben, nur noch Aufruhr hier und dort, und die Angst vor 1848/49, vor einer neuen Form des Bürgerkriegs, dem Klassenkampf, war überstanden. Condorcet, der berühmte Aufklärungsphilosoph, hatte schon 1733 geschrieben, große Eroberungskriege und Revolutionen seien »fast unmöglich« geworden, und der Gebrauch der Feuerwaffe mache die Kriege weniger mörderisch. Napoleon hatte ihn zwar ein paar Jahre später blutig widerlegt, nun aber würde der Friedens- und Fortschrittswille der großen europäischen Nationen, England und Frankreich an der Spitze, ihn seinerseits überwinden.

Zum erstenmal wurde der alte antikisierende Ausstellungstypus mit der Säulenhalle aufgegeben und an seine Stelle eine »moderne« Architektur aus Glas und Eisen gesetzt. Den heutigen Betrachter erinnert die berühmte Südfassade mit der Halbrosette als Krönung an die damals entstehenden Bahnhofshallen, aber den Zeitgenossen kam der Bau wie eine gewaltige Basilika oder Kathedrale vor, und man rechnete aus, daß das Areal viermal so groß war wie das des Petersdoms und sechsmal so groß wie St. Paul's in London. Der Name »Kristallpalast« deckte das Technisch-Konstruktive zu und beschwor Tausendundeine Nacht. In diesem Dom der Moderne, in dem das Weltwunder des Diamanten Koh-i-nor, aber auch ein aus Kohle gehauenes Sofa zu sehen waren, entfaltete sich in lauter Rekorden die Überlegenheit der Weltzivilisation des 19. Jahrhunderts. »Märchenhaft« und »feenhaft« waren die Lieblingsadjektiva, die den Herrlichkeiten dieser Welt zukamen. In das fünfunddreißig Meter hohe Längsschiff waren mächtige Bäume gepflanzt, und davor sprang eine acht Meter hohe Fontäne, deren Wasser am Eröffnungstag parfümiert worden war. Papageien schrien, Nachtigallen sangen, Inder und Mohren zeigten ausgestopfte Kamele, Löwen und Giraffen. »Aus einem Teich kriechen die vierzig Fuß langen Ichthyiosaurier, die Mammuts und die riesenhaften Fledermäuse der vorsintflutlichen Welt, in Zink gegossen«, schrieb Helmuth von Moltke. Die Ausstellung war alles in einem: botanischer Garten und Zoo, Zirkus und Lustort, Konzerthalle und Museum.

Vor allem aber, so hob das Vorwort des seinerseits bald berühmt gewordenen Ausstellungskatalogs hervor, waren in dieser Ausstellung *Fine Arts* und *Industrial Arts* miteinander verknüpft, war der alte Bann gebrochen, der die einen unendlich hoch über den anderen angesiedelt hatte. Ohne eigentlich zu übertreiben, berichtete der preußische Gesandte Bunsen seinem Freund Max Müller, die Ausstellung sei »das poetischste und weltgeschichtlichste Ereignis der Zeit«. In dem Bericht, den die *Revue des deux mondes* der Ausstellung widmete, jubelte ein Autor namens Alexis de Valon:

> Die Poesie der Natur ist auf ewig tot... Die Poesie hat ihr Gefährt gewechselt, sie hat sich verlagert..., um in einem gemeinsamen Gedanken alle Völker dieser Erde zu vereinen, an ihr Genie zu appellieren, ihre Anstrengungen anzustacheln, sie sich gegenseitig belehren zu lassen, ihre Interessen zu verschmelzen, ihnen einen weltumspannenden Wettbewerb zu ermöglichen, und auf diese Weise, durch diese Verschmelzung, die künftige Brüderlichkeit aller Rassen dieser Erde zu erreichen, ist das etwa keine Poesie?

Jener saint-simonistische Volkswirtschaftler, den Napoleon III. zu Rate zu ziehen pflegte, Michael Chevalier, war flugs bei der Hand, eine Schrift über die Weltausstellung zu verfassen, die er »unter dem philosophischen, technischen, kommerziellen und administrativen Aspekt im Hinblick auf den französischen Standpunkt« würdigte, und auch er griff zur höchsten dichterischen Leistung, zum Vater Homer, um den Fortschritt der Menschheit seit Troja darzutun. Der Gang durch die Ausstellung sei wie eine Reise um die Welt, schwärmte er, und diese Pilgerschaft ähnele durchaus denjenigen, die Homer in *Ilias* und *Odyssee* beschrieben habe.

Nicht lange danach griff der Prinzpräsident Louis Napoléon, bald Kaiser, den Weltausstellungsgedanken auf. 1855 war es soweit. Mitten im Krimkrieg, während die französischen Truppen zusammen mit den englischen Sebastopol belagerten, wurde sie eröffnet, nicht ganz so gewaltig wie die im Kristallpalast, aber ein Palais war es wieder, das *Palais de l'industrie* an den Champs-Elysées, und wieder griffen die Poeten in die Saiten, um den Fortschrittstriumph gebührend zu feiern. Ein Autor namens Gustave Claudin, der die Ausstellung »aus der Vogelschau« vorstellte, schwelgte in Vergleichen:

> Alles, was in den alten Texten über die hängenden Gärten von Babylon, über das hunderttorige Theben, über die Paläste des Belsazar und Sardanapal erzählt worden ist, ist nichts im Vergleich zu dem wunderbaren Schauspiel, das zur Zeit die Weltausstellung in ihrer Gesamtheit bietet. Die Menschen haben die Feen entthront, indem sie den gewaltigen Palast mit Realitäten bevölkert haben, die man den Feen zuschrieb.

Es hat gegenüber solchen Jubelchören auch kritische Stimmen gegeben, aber es ist bemerkenswert, daß auch sie sich wieder in das alte Schema der *Querelle des anciens et des modernes* einfügen. Ernest Renan, später einer der mächtigsten Wortführer der Dritten Republik, damals ein aufstrebender junger Gelehrter, griff im *Journal des débats*, dem Blatt der liberalen Opposition, ebenjene Behauptung von der neuen Poesie des Industriezeitalters auf, mit der die Jubelnden den Weltausstellungserfolg feierten. Zum erstenmal, rügte er, habe unser Zeitalter große Menschenmengen zusammengerufen, ohne ihnen ein ideales Ziel zu setzen. Auf die Olympischen Spiele, auf die Pilgerfahrten, Turniere und Jubiläen des Mittelalters seien *comices industriels*, Industrietreffen, gefolgt. Mit böser Genugtuung stellte er fest:

> Zweimal hat sich Europa in Bewegung gesetzt, um ausgestellte Waren zu besichtigen und materielle Produktionen miteinander zu vergleichen, und nach der Rückkehr von diesen modernen Wallfahrten hat sich niemand beklagt, daß ihm etwas fehle.

Statt: »soweit haben wir es gebracht« – »so tief sind wir herunterkommen«. Zwar seien die Produkte der Industrie gut und nützlich, das bestreite niemand, aber der Irrtum bestehe darin, gewissen Fortschritten zuviel Bedeutung beizumessen; auf Raffinements komme es nicht an.

> Der Fortschritt der Industrie ist in der Geschichte keineswegs parallel zu dem der Kunst und der wahren Zivilisation; die beiden Kulturen, wo sich die Kunst zu ihrem höchsten Gipfel erhoben hat, das alte Griechenland und das Italien der Renaissance, haben die Verfeinerung der Industrie nicht gekannt.

Renan blieb den alten Göttern treu; einer seiner berühmten Texte ist die *Prière sur l'Acropole*, das Gebet auf der Akropolis, gerichtet an Athene, die Göttin der reinen Vernunft.

Ein letztes Merkmal der beiden großen Weltausstellungen 1851 und 1855 ist die Stilvielfalt, das Nebeneinander und oft Durcheinander der Formen. Das Empire mit seinen bürgerlichen Spätformen war der letzte von der griechisch-römischen Antike inspirierte Stil, der von der Architektur über die Einrichtung bis zu Haartracht und Damenmode der Epoche einheitlichen Charakter verliehen hatte. Mit den Bühnenerfolgen der Romantik und der Rehabilitierung des Christentums war diesem antikisierenden Stil das gotische Mittelalter als Konkurrenz entgegengetreten, zwar bei weitem nicht so prägend und so allumfassend wie das altüberlieferte Altertum, die kulturelle Großmacht von einst, aber doch als Alternative. Vor allem in England war es schon vor 1800 möglich, ein klassizistisches Stadtpalais und ein gotisches Landhaus nebeneinander zu besitzen. Die »englischer Garten« genannte Parklandschaft kam ebensowenig ohne Rundtempel wie ohne gotisches Gemäuer aus. Wer besonders kühn war, brachte maurische Elemente ein oder wagte sich an einen Pavillon im Hindustil. Trotzdem blieb auch bei diesem größeren Angebot eine gewisse Ordnung erhalten, und ein reicher Engländer hätte niemals sein Stadthaus neugotisch und sein Landhaus klassizistisch gestaltet.

Erst der neu zuströmende Reichtum der Kolonien, wie er vor allem in der Londoner Weltausstellung ausgebreitet wurde, zusammen mit dem Erfindungsreichtum der Luxusindustrie, der sich in den französischen Ausstellungen seit den vierziger Jahren entfaltet hatte, überspülte die alten Stilgrenzen und bot dem Raum, was das eigentliche Signum des Jahrhunderts werden sollte: der Prachtentfaltung.

Durchblättert man den Katalog der Londoner Ausstellung, so ist man erstaunt (oder entsetzt) über die ausschweifenden Formen der Möbel und Kunstgegenstände, vor allem aber über das Rankenwerk und Spinnennetz des Ornamentalen, das Teller, Vasen, Konsolen, Kamine, Becken, Betten, Spiegel, Kandelaber überzieht. Den Preis für den besten Essay über die Ausstellung erhielt bemerkenswerterweise Ralph Nicholson Wornum mit einer Arbeit über *The Exhibition as a Lesson in Taste.* Was er als »Lektion in Geschmack« bezeichnete, war vor allem dem ornamental art gewidmet. Kurz und nachdrücklich stellte Wornum fest, »daß der Geschmack der Produzenten im allgemeinen ungebildet ist«. Ein Irrtum sei es, zu glauben, daß die Menge der Ornamente Schönheit herstelle. Viele Gegenstände seien so überladen mit Ornamenten, daß man sogar zweifeln könne, was sie eigentlich darstellten. Das Lieblingswort, das er zur Kennzeichnung verwendet, ist *gorgeous*, »üppig«.

Was die Stilarten angeht, bemerkt er, daß der antikisierende Stil fast verschwunden sei. Dafür hat die Oberhand ein Stil gewonnen, den Wornum selbst im Gegensatz zum Renaissancestil »Cinquecento« nennt und auf die zweite Hälfte des 16. Jahrhunderts datiert; also der Stil, den wir heute je nach seinen Varianten »barock« oder »manieristisch« nennen. Ganz besonders mißfällt dem Kunstkritiker aber eine Manier, für die er selbst kein besseres Wort als »naturalistisch« findet. Er meint damit die Ersetzung alter Stilformen durch die Nachbildung von Pflanzen (manchmal auch von Tieren), mit Vorliebe Weinreben oder Efeu, wobei ein Löffelstiel nicht mehr nur von Weinlaub umwunden ist, sondern aus der Nachbildung einer Rebe besteht. Ein Becher kann so in ein (wiederum nachgebildetes) Hirschgeweih eingebettet, ein Sahnelöffel sinnigerweise Butterblumenstengeln nachgeformt werden. Wie Wornum selbst es formuliert: das Ornament bleibt kein Zubehör mehr, sondern verselbständigt sich zur eigenen Form.

Es ist wenn nicht die Geburtsstunde, so doch der Offenbarungsaugenblick dessen, was später »Kitsch« heißen sollte, der Unangemessenheit von Gegenstand und Form – eigens für die Weltausstellung entworfen, die damit stilbildend wurde für den Luxus der großen Welt. Freilich war es nun meist nicht mehr der Künstler, der plante, sondern der Produzent.

Sicher ist, daß mit den Kunstproduktionen der beiden Weltausstellungen der fünfziger Jahre die großen Stiltraditionen der Vergangenheit endgültig zu Grabe getragen wurden. Es begann jenes Tasten und Durchprobieren und Kombinieren von Stilmustern, das in seiner Beliebigkeit dann wieder die Experimente und Expeditionen provozierte, die wir als »modern« empfinden und die getragen wurden von dem Bestreben, in das Chaos wieder »Stil« einzuführen, als die Handschrift der Epoche.

Die Vielfalt der Möglichkeiten wurde noch dadurch unterstrichen, daß sich in den Ausstellungen die Nationen mit ihren historischen Überlieferungen präsentierten. Bei den Türken häuften sich Krummschwerter und Wasserpfeifen, bei den Vereinigten Staaten traten Indianer aus ihren Wigwams und Trapper aus ihren Blockhäusern. Ein ägyptischer Tempel, ein griechischer Hof, ein pompejanisches Haus waren in voller Größe nachgebaut. Die griechisch-römische Antike war damit in das Panorama eingeordnet und eben damit degradiert, ein Strickmuster neben anderen.

Die Geschichte wurde mit ihren Epochen gleichsam ein noch leichter auszubeutendes zweites Kolonialreich. Was man später »Historismus« genannt hat, war zunächst nur die totale Verfügbarkeit des Geschichtsraums. Geschichtsdarstellungen wurden ein so beliebtes literarisches Genre wie Reisebeschreibungen, und in den Gemäldeausstellungen verdrängten die Historienbilder die älteren mythologischen Szenen. Während die Londoner Weltausstellung Gemälde nur nebenbei und als Dekoration ausstellte, kombinierte die Pariser Weltausstellung das *Palais de l'industrie* mit dem Salon von 1855, der in einem eigenen Gebäude untergebracht war. Hier stellte Delacroix fast sein ganzes Werk aus, darunter *Dante und Vergil, Die Gerechtigkeit des Trajan, Die Einnahme Konstantinopels durch die Kreuzfahrer* und *Das Massaker von Chios*. Und ebendieser Salon der Weltausstellung von 1855 war der Gipfel von Napoleons Ruhm. Königin Viktoria, die mit dem Prinzen von Wales die Ausstellung besuchte, beschrieb sie mit dem halb deutschen Sätzchen »quite feenhaft«. Glänzender noch war der Erfolg der Ausstellung 1867, als der Zar und der König von Preußen, der Kaiser von Österreich und der Sultan kamen, aber 1855 war wichtiger: Frankreich zog mit England gleich, und Paris schickte sich an, die Hauptstadt Europas zu werden. Als im September 1855 französische Truppen das Hauptbollwerk der Sebastopolverteidiger, den Malakow, stürmten, war der Friede nur noch eine Sache kurzer Verhandlungen; der Ort des Friedensschlusses war Paris. Napoleon hatte nicht nur den Ruhm der *grande armée* erneuert, er hatte auch das Herz seiner Bundesgenossin, der Queen, erobert.

Die Weltausstellung schlug Wellen bis ins Lager der Feinde. Im Exil entwarf der alte Sozialrevolutionär Proudhon, der Urheber des berühmten Satzes, daß Eigentum Diebstahl sei, das Projekt einer *exposition perpétuelle*, einer Dauerausstellung, in der sich auf der Basis gerechter Löhne und festgesetzter Preise der Warenmarkt selbsttätig regulieren werde, eine jener sozialistischen Utopien, bei denen Freiheit und Zentralisierung aufs schönste ineinandergreifen.

Was Proudhon sich als eine Art Genossenschaft vorgestellt hatte, wurde auf ganz andere Weise verwirklicht: in den großen Kaufhäusern, die auf ihre Weise kleine Weltausstellungen waren. Im Jahr nach der Londoner Weltausstellung, 1852, gründete der ehemalige Verkäufer Aristide Boucicaut das Warenhaus *Au Bon Marché,* im Jahr der Pariser Ausstellung folgte der *Louvre*, ein Jahr darauf der *Bazar de l'Hôtel de Ville*. Noch in napoleonischer Zeit (1865 und 1869) kamen *Au Printemps* und die berühmte *Samaritaine* hinzu.

Im Jahr 1855 erscheint auch, als Sammelband von Dichtern und Literaten, ein neues Parisbuch: *Paris et les Parisiens*. Der schon aus romantischen Zeiten berühmte Théophile Gautier schreibt das Vorwort, rühmt Paris als die Metropole des Fortschritts der Wissenschaften, der Künste, der Industrie und bezeichnet die Weltausstellung als »das große Jubiläum des Menschengeschlechts«. »Jubiläum« knüpfte an die alte Bezeichnung der Romwallfahrten zu den vom Papst ausgerufenen Jubiläumsjahren an. Nach Rom, ist der Sinn des Satzes, wallfahren die Katholiken, nach Paris pilgert die ganze Menschheit. So kühn dieser Superlativ war, die neugeschaffenen Eisenbahnlinien machten es möglich, die neu aufkommenden Touristenbüros organisierten die ersten Gesellschaftsreisen, und selbst die frommen Pilger, die einmal zu Fuß durch die Lande gewallt waren, bestiegen nun den Zug.

Paris war eine Reise wert, das neue Paris, das Napoleon aus dem Boden stampfte. Théophile Gautier besingt es: »... denn es ist nicht nur der Palast des Herrschers, der sich verschönt, die ganze Stadt durchlüftet sich, säubert sich, gesundet, putzt sich zivilisatorisch heraus: keine aussätzigen Viertel mehr, keine muffigen Gassen, keine feuchten Elendshütten, wo die Armut sich der Seuche und oft auch dem Laster verschwistert.« *Paris wird modern.*

Haussmann oder Der wahre Umsturz von Paris

Die Revolutionen kamen und gingen, sie stürzten Regierungen und setzten neue ein, es änderte sich jedesmal alles und eigentlich nichts. Wie Victor Hugo einmal skeptisch bemerkt hat: »Die Revolutionen stammen aus dem Elend der Völker und führen die Völker ins Elend zurück.«

Paris war auch um 1850 noch eine mittelalterliche Stadt. Ludwig XIV. hatte die alten Festungswälle zwar niedergelegt, aber seit 1785 schnürte ein neuer Ring Paris und die Pariser ein, die *Enteinte des Fermiers-Généraux*, »der Ring der Steuerpächter«, eine Mauer mit sechzig Durchlässen, an denen für eingeführte Waren aller Art ein Zoll *(octroi)* erhoben wurde. Es lag darum im Interesse des Staates, daß die an Einwohnerzahl rapide wachsende Stadt, die zur Zeit Napoleons I. sich bereits der Million annäherte, sich nicht ins Umland ausdehnte. Die Stadt wuchs nach oben, überdeckte Höfe und Gärten, kroch in die Keller, bevölkerte die Mansarden, verwandelte die Labyrinthe zwischen den engen Gassen in Slums, Brutstätten des Elends und des Verbrechens. Die Seuchen dehnten sich aus wie die revolutionären Unruhen, und es ist kein Zufall, daß die Cholera gerade 1832 und 1849, nach den beiden Revolutionen, ihre Ernte hielt.

Etwa ein Drittel der Pariser Bevölkerung lebte auf einem Gebiet, das nur doppelt so groß war wie der *Central Park* in New York. Die Gassen waren bei Tag finster und des Nachts selten beleuchtet, bei Regen kaum passierbar. Auch die Werkstätten waren oft im Erd- oder Kellergeschoß dieser Slums untergebracht, die Industrie selbst war in die Altstadt gezwängt, die Arbeiter ebenso in diese Armutsviertel gebannt wie die Künstler und Literaten auf der Suche nach Geld und Ruhm, die damals zum erstenmal so genannte Boheme.

Es gab in dieser mittelalterlichen Stadt nur die von Ludwig XIV. auf den alten Festungswällen angelegten *Grands Boulevards* als eine Art Ringstraße, aber keine Ost-West- und keine Nord-Süd-Achse. Ausländische Besucher wunderten sich, französische Schriftsteller fanden hier die Schauplätze für Mord, Verrat, käufliche und himmlische Liebe, wie Eugène Sue in den *Mystères de Paris* (1842). Balzac hat ein paar solcher Elendsquartiere gleich neben dem Louvre in *La Cousine Bette* beschrieben, dem Roman von der armen Verwandten, die in einem solchen Billigquartier ein Zimmer nehmen muß.

> Die *rue* und der Durchgang der Doyenné sind die einzigen Wege durch dieses düstere und verlassene Häusergewirr, wo die Einwohner vermutlich Gespenster sind, denn man sieht nie einen davon... Finsternis, Schweigen, eisige Luft, die höhlenartige Vertiefung des Bodens machen aus diesen Häusern Grabkammern. Wenn man... an diesem toten Viertel vorbeifährt und der Blick sich in der *ruelle du Doyenné* verfängt, fröstelt es einen: Man fragt sich, wer hier wohnen könnte, was hier am Abend geschieht, wenn diese Straße sich in einen Hinterhalt für Halsabschneider verwandelt und die Laster von Paris, in den Mantel der Nacht gehüllt, sich auf Beutesuche machen.

Noch waren die Laster von Paris schäbig und schändlich und weit davon entfernt, dem Fremdenverkehr als Hauptattraktion zu dienen. Kein Zweifel konnte sein, daß dieses Paris weit hinter der modernen Metropole London zurück lag, und die Anglomanie, die sich vor allem in den dreißiger Jahren des Jahrhunderts ausbreitete, hatte auch im Nachholbewußtsein der Pariser ihre Wurzel.

Es war also eine Jahrhundertidee, als der frischgebackene Prinzpräsident sich an die Aufgabe machte, dieses mittelalterliche Paris in eine moderne, womöglich die modernste Hauptstadt Europas zu verwandeln. Da er ein Friedenskaiser sein wollte, lag es nahe, daß er die immer wieder ins Stocken geratenen Baupläne aufgriff, aber erst der immense Fortschrittsglaube, der ihn beflügelte, und die Ingenieurlust an der Praxis, die ihn sogar in der Festungshaft hatte experimentieren lassen, verhalf den großen Plänen zur Durchführung.

Die eingeschworenen Gegner Napoleons und die Historiker der Dritten Republik haben dem Kaiser bei seinen Parisplänen vor allem strategische Absichten untergeschoben. Breite gerade Straßen eignen sich in der Tat weniger zum

Errichten von Barrikaden und besser zum Durchmarschieren von Truppen, und denkt man daran, daß zwischen 1827 und 1848 immerhin siebenmal Barrikaden errichtet worden waren, so kann man es dem Kaiser nicht verdenken, daß er in diesem Punkte vorbeugte. Auch die Pflasterung mit Macadam, dem Vorläufer unseres Asphalts, half das Aufreißen des Pflasters zu verhindern, und zu den Vorsichtsmaßnahmen des Kaisers gehörte ferner der Bau von Kasernen an strategisch wichtigen Punkten. Aber wenn es in der Tat während seiner ganzen Herrschaftszeit zu keinen Pariser Straßenunruhen mehr gekommen ist, so hatte dies seinen Grund auch darin, daß mit der Sanierung von Paris ein gewaltiges Arbeitsbeschaffungsprogramm verbunden war, das für Jahrzehnte vor allem die Bauindustrie mit Straßen-, Kanal- und Häuserbau in Atem hielt.

»Ich möchte ein zweiter Augustus sein«, hatte Napoleon 1842 aus der Festungshaft in Ham geschrieben. Augustus hatte Rom in eine Stadt aus Marmor verwandelt. So wollte er es mit Paris halten. Als er Kaiser wurde, machte er sich sogleich an die Arbeit, aber Augustus war nun vergessen. Marmor hat für das neue Paris eine geringe Rolle gespielt, und sosehr Napoleon sonst darauf bedacht war, dem Onkel nachzustreben, er hat keinen Sieges- oder Triumphbogen gebaut, sondern nur den neuen Straßen und Brücken die Namen seiner Siege angeheftet, und vollends die Kanalisierung von Paris war glanzlos im Sinne der Antike, unterirdisch, kein Vorzeigestück. Nur die großen alten Baudenkmäler, die mittelalterlichen Kirchen, die klassischen Plätze, die Place des Vosges und die Concorde, blieben unangetastet, der Louvre wurde durch den Anbau zweier Flügel endlich abgeschlossen, aber außer der Großen Oper wurde kein neuer Prachtbau errichtet. Das alte Pariser Zentralkrankenhaus, das *Hôtel de Dieu*, wurde umgebaut und erweitert, ebenso einige der berühmten alten Lycées, das *Condorcet*, das *St. Louis* und das *Henri Quatre*. In den neuen Vierteln wurden Schulen und Kirchen angelegt, Zweckbauten ohne architektonische Ansprüche. Keine antiken Säulenfronten mehr. Wenn die Römer doch noch gelegentlich zitiert wurden, dann beim Kampf um die Trinkwasserversorgung. Zeitgenössisch war es, das Trinkwasser für Paris einfach der Seine zu entnehmen. Napoleon dachte nicht nur an das Marmorrom des Augustus, sondern an das von weither über Aquädukte an Rom herangeführte Quellwasser, und seine rechte Hand, Haussmann, schuf die Anlagen dazu.

Ebenso dringend wie die Wasserzufuhr war die Lebensmittelversorgung von Paris; seit langem wurde der mittelalterlich eingezwängte Zentralmarkt neu geplant. Zwei Tage vor dem am 17. September 1852 vorgesehenen Staatsstreich legte der Prinzpräsident als sympathiefördernden Auftakt den Grundstein für die neue Anlage, für das, was einmal unter dem Namen *Les Halles* eine der Hauptsehenswürdigkeiten von Paris sein würde. Aber der Staatsstreich mußte auf den 3. Dezember verschoben werden, und die erste Halle, die der noch von alten Architekturvorstellungen beherrschte Klassizist Baltard erbaute, ein strenger Steinbau, zog sich bald den Spitznamen *Fort de la Halle* zu.

Louis Napoléon, inzwischen Kaiser, stoppte den Weiterbau und rief den neuen Seinepräfekten Haussmann zu sich. Ihm habe, sagte er dem eifrig lauschenden neuen Mann, die Konstruktion des neuen Ostbahnhofs, der *Gare de l'Est*, besonders gefallen, ganz Glas und Eisen, von einem gewissen Armand. »Wir brauchen aufgespannte Regenschirme«, sagte er, »sonst nichts«, und zeichnete, was ihm vorschwebte, auf ein Stück Papier, das damit zum »Zeugen des erlauchten Gedankens« geworden war. Haussmann nahm sich den Architekten Baltard vor und predigte ihm, daß er seinen Fehler nur wiedergutmachen könne, wenn er eine neue Halle ganz aus Eisen entwerfen werde. »Eisen, Eisen, Eisen!« legte er ihm nahe, und Baltard bequemte sich der Reihe nach zu Entwürfen mit einer eisernen Dachkonstruktion, zu einer Halle mit Eisenpfeilern und schließlich zu dem eisernen Regenschirm, den der Kaiser erträumt hatte. Der Kaiser, begeistert, wunderte sich, daß der neue Plan von demselben Architekten stammte, der das verdammenswerte *Fort de la Halle* entworfen hatte. Haussmann trat geschmeidig vor und wagte das Bonmot: »Gewiß derselbe Architekt, aber nicht derselbe Präfekt!«

Diese Anekdote zeigt sehr schön, wie sich die Modernität der fünfziger Jahre fortzeugte: vom Londoner Kristallpalast zur Gare de l'Est, von der Gare de l'Est zu den Halles Centrales, und zugleich, wie der Kaiser entscheidend mitwirkte bei solchen Novitäten. Sie führt aber auch die Figur ein, die des Kaisers Pläne mit stets bereiter Dienstfertigkeit und mit beispielloser Energie in die Wirklichkeit übersetzte: Georges Eugène Haussmann, später vom Kaiser zum Baron gemacht und bald so berühmt-berüchtigt, daß die Methode, wie er Paris abriß und neu aufbaute, den Namen *Haussmanisation* bekam.

Der Kaiser, der, auch darin dem erlauchten Onkel folgend, gerne Aphorismen prägte, hatte den Spruch bereit: »Man regiert mit einer Partei, aber man verwaltet mit Hilfe von Kapazitäten.« Sehr viele Kapazitäten hat er freilich nicht berufen oder gewonnen. Er mußte sich auf die alten Bonapartisten stützen, die ihm bei der Machtergreifung beigestanden hatten, und die waren oft tüchtiger im Intrigieren als in der Führung der Geschäfte. Haussmann war die Ausnahme. Er war loyal und brutal, ein Machtmensch, der dem Kaiser, aber auch nur dem Kaiser, diente und der erst kurz vor dem Untergang des Zweiten Kaiserreichs von seinen zahllosen Feinden zu Fall gebracht wurde.

Einer Geschichte der Modernität fügt er sich nahtlos ein. Er war wie sein kaiserlicher Herr ein Mann ohne Eigenschaften und – wenn man den Ehrgeiz abrechnet, als treuer Diener seines Herrn einen zweiten Platz in der Weltgeschichte zu besetzen – auch ein Mann ohne Leidenschaften. Er war wie Napoleon in Paris geboren, und wie Napoleon war er kein »richtiger« Franzose. Die Haussmanns kamen aus dem Elsaß; seine Statur war, was man sich in Paris unter »germanisch« vorstellte, ein Meter zweiundneunzig. In Colmar waren die Haussmanns Textilfabrikanten gewesen; bei der Pariser Ausstellung 1819 erhielt die Firma eine Bronzemedaille, weil

Nicolas, der Großvater des Barons, ein neues Stoffdruckverfahren entwickelt hatte.

Schon mit siebenundzwanzig hatte der Großvater Geld genug gemacht, um nach Versailles umzuziehen und sich ein Landhaus in der Nähe von Paris zu kaufen. Hatte er auf die Monarchie gesetzt, so schwenkte er bald um, ließ sich in die verfassunggebende Versammlung und in den Konvent wählen und setzte seinen Namen unter den Antrag auf Hinrichtung des Königs. Dann kam Napoleon, und sein Sohn, der Vater unseres Helden, wurde Kriegskommissar.

Man war kaiserlich, weil der Kaiser für Aufstieg sorgte; Napoleons Stiefsohn Eugène Beauharnais war der Pate des kleinen Georges Eugène. Die Militärverwaltung bot eine einträgliche Karriere; *»pourvu que ça dure«*, »vorausgesetzt, daß es so weitergeht«, wie die Kaisermutter vorsichtig bemerkte. Es ging nicht so weiter, mit dem Empire war es aus, der Großvater, der einmal Textilfabrikant gewesen war, saß nun im obersten Stock des Pariser Hauses der Familie und las Montaigne, während der Vater nach Haussmanns mißbilligender Äußerung »seinem kostspieligen Vergnügen an neuen Erfindungen« nachging.

Man denkt unwillkürlich an den ebenfalls zur Selbstbeschäftigung verurteilten Häftling in der Festung Ham, und es fehlt auch nicht an weiteren Parallelen. Vater Haussmann ging wieder in die Politik, als Journalist zum damals oppositionellen *Temps*, und es wundert uns nicht, im Titel dieser damals noch kleinen Zeitung wiederum das zukunftstrahlende Wort »Fortschritt« zu finden, das auch den *Progrès de Calais* beflügelte.

Ganz natürlich war es damals auch, daß Sohn Georges, der brillante Schüler und bullige junge Mann, sich nicht für die Politik mit ihren Unberechenbarkeiten entschied, sondern für die höhere Verwaltung, für die Präfektur, und damit für den unaufhaltsamen Aufstieg. Inzwischen war die Julimonarchie etabliert, der junge Haussmann hatte in den Revolutionstagen bei einem Meldegang einen Streifschuß abbekommen und wurde mit der *Croix de Juillet*, dem Julikreuz, ausgezeichnet.

Die Söhne des Herzogs von Orléans, der nun König war, hatten mit ihm auf der gleichen Schulbank gesessen. Das half, einzusteigen und aufzusteigen, aber ausschlaggebend war die Effizienz, die Dynamik, die Zielstrebigkeit, mit der der junge Beamte das Praktische ebenso betrieb wie die Pflege der Beziehungen. Stendhal hätte aus ihm den Helden von *Le rouge et le noir* zurechtschneiden können. Die richtige Heirat gehörte dazu: Die Erwählte war bläßlich, stammte aber aus gut schweizerisch-protestantischer Familie, und ihre Eltern waren in Bordeaux begütert.

Den Schwenk von der Julimonarchie zum Prinzpräsidenten vollzog Haussmann ohne Umschweife. Die Präfektur in Bordeaux war der erste Lohn; in Bordeaux hielt Napoleon die berühmte Friedensrede. Die nächste Stufe auf der Leiter war die Seinepräfektur, die Betrauung mit der Herrschaft über das großartig-unbotmäßige Paris. Der Innenminister, Persigny, der ihn berief, hat ein ausgezeichnetes Porträt des neuen Mannes hinterlassen:

> Ich hatte vor mir einen der außergewöhnlichsten Typen unserer Zeit. Breit, mächtig, kräftig, energisch und zu gleicher Zeit scharf, schlau, listenreich, schreckte dieser selbstbewußte Mann nicht davor zurück, zu zeigen, wie er war. Mit sichtlicher Befriedigung breitete er vor mir die Glanzpunkte seiner Karriere aus und ersparte mir nichts davon; er würde sechs Stunden in einem fort geredet haben, solange es über sein Lieblingsthema ging, ihn selbst.

Mit wachsendem Vergnügen hörte Persigny, wie Haussmann gegen Stadträte und Minister gefochten, welche Fallen er ihnen gestellt, welche Vorsichtsmaßregeln er ergriffen hatte, und schloß, daß ebendies ihn für die neue Aufgabe prädestinierte, denn »wo der Intelligenteste, Tüchtigste, Aufrechteste und Edelste unvermeidlich gescheitert wäre, würde dieser kraftvolle Athlet, dieser breitschultrige, stiernackige Typ voll Kühnheit und Verschlagenheit Erfolg haben«. »Ich genoß im voraus die Idee«, so schließt Persigny seinen Bericht, »diesen mächtigen Tiger in das Rudel der Füchse zu werfen, die sich zusammengetan hatten, um die edlen Ziele des Kaisertums zu vereiteln.«

Der Kaiser und Haussmann waren füreinander geschaffen, Praktiker, Pragmatiker beide, beide Ingenieure der Macht, aber auch der Abkürzung von Verfahren, der raschen Erledigung, der Durchsetzung gegen Widerstände, geeint aber vor allem darin, daß sie »modern« waren, ohne irgendwelche Anhänglichkeiten und Pietäten. Die Macht war Zweck genug und rechtfertigte sich mit dem Wohl der Untertanen, mit breiten Straßenzügen, leicht erreichbaren Bahnhöfen, ordentlichen Wohnverhältnissen, geregelter öffentlicher Fürsorge, Straßenbeleuchtung und Abfallbeseitigung. Der Kaiser wollte das moderne Paris, Haussmann würde es ihm liefern. Im täglichen Umgang planten sie gemeinsam – zwei Fachleute der Urbanistik, die schon so »funktionalistisch« dachten wie erst die Le Corbusier und Mies van der Rohe im 20. Jahrhundert.

Kein Zweifel, daß die erste Initiative vom Kaiser ausging. Kaum hatte Haussmann den neuen Posten übernommen, als der Kaiser ihm auch schon seinen Generalplan präsentierte, in den in verschiedenen Farben, dem zeitlichen Vorgehen entsprechend, die neuen Straßenzüge eingetragen waren. Er war der Träumer und Tüftler, Haussmann mußte kämpfen, ausarbeiten, regeln, Fachleute finden. Haussmann fand »Kapazitäten«, wie der Kaiser in ihm eine Kapazität gefunden hatte: einen Wasserfachmann, Belgrand, einen Gartenarchitekten, Alphand.

Haussmann war in aller Munde, aber er erntete mehr Ärger als Zustimmung. Die Stimmung unter den Gebildeten war ohnehin gegen das Empire; nun sah man, was man sich eingebrockt hatte. Die *démolisseurs* waren am Werk. Paris war eine große Baustelle. Das künftige Paris war in Staub und Schutt nicht einmal in Umrissen zu erkennen. Ein Zeitgenosse klagte:

> Es herrscht ein totales Drunter-und-Drüber; das Viertel an der Chaussée d'Antin sieht aus, als ob es geplündert wäre,

die Boulevards, die place Louis XVI sind wegen der Kanalisierung tief aufgerissen. Statt fertig zu machen, was in Arbeit ist, fängt man an anderen Punkten Neues an, und jedermann ist verärgert. Das Gehirn Monsieur Haussmanns ist zu aktiv.

Einer der Brüder Goncourt bemerkt im Tagebuch am 18. November 1860:

> Mir ist fremd, was ist, fremd, was kommt, so wie mir die neuen Boulevards fremd sind, diese Straßen ohne Winkel, ohne das Abenteuer der Perspektive, unerbittlich in ihrer Gradlinigkeit, die nicht mehr an die Welt Balzacs denken lassen, sondern an ein amerikanisches Zukunftsbabylon.

So weit weg war das, was geschah, vom Augustustraum des jungen Louis Napoléon!

Ressentiment überwog, Lamento über Enteignungen ebenso wie Lamento über die hohen Entschädigungen, die der Staat zahlte, über die steigenden Mieten ebenso wie über die exorbitanten Löhne für Maurer und Zimmerleute, über Bauspekulation und Bereicherung einzelner, über die Nöte der aus unhygienischen, aber bequemen Altbauwohnungen Vertriebenen, die an die Peripherie umgesiedelt wurden. In der Tat waren die Wohnungsprobleme nicht zu lösen: Der wirtschaftliche Aufschwung zog die Provinz und das Land nach Paris, Eingemeindungen kamen hinzu, auch um neuen Siedlungsraum zu schaffen, von 1400000 im Jahr 1851 stieg die Einwohnerzahl bis 1866 auf 2400000.

Pariserisch war es, die Sache auf die leichte Schulter zu nehmen, sich lustig zu machen über Ankläger und Angeklagte, wie es Sardou, der erfolgreichste Bühnenautor des Second Empire, in seinem 1866 aufgeführten Lustspiel *Maison neuve (Das neue Haus)* tat. Der Onkel, der die Rolle des Raisonneurs, des nörglerischen Kommentators, spielte, holte heftig aus:

> Was wir bei dieser Umwälzung verlieren, große Götter, alles! Paris ist nicht mehr Athen, es ist Babylon! Es ist keine Stadt mehr, es ist ein Bahnhof! Es ist nicht mehr die Hauptstadt

> Frankreichs, sondern die ganz Europas, ein Wunder, zugegeben, eine Welt. Aber es ist eben nicht mehr Paris, denn es gibt keine Pariser mehr...

Es war noch einmal, weithin hallend, der Streit des Alten mit dem Modernen, und wieder war modern das Technische, Geometrische, Praktische, Zivilisatorische, das »Hygienische«, mit spitzem Mund von den Gegnern ausgesprochen, als ob es sich um eine zweifelhafte Modernität handele, und wieder standen auf der Seite des Alten, der Seele, des Gemüts die Dichter.

Baudelaire schrieb 1860 das Gedicht *Le cygne (Der Schwan)*, ein Klagelied, dessen Schauplatz das Ruinenfeld an der place du Carroussel ist, wo jene alten Häuser abgerissen wurden, die Balzac als Schandfleck und Notunterkunft der Cousine Bette geschildert hatte. Da steht der eine Satz »Le vieux Paris n'est plus« (das alte Paris ist dahin) als Seufzer einer ganzen Generation.

Eine letzte Feststellung ist zu treffen. Was die Zeitgenossen bemängelten, war nicht nur das Geradlinig-Rechtwinklige der neuen Planungen, die Langeweile und Austauschbarkeit der neuen Gebäude, Straßenzüge und Viertel, die ihnen so vorkommen mochten wie uns die Kälte und Langeweile der neuen Trabantenstädte.

Haussmann selbst drückt sich viel vorsichtiger aus, Rücksicht nehmend auf Betroffene ringsum:

> Wenn die Akademie der schönen Künste das Land mit Architekten von großem Talent und untadligem Geschmack versorgt hat, deren Hilfe ich bei zahllosen Gelegenheiten dankbar in Anspruch genommen habe, so habe ich doch die Kühnheit, auf die Gefahr hin anzustoßen zu sagen, daß unter ihnen in der Epoche des Kaiserreichs keiner jener Künstler war, deren Genie ihre Kunst umformt und sie den Erfordernissen der neuen Zeit anpaßt.

Vielleicht war es ein Glück, daß dieses neue Paris, das für uns inzwischen das alte und altersgeschwärzte geworden ist, keine Architekten hatte, die die neuen Zeiten verkörperten und in neuen Schöpfungen ausdrückten, sondern nur, um mit Haussmann zu reden, solche von großem Talent und untadeligem Geschmack. Selbst die ausgelassenste Architektur jener Zeit, Garniers Große Oper, überschwenglich mit Zieraten behängt wie eine der Kurtisanen der Belle-Epoque mit Schmuck, fügt sich für uns in das Ensemble ein. Der Eiffelturm schließlich, 1889, viele Jahre nach dem Sturz Napoleons, aus Stahl und ohne Glas für eine neue Weltausstellung errichtet, erinnert doch noch an den Ingenieur auf dem Kaiserthron und seine aufgespannten Regenschirme.

Nichts an diesem Ensemble kommt uns heute babylonisch oder amerikanisch vor. Noch die Métro hat für uns etwas Gutbürgerlich-Gemütliches in ihrer Anlage. Aber indem dieses neue Paris mit seinen unerhört breiten Boulevards, seinen Rennplätzen und Ausfahrparks, seinen Café-Concerts und schicken Restaurants, seinen Warenhäusern und Industrievorstädten entstand, konnte auch das Klima der Modernität entstehen, einer Welt, die zwar auf dem Lycée noch Latein lernte, im übrigen aber den Schlußstrich gezogen hatte gegenüber jeder Maßstäbe setzenden Vergangenheit. *»Qui nous délivrera des Grecs et des Romains?«* hatte in der Zeit des Julikönigtums ein Literat ausgerufen, »wer befreit uns endlich von den Römern und den Griechen?« Das war ein geflügeltes Wort geworden, und siehe da, nun war es soweit. Der Streit der Alten und der Modernen war endlich und endgültig entschieden, zugunsten der Modernen.

Das Paris Haussmanns stand Modell für eine große Zahl anderer Stadtumgestaltungen: für Wien und Mailand, Lyon und Barcelona, Marseille und Madrid, und gelegentlich auch für das nachhinkende kaiserliche Deutschland und seine Hauptstadt Berlin. Und auch dort stand die Modernität der neuen Bau- und Lebensformen im engsten unterirdischen Zusammenhang mit dem Beginn der Moderne als einer neuen Kulturepoche.

Baudelaire, der den Klagegesang auf das untergehende Paris angestimmt hatte, wurde der Dichter, der in den modernen Straßenzügen die Gefühle ihrer Bewohner entdeckte, und obwohl seine Leser und Leserinnen hätten betroffen sein müssen von so viel neuer Genauigkeit, merkte so recht niemand, daß dieser Poet und Sonderling glorreich den Vater des Vaterlandes, den Dichterfürsten Victor Hugo, überholen und selbst eine neue Vaterrolle annehmen würde: Vater der Moderne zu sein.

III
Baudelaire in seiner Epoche

Gruppenbild mit Autor: die Generation von 1821

Der Dichter und Kritiker Charles Baudelaire war in der Zeit des Kaisers Napoleon III. so gut wie unbekannt. Er lebte, von seiner Mutter notdürftig unterstützt, im Elend dessen, der hoch hinaus will und immer wieder feststellen muß, daß er gescheitert ist. Er hatte zahllose Schwierigkeiten mit Verlegern und Zeitschriftenherausgebern, fügte sich nicht den damals gültigen Regeln des Schriftstellertums und galt nach seinem frühen Tod im Jahr 1867 in den Literatenkreisen der Hauptstadt als – vielleicht genialer, aber jedenfalls nicht marktgängiger – Sonderling. Wenn Nietzsche, der mit den französischen Dingen vertraut war, ihn einen »bizarren Dreiviertelsnarren« nannte, so gab er ein gängiges Urteil wieder, das nur von einigen Eingeweihten und ein paar jungen, ihrerseits noch unbekannten Dichtern nicht geteilt wurde.

Dennoch, auch der später als Bahnbrecher erkannte und anerkannte Einzelgänger Baudelaire ist nicht vom Himmel gefallen. Er war in die allen gemeinsame Umwelt des Second Empire gestellt und, wie alle seine Zeitgenossen, dem Zeitgeist verpflichtet, an das Gesetz des historischen Ablaufs gebunden, das sich damals als »Fortschritt« präsentierte. Wir tun also gut daran, den Autor Baudelaire, bevor wir seine Einmaligkeit, seine »Modernität« ins Auge fassen, in das Gruppenbild seiner Zeit- und Generationsgenossen zurückzuholen.

Zunächst: das Zeitalter, dem er angehört, ist nachnapoleonisch. Der große Kaiser stirbt nicht ganz einen Monat nach der Geburt des Dichters. Die napoleonische Karriere, dieser Traum Stendhals, Balzacs, Victor Hugos, ist ausgeträumt. Auch die große nachnapoleonische Epoche, die Romantik, geht zu Ende. Am 7. März 1843 – Baudelaire wird zweiundzwanzig – fällt Victor Hugos Ritterstück *Die Burggrafen* schmachvoll durch. Balzacs Tod 1851 besiegelt das Ende einer Epoche. Es tritt eine neue Generation auf den Plan. Es lohnt sich, diesen Begriff hier einzuführen. Es ist verblüffend, wie nahe beieinander die Geburtsdaten derjenigen liegen, die im kulturellen Bereich das Antlitz des Second Empire bestimmen.

Im selben Jahr wie Baudelaire wird Flaubert geboren, im Dezember 1821. Die frühesten Generationsgenossen sind der Dichter Leconte de Lisle (1818), der Maler Courbet (1819) und der Komponist des Zweiten Kaiserreichs, Jacques Offenbach (1819). Es folgen 1821 der Photograph Nadar und der Literat Champfleury, 1822 Flauberts literarische Freunde Bouilhet und Du Camp, Murger, der Dichter der Boheme, und der ältere der Brüder Goncourt, Edmond. 1823 schließt der Poet Théodore de Banville die Reihe ab. Sie bilden – bis auf die kleine Gruppe der Parnassiens – keine geschlossene Gruppe, keine Schule wie die Romantiker, sondern gehen Sonderwege, sind aber doch im engen Pariser Milieu (zu dem auch Flaubert im nicht sehr fernen Rouen gerechnet werden kann) vielfältig in Bündnissen und Fehden miteinander verknüpft, von den gleichen Schulbänken bis zu den gleichen Stammtischen in den Pariser Cafés.

Die neue Generation tritt eher unauffällig ins Bild – ohne Schaukämpfe wie die Theaterschlacht um *Hernani*, ohne Manifeste und Proklamationen, auch nicht zur Phalanx geschart und einem so schwungvollen Führer wie Victor Hugo verpflichtet, Einzelgänger in einer Unübersichtlichkeit der Verhältnisse und der Überzeugungen, die keine glorreiche Solidarisierung mehr erlaubte. Ein Blick auf die Gruppierungen der ersten Jahrhunderthälfte zeigt bei einer sehr viel geringeren Kohärenz der Lebensalter (Lamartine ist 1790 geboren, Vigny 1797, Balzac 1799, Hugo 1802, Musset 1810, Gautier 1811) eine sehr viel größere gesellschaftliche Geschlossenheit. Es waren Grafen, Vicontes oder wenigstens Herren »von«: Alphonse-Marie Louis Prat de Lamartine, Hugues Félicité Robert de Lamennais, Alfred de Vigny, Alfred de Musset. Die Schriftstellerin mit dem bürgerlichen Pseudonym George Sand war eine Baronin Dudevant. Balzac und Hugo hatten alte Adelstitel ausgegraben, Nerval sich als Schriftsteller ein »de«

Charles Méryon (1821–1868), »Wasserspeier von Notre Dame in Paris mit Pariser Cité«, Radierung

Edouard Manet (1832–1883),
»Charles Baudelaire«

Charles Baudelaire (1821–1867),
Selbstporträt, 1860

Charles Baudelaire, Photographie von Nadar (1820–1910)

Georges Eugène Baron Haussmann (1809–1891), Präfekt von Paris; führte 1853–70 die Modernisierung des Stadtbildes von Paris durch

Claude Henri de Rouvroy, Graf von Saint-Simon (1760–1825), Schriftsteller und Sozialreformer

Constantin Guys (1802–1892), »Die Obrigkeit verschafft sich Einlaß ins Schloß von Eu«, Aquarell (Musée des Arts Décoratifs, Paris)

Théodore Géricault (1791–1824), »Das Floß der Medusa«, 1818/19 (Musée du Louvre, Paris)

Napoleon III. (1808–1873), Kaiser der Franzosen

Edouard Manet, »Bildnis Emile Zola«, 1868 (Musée d'Orsay, Paris)

Jeanne Duval, die Mätresse Baudelaires, gemalt 1862 von Edouard Manet (Szépmüvészeti Múzeum, Budapest)

Gustave Courbet (1819–1877), »Selbstbildnis«, um 1849 (Musée Fabre, Montpellier)

Gustave Courbet, »Das Atelier«, 1855 (Musée du Louvre, Paris)

Gustave Courbet, »Die Begegnung«, 1854 (Musée Fabre, Montpellier)

Gustave Courbet, »Begräbnis in Ornans«, 1849 (Musée du Louvre, Paris)

Jean Auguste Dominique Ingres (1780–1867),
»Die Quelle«, 1856 (Musée du Louvre, Paris)

Edouard Manet, »Olympia«, Radierung, 1867

Eugène Delacroix (1798–1863),
»Selbstbildnis« (Musée du Louvre, Paris)

Henri Fantin-Latour (1836–1904), »Hommage à Delacroix«, 1864; von links: Cordier, Duranty, Legros, Fantin-Latour, Whistler, Champfleury, Manet, Bracquemont, Baudelaire, Balleroy (Musée d'Orsay, Paris)

Honoré de Balzac (1799–1850), Porträt von Louis Boulanger (1807–1867)

Victor Hugo (1802–1885), Photographie, 1875

Charles Baudelaire, Selbstporträt, um 1860

zugelegt. Das setzte die Linie fort, die in der Ära Napoleons der Vicomte de Chateaubriand und die Baronin de Staël vorgezeichnet hatten.

Für die Romantiker war es unerläßlich gewesen, Geld zu haben. Die *Hernani*-Schlacht war in Wirklichkeit ein Abnutzungskrieg: Dreißig Abende lang mußte die Clique Eintrittskarten aufkaufen, um die Gegner mattzusetzen. Balzac hielt sich zwei Pferde und einen Domestiken. Als er die schöne Madame Hanska umwarb, war es ihm keineswegs gleichgültig, daß Wenzeslas Hanski in der Ukraine ein Schloß mit einundzwanzigtausend Hektar Land und dreitausend Seelen besaß. Victor Hugo hielt sich standesgemäß als Geliebte eine Schauspielerin. Karrieren boten sich an: Lamartine wurde der Ministerpräsident der Revolutionsregierung, Victor Hugo wäre um ein Haar Minister Napoleons III. geworden – wenn er und Napoleon gewollt hätten.

Auch wenn man sich billig einmietete, wie in dem malerisch verfallenen Viertel an der Rue du Doyenné, so waren die Feste doch rauschend, der Aufwand gewaltig. Gérard de Nerval, der im frischen Besitz einer stattlichen Erbschaft in eines der alten Häuser zog, ließ es von seinen Künstlerfreunden ausmalen, mit Najaden und trunkenen Silenen, Corot steuerte zwei Italienbilder bei, und beim Antiquitätenhändler fanden sich zwei Fragonards. Als Glanzstück diente zwischen lauter altehrwürdigen Möbeln ein säulengeschmücktes Renaissancebett, in dem einmal Margarete von Valois geschlafen hatte. Hübsche junge Damen kamen von der Oper oder von der Comédie-Française, und wer eingeladen wurde, mußte wenigstens Botschaftsattaché oder Staatsrat sein.

Der gesellschaftliche Typ, der seit dem Beginn der dreißiger Jahre galt, war der höchst kostspielige des Dandys, von England importiert und in Paris nach Kräften nachgeahmt. Chateaubriand hat in den *Mémoires d'Outre-Tombe* sein Porträt hinterlassen:

> Der Dandy muß als Eroberer auftreten, leichthin und unverschämt, er pflegt seine Toilette, trägt einen Schnurrbart oder

einen Bart, der rund geschnitten ist wie die Halskrause der Königin Elisabeth oder wie die Sonnenscheibe. Er enthüllt die stolze Unabhängigkeit seines Charakters, indem er den Hut aufbehält, sich auf Sofas wälzt, seine Stiefel den Ladys vor der Nase ausstreckt, die bewundernd vor ihm auf ihren Stühlchen sitzen...

Balzac entspricht noch genau dem mondänen Zuschnitt dieser Gesellschaft und dem kategorischen Imperativ des Bürgerkönigs Louis Philippe: »Enrichissez-vous!« Er formuliert seine Bedürfnisse so:

> Ein Mensch, der arbeitet wie ich, braucht einen Wagen, denn mit dem Wagen spart er Zeit. Er braucht weiter Licht in der Nacht, Kaffee zu allen Tageszeiten, ein wärmendes Feuer, und immer alles pünktlich zur Hand, das alles macht das Leben in Paris teuer.

Reichtum muß man vorzeigen, so Balzac weiter, sonst drücken die Verleger die Preise. »Wäre ich in der Mansarde geblieben, ich hätte nichts verdient«, lautet die Bilanz. Er ist, genau in die genüßlichen Jahre des französischen Frühkapitalismus passend, ein literarischer Großunternehmer wie Alexandre Dumas père und Eugène Sue.

Die Generation von 1821 wächst unter ganz anderen Umständen auf. Nicht, als ob nun weniger Geld im Umlauf wäre oder mondäner Glanz weniger erstrebt. Eher im Gegenteil. Aber die Zahl derer, die daran teilhaben wollen, hat sich vervielfacht, die Unsicherheit der politischen Verhältnisse macht jede Entscheidung zu einem Vabanquespiel. Die Klasse von hoffnungsvollen Habenichtsen, die sich nun in Paris sammelt, braucht einen neuen Namen. Er taucht zu Beginn der vierziger Jahre auf und wird um 1850 herum Mode, wie vorher der *beau ténébreux* (der schöne Melancholiker), der *lion* (Salonlöwe) und der Dandy. Man spricht von der Boheme, und bald kann auch der ihr zugehörige Typ einfach *un bohème* heißen. Baudelaire ist – mit einem kurzen Ausflug ins Dandytum – ein Boheme.

Boheme heißt Zigeunerwelt, mit einem Anklang von »Unterwelt«. Die neue Klasse, die diese Bezeichnung wählt oder sich gefallen läßt, konstituiert sich außerhalb der bürgerlichen Gesellschaft, freilich nicht klassenkämpferisch, sondern entweder entschlossen, sich den Zugang zu ihr zu erkämpfen, oder resigniert und zufrieden mit Luft und Liebe, wie später Drops-out, Blumenkinder und Hippies. Ihre Ungebundenheit entspricht der Instabilität der Verhältnisse. Die Liebchen, die sich ihnen zugesellen, die *grisettes* (Grauchen, nach ihrer unscheinbaren Tracht), sind ihrerseits zum Aufstieg entschlossen oder befriedigen ihre romantischen Bedürfnisse in Liaisons mit Dichtern, Malern, Musikern. Sie sind Nähmamsells, so wie man heute Photomodell ist.

Balzac hat die Boheme in seiner Erzählung *Les fantaisies de Claudine* entdeckt, die 1840 in der *Revue de Paris* erschien und 1844 ein Buch mit dem Titel *Un prince de la Bohème* wurde. Er lokalisiert sie noch in den Cafés des Boulevard des Italiens; später weiß man, daß sie im Quartier Latin in billigen Mansarden wohnen. Er schreibt in einem Ton, dessen Ironie man nicht überhören darf:

> Die Boheme besteht aus lauter jungen Leuten über zwanzig, aber unter dreißig, die alle auf ihre Art Genie haben. Sie sind noch nicht entdeckt, werden aber eines Tages bekannt und sehr distinguiert sein. Sie distinguieren sich schon jetzt in der Karnevalszeit, wenn sie die Überfülle ihres Esprits losballern lassen... Man findet Schriftsteller, Politiker, Militärs, Journalisten, Künstler unter ihnen, alle Fähigkeiten, alle Talente sind repräsentiert.

Und abschließend mit einem vernichtenden Bonmot:

> Die Boheme hat nichts und lebt von dem, was sie hat. Die Hoffnung ist ihre Religion, der Glaube an die eigene Tüchtigkeit ist ihr Dogma, die Liebe ist ihr Budget.

Balzac hatte gut reden, er war arriviert. Freilich hielt er sich auch seine Bärenkraft und seinen Ameisenfleiß zugute, gegenüber den Hungerleidern und ihrem schwächlichen *dolce far niente.* Sein Bohemeprinz war übrigens noch ein – falscher oder verarmter – Adliger, Gabriel Jean Victor Benjamin Georges Ferdinand Charles Edouard Rusticoli, comte de Palférine, mit noch mehr Vornamen als Lamartine und Lamennais zusammen.

Aber schon ein Jahr später, 1845, griff ein wirklicher Boheme, ein armer Teufel, der Sohn eines aus Deutschland eingewanderten Schneiders und Portiers, Henri Murger, das Thema auf. Er veröffentlichte *Scènes de la vie de Bohème*, Skizzen aus dem Milieu, dem er selber angehörte, und begründete damit einen der ganz großen Erfolge der Literatur. Im Revolutionsjahr 1848 zimmerte Murger mit einem Theatermann zusammen aus seinen Szenen ein Bühnenstück, das ganz Paris begeisterte, und 1851 klebte er sie zu einem Roman zusammen – der wiederum viel später die Vorlage für Puccinis Oper *La Bohème* wurde.

Die »Szenen« Murgers waren freilich eher ein Märchen, als daß sie von der Bitterkeit, Umgetriebenheit, materiellen Not der neuen Randgruppe ein scharfes Bild vermittelt hätten. Die Boheme – als dritte Gruppe neben der kriminellen Unterwelt und dem politischen Untergrund – war zwar ein neuer sozialer Tatbestand, »modern«, wenn man an ihre Fortsetzung zu Zeiten Picassos und der Surrealisten denkt, aber Murger, ein gutmütiger Tagesschreiber, wäre der letzte gewesen, sie umrißscharf wie Balzac nachzuzeichnen.

Wie im alten Schelmenroman geht es in Murgers Szenen überwiegend heiter zu. Ist die Mansarde winterkalt, so darf man tragikomisch überlegen, ob zuerst der letzte Stuhl oder ein Dramenmanuskript im Kamin geopfert werden soll, und zur Not läßt sich Mimis kaltes Händchen auch zwischen Rodolphes Händen wärmen. Geldmangel ist zwar ein ewiges Thema und liefert Stoff für immer neue Histörchen, aber er tut nicht weh. Der Schreck des Mietzahltages sieht in Murgers verschnörkelter Schreibweise so aus:

> In allen Monaten, mit denen eine neue Jahreszeit beginnt, gibt es furchtbare Augenblicke: Gewöhnlich handelt es sich um den Ersten oder Fünfzehnten. Rodolphe, der keines dieser Daten ohne Grauen nahen sah, nannte sie das Kap der Stürme. An diesen Tagen öffnet nicht Aurora die Pforten des aufgehendes Tages, sondern Gläubiger, Hauswirte, Gerichtsvollzieher und

andere Geldsackkerle. Solche Tage beginnen mit einem Regen von Mahnschreiben, Quittungen, Wechseln und enden mit einem Hagel von Protesten – Dies irae!

Nichts von dem, was Murger selbst in seinen armseligen Lehrjahren als Anwaltsschreiber und Farbenreiber, zeitweilig auch als Spitzel eines russischen Diplomaten, erlebt hatte, ging in seine Geschichten ein. Ihr Erfolg beruhte darauf, daß sie nicht dem Erkenntnisdrang, sondern dem Amüsierbedürfnis der Pariser dienten.

Einen einseitigen, aber doch das Unsolide der Randgruppe treffenden Einblick in die Zusammenhänge hat Karl Marx im *Achtzehnten Brumaire* gegeben, dort, wo er davon berichtet, wie sich der künftige Kaiser das Wohlwollen der Unterwelt oder, wie er es nennt, des »Lumpenproletariats«, zu sichern sucht. In einer ohne Zweifel auf Sachkenntnis beruhenden langen Aufzählung läßt er aufmarschieren, was es damals in Paris an unsicheren Kantonisten gab:

> Neben zerrütteten Roués der Aristokratie mit zweideutigen Subsistenzmitteln und von zweideutiger Herkunft, neben verkommenen und abenteuernden Ablegern der Bourgeoisie Vagabunden, entlassene Soldaten, entlassene Zuchthaussträflinge, entlaufene Galeerensklaven, Gauner, Gaukler, Lazzaronis, Taschendiebe, Taschenspieler, Spieler, Maquereaus, Bordellhalter, Lastträger, Tagelöhner, Orgeldreher, Lumpensammler, Scherenschleifer, Kesselflicker, Bettler, kurz die ganze unbestimmte, aufgelöste, hin- und hergeworfene Masse, die die Franzosen la Bohème nennen...

Da war viel, zuviel in einen Topf geworfen, und doch fehlen in dieser unendlichen Liste die Künstler – Maler, Musiker, Literaten –, die tatsächlich die Boheme bildeten. Das wäre zuviel Ehre für Marxens Gesindel gewesen, das er – da zwar arm, aber nicht revolutionär – für keiner besseren Behandlung würdig hielt. Richtig war freilich, daß »diesem Auswurfe, Abfall, Abhub« aller Klassen etwas gemeinsam war, nämlich untergründige Sympathie oder Solidarität, die den Boheme Baudelaire zum Beispiel mit dem Pariser Lumpensammler verband.

Murger selbst dagegen hatte allen Grund, die von ihm wie eine fremde Völkerschaft entdeckte Boheme zu glorifizieren. In einem Vorwort zu seinem Roman von 1851 versuchte er sie nach einem Dreierschema zu klassifizieren und schied eilig die beiden Gruppen von sozusagen Boheme-Unwürdigen aus, die eines Tages im Hospital oder im Leichenschauhaus enden würden. Die wahre Boheme sehe anders aus, ihre Endstation sei die Akademie. Mit großem Pathos malt er den Aufstieg vom Hungerleider zum Triumphator aus:

> Um ihr klar umrissenes Ziel zu erreichen, sind ihnen alle Wege recht... Regen oder Staub, Schatten oder Sonne, nichts hält diese kühnen Abenteurer auf, deren Laster sämtlich mit einer Tugend gepaart sind. Ihr Geist stets wachgehalten vom Ehrgeiz, der ihnen zum Angriff bläst und sie zum Sturm auf die Zukunft anhält: Ohne Unterlaß liegen sie im Kampf mit der Notwendigkeit, und ihre Erfindungsgabe, die stets mit brennender Lunte einhergeht, sprengt auf diese Weise jedes Hindernis... Jeder Tag Existenz ist ein geniales Kunststück, ein tagtäglich neu auftauchendes Problem, das zu lösen ihnen mit Hilfe verwegener Rechenkunststücke stets gelingt. Diese Leute zwängen selbst Harpagon, ihnen Geld zu leihen, und sie fänden Trüffel sogar auf dem Floß der »Medusa«.

Hier war er in seinem Element, hier konnte er aus der Not die schönste Tugend zimmern:

> Wenn nötig, wissen sie mit der ganzen Tugend eines Anachoreten Enthaltsamkeit zu üben; aber fällt ihnen einmal Geld in die Hände, so sieht man sie alsbald den kostspieligsten Launen frönen; sie lieben dann die Schönsten und Jüngsten, trinken vom Besten und Ältesten, finden nie genug Fenster, um ihr Geld hinauszuwerfen. Wenn schließlich ihr letzter Heller tot und begraben ist, beginnen sie wieder am Mittagstisch des Zufalls zu speisen, wo immer er für sie gedeckt ist, und mit einer Meute von Listen wildern sie in allen Gewerben, die irgendwie mit der Kunst verwandt sind, und jagen vom Morgen bis zum Abend das wilde Tier namens Fünffrankenstück.

In dieser einen Seite großer Prosa hat Murger zusammengefaßt, was von nun an modernes Künstlertum sein würde: eine Gruppierung außerhalb der Gesellschaft, nicht mehr an ihre

Maßstäbe gebunden, mit eigener Moral, aber doch nicht gewillt, in dieser stolzen oder trotzigen Unabhängigkeit ein Leben lang zu verharren, sondern mit allen Mitteln und Listen Erfolg, Anerkennung, Reichtum zu erzwingen. Es ist der Weg von der Avantgarde zur Akademie, den vor allem die bildende Kunst gegangen ist, mit einer Konsequenz, zu der die Boheme am Anfang so unfehlbar gehört wie die glorreiche Anerkennung am Ende.

In Murgers Modell sind weitere Elemente dieser neuen künstlerischen Existenzform vorgebildet: vor allem die dichte Nachbarschaft aller Einzelkünste und das Ineinanderfließen von Kunstbetrieb und Broterwerb. In der Künstlerklause seiner Boheme leben der Dichter Rodolphe, der Maler Marcel, der Musiker Schaunard und der Philosoph Colline so kameradschaftlich zusammen wie damals in der Wirklichkeit die Stammgäste des Café Momus, zu denen außer Murger der Musiker Schanne, der Maler Courbet, der Literat Champfleury und der Dichter Baudelaire gehörten. Unsterbliche Werke wurden geplant, aber gleichzeitig war der Zeitgeist zu bedienen mit dem, was gerade auf der Tagesordnung stand. Das Fünffrankenstück forderte seinen Tribut.

Von diesen Zielen und Zwängen wurde auch das politische Verhalten der Boheme geprägt. Von Hause aus gehörten ihre Sympathien der Linken, schon weil sie Ordnung und Bürgerlichkeit als ihre Feinde ansah. In den gleichen Hinterzimmern, in denen die Künstlervagabunden ihre Pfeifen rauchten und ihre Pläne schmiedeten, hockten die Revolutionäre und brüteten über ihren umstürzlerischen Vorhaben. Einer von Murgers zeitweiligen Freunden, Eugène Pottier, dichtete die Internationale.

Man darf daraus aber keine voreiligen Schlüsse ziehen. Was die Boheme bewegte, war nicht der Umsturz der Gesellschaft, sondern die Machtergreifung eines neuen Kunstbewußtseins. Das hat niemand schärfer ausgedrückt als Baudelaire in der Attacke, die er im »Salon von 1846« gegen einen der tonangebende Maler der Zeit, Horace Vernet, richtete. Er schließt:

Gewiß, mancher, der beim Verriß lieber die krumme Linie wählt, wird mir, auch wenn er Horace Vernet nicht mehr liebt als ich, vorwerfen, ich sei zu grob gewesen. Es ist aber nicht unvorsichtig, sich brutal und ohne Umschweife zu äußern, wenn bei jedem Satz hinter dem *Ich* ein *Wir* steht, ein ungeheures, schweigendes, unsichtbares *Wir*, eine ganze neue Generation, die den Krieg und die nationalen Torheiten ablehnt; eine Generation voll von Gesundheit, denn sie ist jung, und sie drängt sich schon nach vorn, schiebt, bricht sich mit den Ellenbogen Bahn – ernst, zynisch und drohend!

Man darf das als Glaubensbekenntnis der Generation von 1821 verstehen, als Absage an alles national gefärbte Pathos, an das Säbelrasseln in Gedichten und auf Gemälden, an die große Gebärde, aber auch als Kampfansage der noch Unbekannten an die Arrivierten. Nur eine solche globale Kriegserklärung an die »Generäle« und »Marschälle« der Malerei machte genügend Lärm, um die Aufmerksamkeit auf die Neuen zu ziehen, auf das schweigende Heer aller jungen Künstler seiner Generation, das Baudelaire so drohend am Horizont aufmarschieren ließ wie Marx das Proletariat.

Tatsächlich zeigen die Kampfjahre 1848 und 1849, daß die Boheme höchstens am Rand beteiligt ist. Es gibt nichts Vergleichbares etwa zum jähen politischen Aufstieg der George Sand, die als Freundin der Sozialisten Louis Blanc und Ledru-Rollin ihrem Freund Brault mit Stolz schreibt, sie sehe jeden Tag die Regierenden. Sie verfaßt einen »Aufruf an das Volk« und einen »Brief an die Reichen« und redigiert das *Bulletin de la République* mit, die offizielle Regierungsverlautbarung. Das Publikum lacht über den Bohemien Marc Caussidière, der während der Februarrevolution die Präfektur besetzt und sich selbst zum Polizeipräsidenten ernennt. Die neue Regierung läßt ihn als »Delegierten« im Amt, und Caussidière setzt aus Barrikadenkämpfern und entlassenen politischen Gefangenen eine neue Polizei zusammen, die sich ganz unzeitgemäß durch besonders strenges Vorgehen gegen Häftlinge, Spieler und Prostituierte bald einen Namen macht.

Von Baudelaire wird erzählt, er habe sich 1848 bei der Plünderung eines Waffengeschäfts eine Flinte besorgt, mit ihr in der Luft herumgefuchtelt und geschrien: »Tod dem General Aupick!« Der General Aupick war der verhaßte Stiefvater, die Revolution nur der Anlaß, an ihm sein Mütchen zu kühlen.

Für den Bohemien war die Revolution – wie immer auch die Gefühle waren, die er für sie hegte – ein Mittel, auf sich aufmerksam zu machen. So gründete Baudelaire zusammen mit zwei anderen mittellosen Literaten und dem Maler Courbet mit einem Kapital von wenigen Francs ein Blättchen mit dem Titel *Salut public (Öffentliches Wohl)*. Nach zwei Nummern war kein Leser da, und das Geld war weg. Es änderte auch nichts an seiner verzweifelten Lage, daß er ein paar Wochen lang Redaktionssekretär der *Tribune nationale* und für einen Tag Chefredakteur einer Provinzzeitung war. Die Politik war für diesen Bohemien wie für viele andere ein Spiel. Als die Revolution eine Chance zu bieten schien, setzte er – und verlor. Während der auf den Tod verwünschte Stiefvater weiter Karriere machte und bevollmächtigter Gesandter der französischen Republik in Konstantinopel wurde, mußte er sich anbieten und anbiedern bis zu dem Grade, daß er dem Sozialisten Proudhon, der in der Nationalversammlung als großer Redner auftrat und als kommender Mann galt, schrieb, er habe von Attentatsplänen Kenntnis gewonnen, er möchte ihn warnen. Als ein »misérable inconnu« stellte er sich vor, Proudhon lud ihn zum Mittagessen ein und hütete sich, ihm einen Redakteurposten bei seinem Blatt anzubieten. Er war wirklich ein *misérable inconnu*, ein Hungerleider.

Auch Courbet, der das Titelbild – einen Barrikadenkämpfer – für die neu gegründete Zeitung entworfen hatte, fuchtelte nur symbolisch mit dem Gewehr. An seine Eltern, honorige Landbesitzer in der Provinz, schrieb er im Juni 1848: »Ich kämpfe aus zwei Gründen nicht. Zuerst, weil ich dem Krieg mit Kanone und Gewehr mißtraue, er würde nicht zu meinen Prinzipien passen... Der zweite Grund ist, daß ich gar keine Waffe habe und also gar nicht in Versuchung kommen kann...«

George Sand, Baronin Dudevant und eine Art Mutter der Revolution, konnte sich nach dem Scheitern auf ihr Schlößchen zurückziehen und stellte sich auf das Schreiben von Romanen um. Sie schilderte die Lage:

> Was Schreiben, Diskutieren, Predigen angeht, so glaube ich, daß die Sendung der Schriftsteller in Frankreich zu Ende gegangen oder wenigstens aufgeschoben ist. Die Ehrlichsten sind nun die Schweigsamsten. Man ist kein Instrument, das sich allein spielt. Die spielende Hand, dieser Antrieb von außen, ist das Kollektivbewußtsein, es ist das Leben der Menschheit, das sich dem Instrument, dem Künstler, mitteilt.

Derlei hätte der Boheme Baudelaire nicht schreiben können. Er war der Menschheit zu nah, um an sie glauben zu können.

Während der Kritiker Sainte-Beuve, der bald eine Stütze des napoleonischen Regimes werden sollte, bemerkte, die Jugend wende sich von ihrem romantischen Weltschmerz ab und dem »unbegrenzten Triumph der Industrie« zu, faßte Baudelaire seine Stimmung nach dem Staatsstreich in die Sätze: »Der Zweite Dezember hat mich physisch depolitisiert. Es gibt keine allgemeinen Ideen mehr.« Was er zuerst als Mangel, als Orientierungslosigkeit empfand, war für ihn – und für uns – ein Glück. Der Vogel Albatros, frei von den Fesseln verpflichtender Gemeinplätze, konnte seinen Flug beginnen.

Porträt des Künstlers als junger Mann

Um die Modernität Baudelaires zu fassen, müssen wir erst ihn selbst näher kennenlernen. Wir fassen kurz zusammen, was man überall lesen kann, und holen da weiter aus, wo die Voraussetzungen für die Modernität seines Werkes in der Person zu suchen sind.

Der junge Baudelaire ist als Schüler aufsässig, muß das katholische Internat verlassen, macht aber an einer staatlichen

Schule ordnungsgemäß sein Baccalaureat. Der frühe Tod des Vaters, der als Maler und Kunstsammler dilettierte, schließt das Kind eng an die Mutter an, bis Madame Baudelaire, geborene Dufays, wieder heiratet. Der Stiefvater, ein Offizier namens Aupick, steigt zum General auf und wechselt in die diplomatische Karriere über, als Gesandter in Konstantinopel und Madrid. Aus der Aufsässigkeit wird nun Trotz. Eifersucht steigert sich zum Haß. Mit dem Entschluß, Dichter zu werden, konterkariert der Junge den stiefväterlichen Willen, der auch ihn in die diplomatische Bahn zwängen möchte.

Eine Reise nach Indien wird ihm als Arznei verordnet: Wer reist, kommt auf andere Gedanken. Er kommt nur bis zu den Tropeninseln Mauritius und Réunion und fährt mit dem nächsten Schiff zurück. Aber die Reise hat, wie wir sehen werden, unabsehbare Folgen. Mit einundzwanzig, 1842, tritt er sein Erbe an, den Erlös aus väterlichen Liegenschaften in Neuilly, und wird, was ihm als ideale Lebensform vorschwebt: ein Dandy. Er zieht in das ehemalige Stadtschloß des Herzogs von Lauzun und bestätigt Murgers Diktum, wonach es für einen erfolgreichen Bohemien gar nicht genug Fenster geben kann, aus denen er sein Geld hinauswirft.

Als das Geld ausgegeben ist, fällt er wieder der Mutter und dem Stiefvater zur Last und wird 1844, mit dreiundzwanzig Jahren, entmündigt. Sein Monatswechsel beträgt zunächst dreihundert, später zweihundert Francs, er macht nun – nach dem Bohemerezept – laufend Schulden. Die Schreiben an die Mutter, die die Hauptmasse der erhaltenen Korrespondenz ausmachen, sind kurzgefaßte Bettelbriefe oder lange, kunstvolle Plädoyers, in denen der Geldbedarf detailliert erläutert und gegen schriftstellerische Honorarhoffnungen aufgerechnet wird.

Im Jahr 1845 unternimmt er mit einem Messer einen Selbstmordversuch. Wie ernst oder halbherzig auch immer das Unternehmen war, es belegt eine Existenzangst, die in dem Satz gipfelt: »Ich töte mich, weil ich nicht mehr leben kann, weil die Mühe, einzuschlafen, und die Mühe, wach zu werden, mir unerträglich geworden sind.«

Es ist für jemand, dem der Fleiß nicht in die Wiege gelegt ist, unendlich schwer, sich mit der Feder durchzusetzen und den eigenen Lebensunterhalt zu finanzieren. Zeitschriften entstehen und sterben wieder, kaum daß ein Kontrakt aufgesetzt ist. Man muß antichambrieren, den und jenen einladen, sich in den Redaktionsstuben sehen lassen. Aber Baudelaire hat kein Holz zum Heizen, keine Anzüge und keine Wäsche zum Ausgehen; er möchte immer noch als Dandy gelten und ist oft nicht weit vom Vagabundentum entfernt.

Eines der Mittel, sich einen Namen zu machen, ist die Kunstkritik. Der jährliche Salon fordert als mondänes Ereignis die Diskussionsfreude heraus; die literarische Kritik, die Kritik von Literaten, liefert Argumentationshilfen. Baudelaire, der bildenden Kunst so leidenschaftlich zugewandt wie der Dichtung, schreibt Ausstellungskritiken für die Salons von 1845 und 1846, später wichtige Zeugnisse seiner Ästhetik. Aber er muß sie auf eigene Kosten drucken lassen, und wer kauft schon die Meinung eines Unberühmten?

Er hat in seiner Kritik auf den Revolutionär von gestern gesetzt, der längst ein Malerfürst geworden ist: auf Delacroix. Er schmeichelt sich, zu Delacroix' Freunden zu gehören. Wie es tatsächlich aussieht, zeigt eine Eintragung in Delacroix' Tagebuch vom 4. April 1847: »M. Dufays (der Name, den Baudelaire sich damals gab) am Morgen, dann Arnoux, der sich in seiner Gegenwart sehr kühl gibt, trotz der Avancen des anderen.« Unter seinen Ausgaben notiert er neben tausend Francs für Eisenbahnaktien und zweitausend für das Bankhaus Laffitte: »150 Francs für M. Dufays, der sie für zwei Monate ausleiht.« Da wird der scharfe Strich sichtbar, der die Boheme von der Gesellschaft trennt.

Die einzige Novelle, die Baudelaire schreibt, entsteht um diese Zeit: Ihr Held ist ein melancholischer Lyriker, der nur allzusehr dem Autor ähnelt, sich dann aber mit einer karrieretüchtigen Tänzerin, der Fanfarlo, liiert und sein Dichtertum drangibt, um Herausgeber einer sozialistischen Zeitung zu werden. Das war 1847 ein Erfolgsrezept, das Umschwenken auf die Praxis, die sich schon revolutionär gebärdete. Er selbst hat es nur sehr halbherzig befolgt.

Als die Revolution da ist, hängt er sich an. Er habe sich an den revolutionären Ideen angesteckt wie an den Pocken, schreibt er später. Es geht um die Existenz, um den Ausweg aus dem Elend, auch aus der quälenden Abhängigkeit von der Mutter, also um Veröffentlichungen, um einen Posten.

Es war leicht, in den Ton der Zeit einzustimmen, aber eben indem er sich anpaßte, auch die Allerweltsmelodie vom armen Arbeitsmann sang, fiel er nicht auf. Die kurze Begeisterung zerrann mit dem Staatsstreich vom 2. Dezember. In dem Brief an Ancelle, in dem der Satz steht, er sei »physisch depolitisiert«, folgt die charakteristische Feststellung, wenn er überhaupt noch seine Stimme abgäbe, dann nur für sich selbst, und selbstironisch, aber auch mit einer unbestimmten Hoffnung, fügt er hinzu: »Vielleicht gehört die Zukunft den Deklassierten?« Deklassiert ist er sicher, aus der eigenen Klasse verstoßen, aber seine Hoffnung reicht über das Klassenschema hinaus. Die Zukunft gehört denen, die dieses Denkschema und den ganzen dazugehörigen Phrasenschwall zum Teufel jagen!

Die Zeitverhältnisse haben ihn unmißverständlich auf seine literarischen Arbeiten und seine Dichterpläne zurückgeworfen. Aber sein Elend nimmt keine Ende, sondern verschlimmert sich. Aus der Zeit seines Dandytums schleppt er noch die Geliebte mit, die Mulattin Jeanne Duval. Kräche und Krankheiten, Eifersuchtsszenen und Entzweiungen kennzeichnen diese Liaison, die weder dem Genuß- und Prestigebedürfnis des höheren Bürgertums noch der Mansardenverliebtheit der Murgerschen Boheme entspricht, die aber für seine Dichtung so fruchtbar wird wie die Reise auf die Tropeninsel.

Im Alltagsjargon ausgedrückt, ist er ihr hörig und versucht, sich von ihr frei zu machen wie vom Wein und vom Opium. Er ist syphilisinfiziert, Kopfschmerzen und später Lähmungserscheinungen setzen ihm zu. Als auch Jeanne erkrankt, erblindet, gelähmt ist, versucht er ihr zu helfen. Erst 1864 verschwindet sie aus seinem Leben, eine tragische Hauptfigur.

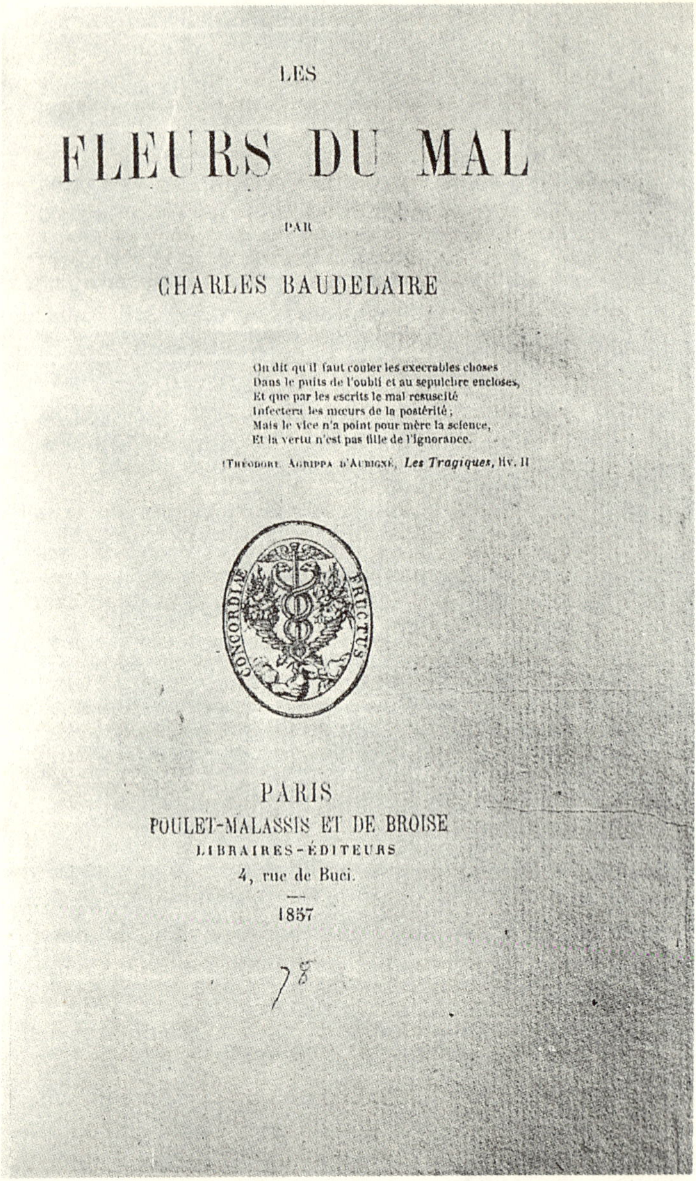

LES

FLEURS DU MAL

PAR

CHARLES BAUDELAIRE

On dit qu'il faut couler les execrables choses
Dans le puits de l'oubli et au sepulchre encloses,
Et que par les escrits le mal resuscité
Infectera les mœurs de la postérité ;
Mais le vice n'a point pour mère la science,
Et la vertu n'est pas fille de l'ignorance.

(Théodore Agrippa d'Aubigné, *Les Tragiques*, liv. II

PARIS
POULET-MALASSIS ET DE BROISE
LIBRAIRES-ÉDITEURS
4, rue de Buci.

1857

78

Bon à tirer.
Ch. Baudelaire

(Caractère qui s'enfonce)

Quand la pluie étalant ses immenses traînées
D'une vaste prison imite les barreaux,
Et qu'un peuple muet d'horribles araignées
Vient tendre ses filets au fond de nos cerveaux,

Des cloches tout-à-coup sautent avec furie
Et ~~poussent~~ lançant vers le ciel un ~~long gémissement~~ affreux hurlement,
Ainsi que des esprits errants et sans patrie
Qui se mettent à geindre opiniâtrément.

— Et ~~de grands~~ d'anciens corbillards, sans tambour ni musique,
~~Passent en foule au fond de~~ Défilent lentement dans mon âme ; et l'Espoir
~~Fuyant vers d'autres cieux~~ Pleurant comme un vaincu, l'Angoisse despotique
Sur mon crâne incliné plante son drapeau noir.

(mettriez-vous ici une virgule vu la construction de la phrase ?)

Je viens de faire une découverte affligeante. En comptant 2 pages pour les sonnets, six strophes de 4 vers par page, cinq strophes de cinq vers, sept ou 8 strophes de 3 vers, 10 ou 12 strophes de deux vers, en supposant toujours deux strophes au dessous du titre, et deux pages pour les titres généraux, nous tomberons juste sur 240 pages. 10 feuilles. — La table des matières tirée à part fera 5 pages au plus. — 245. — piteux, très piteux. — Et il n'y a pas de remède. Car je ne me soucie pas de faire des vers nouveaux, et les sonnets sur la Mort font une excellente conclusion —
Il serait bon que les trois feuilles dernières fussent finies le 10. Nous aurons 5 jours pour la Table, les couvertures et le brochage. Si j'ajoutais un morceau dans Fleurs du mal, deux des sonnets sur la Mort seraient rejetés dans la dernière feuille ou le carton final, et seraient tirés avec la table. — Dans une heure, je vais vous mettre à la poste la matière de votre 8e feuille

vous vous êtes obstiné à votre pluriel. — Il y a dans Bénédiction Beaumes pour Baumes. Je ne peux plus le retrouver, mais j'en suis sûr. —

Was für ein merkwürdiger Dichter, dieser Möchtegern-Dandy und Bohemien! Er lebt nun im Literatenmilieu, hat manche Verbindungen, kennt Verleger, hat es auch zu einem gewissen Ruf gebracht, aber, um es journalistisch auszudrükken, er liefert nichts oder zuwenig, hie und da ein Gedicht, hie und da eine Übersetzung aus dem Werk eines anderen merkwürdigen Kauzes namens Edgar Allan Poe. Er ist nachlässig in Terminen, heißhungrig nach Vorschüssen und überskrupulös, was den Druck der eigenen Texte angeht. Er möchte einen Roman schreiben, ein Theaterstück, aber es bleibt bei den Plänen, an denen er sich berauscht, mit denen er sich tröstet.

Natürlich hat er schon als Gymnasiast Verse geschrieben wie jedermann, hat einem Schülerklub angehört, der sich feierlich die »normannische Schule« nannte, es sprudelte um ihn herum, witzig und sentimental und verrückt, aber er hielt sich bedeckt, ließ sich nicht in die Karten sehen, oder nur so viel, daß ihn der Ruch des Außerordentlichen umgab. In der zeitgenössischen Schilderung eines Dichterzirkels in der Wohnung Théodore de Banvilles, des Chefs der Parnassiens, wird er erwähnt als »Baudelaire-Dufays, ein seltsamer und grandioser Poet, der auf die Ehre hält, ungedruckt zu sein«. Er sitzt in einer Ecke, läßt die anderen schwadronieren und feilt, die Ellenbogen auf den Knien und den Kopf zwischen den Händen, an den Versen eines Sonetts. Manchmal liest er ein Gedicht vor, gern gibt er kurze, scharfe Kommentare zu den Versen anderer, gefällt sich in Paradoxen, spielt mit trockenen Bemerkungen den Engländer und Weltmann. Er braucht den lärmenden Betrieb, um sich von ihm zu isolieren. Er fühlt, daß er etwas Besonderes ist, aber er weiß, daß die anderen dieses Besondere noch nicht erkennen.

Vierundzwanzig Jahre ist er alt, als sein erstes Gedicht, *A une créole (An eine Kreolin)* in der Zeitschrift *L'artiste* erscheint, mit dem Doppelnamen Baudelaire-Dufays unterzeichnet. 1846, im folgenden Jahr, werden zwei gedruckt, von denen eines mit Pierre de Fayis, einem adligen »von« also, unterzeichnet ist, 1847 und 1848 je eines. Das von 1848, *Le vin des assassins (Der Wein der Mörder)*, erscheint ausgerechnet im *Echo der Weinhändler* und nun, in revolutionären Zeiten, schlicht bürgerlich mit der Unterschrift Charles Baudelaire. So tropfenweise geht es weiter, im *Familienmagazin*, in einer Anthologie von Liebesgedichten, schließlich – wir sind im Jahr 1851, dem der Präsidentschaft des Prinzen Napoleon, angekommen – im *Messager de l'Assemblée*, dem *Boten der Nationalversammlung*.

Im gleichen Jahr, am 30. August 1851, schreibt er der Mutter: »Ich bin sehr unruhig und sehr traurig. Ich muß es eingestehen: Der Mensch ist ein sehr schwaches Tier, denn die Gewohnheit spielt in seinem Tugendverhalten eine viel zu große Rolle.« Der folgende Satz ist unterstrichen: »Ich habe alle Mühe von der Welt gehabt, um mich wieder an die Arbeit zu setzen.« Er müsse eigentlich das »wieder« streichen, fährt er fort, denn ernstlich habe er sich noch nie an die Arbeit gemacht. Balzac fällt ihm ein, der nicht nur große Pläne entwickelte, sondern sich arbeitend *»immensément d'esprit«* (eine Menge Geist) erwarb und mit dem er nur die Pläne und das Schuldenmachen gemein habe.

Im nächsten Monat werde er ihr sein Buch über die Karikaturisten schicken, ein paar tolle Seiten seien drin, aber das übrige nur Abschweifungen und Widersprüche. Wörtlich weiter:

> Und was zeige ich sonst vor? Mein Buch mit Gedichten? Ich weiß, ein paar Jahre früher hätte es für den Ruhm ausgereicht. Es hätte einen Höllenskandal erzeugt. Aber heute ist alles anders, die Umstände, die Produktionsbedingungen.

Schon ein paar Jahre früher, 1846, hatte Baudelaire auf dem Umschlag des »Salons von 1846« einen Gedichtband mit dem Titel *Les lesbiennes* angekündigt. Das war in der Tat ein skandalöses Vorhaben und sollte eines sein. Noch war es schick, sich sündig und verdammt zu geben. Sadismus und Satanismus waren Zeiterscheinungen, gehörten auch zu den Spielen der Boheme, die den Bürger erschrecken sollten. *»Nous faisons du terrible«* (Wir haben uns auf Horror verlegt), schrieb ein Freund Baudelaires.

In diesem Sinne war das zweite Gedicht, das er publiziert hatte, einer Höllenfahrt und einem Höllengast gewidmet: *Don Juan in der Hölle* hieß es in der späteren Fassung der *Fleurs du mal* und endete mit dem pathetischen Bild des Frauenverführers, der, auf seinen Degen gestützt, ruhig in die Flut blickt *»et ne daignait rien voir«* (und sich nicht herabließ, seinen Blick auf etwas zu richten).

Noch toller trieb Baudelaire es in jenem Mördergedicht, das er den Lesern des *Weinhändler-Echos* zumutete. Es fängt mit den Versen an:

> Meine Frau ist tot! Nun bin ich frei!
> Ich trinke nun in Saus und Braus.
> Kam ohne Heller ich nach Haus,
> zerriß den Nerv mir ihr Geschrei.

Niemals habe sie ihm die wahre Liebe geschenkt,

> mit ihrem schwarzen Zauberschein,
> dem Höllenzug der wüsten Szenen,
> dem Giftkelch und den falschen Tränen,
> Geklirr von Ketten und Gebein!

Mag er nach dem Saufgelage von einem Karren überfahren werden, mag der ihm den Kopf zermalmen oder ihn in zwei Hälften teilen: *»Je m'en moque comme de Dieu, / du diable ou de la Sainte Table!«* (Ich pfeif' drauf wie auf Gott, Teufel und Heiliges Abendmahl!)

Solcher Art war wohl die Sammlung, der er den Titel *Les Lesbiennes* geben wollte, und ausdrücklich bezeichnete er auch die einander verfallenen Frauen als *femmes damnées* (Verdammte). So gab er sich, »der mehr schwefel- als weihrauchduftende Dandy mit den Manieren eines Geistlichen«, als den ihn Mario Praz in seinem Buch *Liebe, Tod und Teufel* beschreibt, und es läßt sich leicht, bis zum endgültigen und wiederum »satanischen« Titel der Gedichtsammlung *Les fleurs du mal*, nachweisen, daß Gott und Satan, der letzte mehr als der erste, seine Phantasie beherrschten und sein Publikum provozieren sollten. Aber neu war dergleichen nicht. Es war durchaus, was man heute einen alten Hut nennt; die spätromantischen

Bösewichte waren seit Lord Byrons Zeiten scharenweise aufmarschiert und hatten Gott getrotzt und ihn verflucht, und es bedurfte erst der kaiserlichen Zensurbehörde des Jahres 1857, um einige der Stücke der *Fleurs du mal*, darunter die lesbischen Frauen, wieder anstößig zu finden.

Für die elf Gedichte, die endlich 1851 als eine Art Zyklus im *Messager de l'Assemblée* erschienen, hatte Baudelaire einen harmloseren, wenn auch nicht ganz höllenfernen Titel ausgesucht: *Les limbes (Die Vorhölle)*. Die Vorhölle ist nach christlicher Tradition jener Ort, wo die der Erlösung nicht teilhaftigen, aber gerechten Figuren des Alten Testaments auf den Erlöser harren, ein Zwischenreich zwischen Gott und dem Reich des Bösen; es war besser, angesichts der politischen Lage vorsichtig zu sein. Keine Lesbierinnen also, und statt der Wollust lieber Melancholie und Tod, auch dies zwar reichlich abgenutzte spätromantische Themen, aber, wie wir sehen werden, entschieden neu gewendet. Die Pranke des Löwen war zum erstenmal zu spüren.

Neue Töne – Baudelaires Gedichte

Ein französischer Gelehrter hat ein dickleibiges Buch über Baudelaires *originalité* verfaßt, welches zahllose Belegstellen dafür zusammenträgt, daß Baudelaires Motive vorher und gleichzeitig auch von anderen Poeten behandelt worden seien. Auch in seiner dichterischen Form ist er kein Neuerer. Das Sonett, das er mit Vorliebe benutzte, war zu seiner Zeit eher altmodisch, schon die Romantiker hatten freiere Formen vorgezogen. Man könnte mit Goethe fragen, was an dem ganzen Kerl denn original zu nennen sei. Dennoch besteht Einigkeit darüber, daß Baudelaire der Vater der Moderne, der Ahnherr Verlaines, Rimbauds, Mallarmés, auch Rilkes, T. S. Eliots, Paul Valérys ist. Sicher ist auch, daß er selbst sich so gesehen hat, dem vielbenutzten und vieldeutigen Wort *moderne* einen neuen, unmißverständlichen Sinn zu geben suchte, die *moder-*

nité als Auftrag an den Künstler ansah. Schon in der Ankündigung der *Limbes* war zu lesen, seine Gedichte seien dazu bestimmt, die Geschichte der *»agitations de la jeunesse moderne«* (der Unruhe der modernen Jugend) nachzuzeichnen.

Es ist aber höchst auffallend, daß die meisten Erörterungen über Baudelaires Modernität sich eher auf seine theoretischen Schriften und seine Selbstaussagen in Briefen und Tagebuchaufzeichnungen stützen als auf seine Gedichte. »Bei Baudelaire sind das noch theoretische Entwürfe. In seinen Dichtungen finden sich nur wenige Entsprechungen«, heißt es in Hugo Friedrichs Standardwerk über *Die Struktur der modernen Lyrik*.

An die Besonderheit von Baudelaires Dichten rückt Friedrich heran, wenn er von einer »Verstrebung der Themen« spricht und hervorhebt, wie wenig zahlreich diese Themen sind. Das hat seinen guten Grund: Baudelaire hat nicht Themen und Motive gesucht wie ein Maler seine Sujets, sondern hat den einen großen Stoff mit seinen zahlreichen »Verstrebungen« gefunden: sich selbst. Dies nicht im Sinne autobiographischen Niederschlags von Lebensepisoden, sondern als Aussage einer poetischen Existenz, als Neuentdeckung von Welt und Wirklichkeit, wie er – nur er – sie sah, auffaßte, gestaltete.

Wie das geschah, soll an einigen Beispielen entwickelt werden. Das erste, obwohl mehr von Frauen als von Schiffen handelnd, soll den Titel *Le beau navire (Das schöne Schiff)* tragen.

1. Le beau navire

Am 9. Juni 1841, zwanzig Jahre und zwei Monate alt, schifft sich Baudelaire in Bordeaux nach Kalkutta ein, vom 1. bis 19. September hält er sich auf der Insel Mauritius bei einem französischen Plantagenbesitzer auf, dann setzt er seine Reise fort zur Insel Bourbon (Réunion). Am 14. Oktober teilt der Kapitän des Schiffes dem Stiefvater mit, daß der junge Baudelaire seine Reise abzubrechen wünscht. Am 20. Oktober schickt Baudelaire der Frau des Plantagenbesitzers das Sonett *A une dame créole*, das erste seiner Gedichte, das gedruckt wird, im Februar oder März 1842 ist er zurück. Wenig später beginnt seine Liaison mit der Mulattin Jeanne Duval, dem unehelichen Kind einer unehelich Geborenen, die ihrerseits die Tochter einer Prostituierten ist. Die junge Jeanne tritt in einem kleinen Theater an der Porte Saint-Antoine als Soubrette auf, nach damaligen Begriffen eine mildere Form der Prostitution.

Warum ist Baudelaire nicht weitergereist, mit dem Billett in der Tasche, mit der Aussicht, das Wunderland Indien zu sehen? Er mag an die lange Seereise gedacht haben, die noch vor ihm lag, an den Zwangsaufenthalt auf dem Schiff unter lauter Männern, die den Dandypoeten, den einzigen Passagier, lächerlich fanden, aber dies allein erklärt den Entschluß zur Umkehr nicht. Viel wahrscheinlicher ist, daß der Blitzschlag ihn schon getroffen hatte, als die beiden Tropeninseln ihren vollen Liebeszauber entfaltet hatten, Schlaraffenland und Nirwana, Paradies und Fata Morgana, daß er fürchtete, danach und dahinter könne es nur noch Vergröberung der Effekte, Auflösung der Vision geben. Die beiden Inseln erwiesen sich als Paradies, gerade weil sie Inseln waren. Zusammen mit der Ausfahrt, dem Schiff, dem Hafen verschmolzen sie zu einem visionären Gesamterlebnis, das seinerseits Gedichte austrug wie tropische Früchte.

Auf dem Schiff war er noch der Gefangene der Pläne seines Stiefvaters, der ihn im wörtlichsten Sinne auf eine andere Bahn bringen wollte. Dem Kapitän war er unterworfen, als Passagier an eiserne Regeln gebunden. Aus dieser Bordgefangenschaft entstand, noch in herkömmlichen Formen, eines seiner meistzitierten Gedichte, *Der Albatros*. Der Seevogel, dieser mächtige König der Wolken, ist eingefangen der Spielball des Spottes der Matrosen. Er watschelt mühselig über die Planken, die großen Flügel schleifend. Einer von den Matrosen steckt ihm die Stummelpfeife in den Schnabel, ein anderer macht seine Watschelschritte nach. Also um alles in der Welt nicht mehr weiter auf hoher See! Aber wenn er, der Dichter, zurückkehrt, hat alle Schmach ein Ende, der Albatros öffnet seine Schwingen: Am 9. April 1842 wird er volljährig, erbt auf einen Schlag 75000 Francs, eine gewaltige Summe. Dann ist er frei, und wer zuletzt lacht, lacht am besten!

Die Tage, die er auf Mauritius und Réunion verbracht hat, sind das Eintrittsbillett dazu. Dort ist er als Herr aufgenommen worden, dort hat man ihn als jungen Dichter bestaunt, dort hat er ein Leben in unangestrengtem Luxus gefunden, und selbst die Sklaven und Sklavinnen sind Teil der patriarchalischen Idylle.

Diese exotische Welt selbst war freilich keineswegs mehr dichterisch zu entdecken, sondern, unter dem Stichwort »Orientalismus«, geradezu Mode geworden. Wer eben konnte, reiste nach Algerien, Marokko, Ägypten, in den Nahen Orient. Es wimmelte auf Stichen und Gemälden, in Romanen und Gedichten von Odalisken und Bajaderen, Baudelaire brauchte nur nachzusehen bei Théophile Gautier oder Victor Hugo.

Dennoch, schon das frühe Gedicht *A une dame créole* weicht beträchtlich von der Orientmode ab, und das gilt erst recht für das ebenfalls als Frucht der Reise entstandene *A une Malabaraise (Auf ein Mädchen von der Malabarküste)*. Das erste huldigt fast noch konventionell der Dame, die ihn auf der Insel liebenswürdig aufgenommen hat. Das zweite löst sich von allem Zeremoniellen; es porträtiert die dienende Inderin, die als Mädchen für alles dem Herrn die Pfeife anzündet, für frisches Wasser sorgt und jeden Morgen Früchte, Ananas und Bananen, einkauft. Was er da zu stilisieren versucht, sind Annäherungen an ein neues Schönheitsideal, einen neuen Typus, die *race noire*. Die Kreolin vergleicht er mit einer »braunen Zauberin«, bei dem Mädchen aus Malabar sind die Augen schwärzer als ihre Haut, aber bei dem Inselbesuch hat sich ihm das Bild einer dritten Schönheit, diesmal einer Schwarzen, eingebrannt, und er nennt diese Schwarze *La belle Dorothée*.

Ein der schönen Dorothée gewidmetes Sonett erscheint 1859 in der zweiten Ausgabe der *Fleurs du mal*. Aber auch dies ist nur eine Annäherung. Was er sagen will, was ihm als

Gestaltungsproblem vor Augen steht und als Faszination sein Herz bewegt, läßt sich nicht mehr in den alten, »gebundenen« Formen sagen. Darum macht er von einer neuen Form Gebrauch, dem *petit poème en prose*, dem Prosagedicht. So kommt die großartige Schilderung der *Belle Dorothée* zustande, die Endfassung aller Versuche, das »ganz andere« auszusagen. Schon bei der kreolischen Dame fallen ihm der Jägerinnengang und die »airs noblement manierés« (die edel manierierten Haltungen) ihres Halses auf, bei der Malabaraise hebt er die feinen Füße (»fein wie Hände«) und die breiten Hüften hervor. Das sind Details, die das streng gebundene Gedicht gerade noch erlaubt. Aber nun, in poetischer Prosa, kann er seinen Traum, sein Erinnerungsbild, voll entfalten, die Schönheit, die keiner der fleißigen Orientreisenden auch nur wahrgenommen hat:

> Dorothée, stark und stolz wie die Sonne, schreitet über die einsame Straße, als ob sie in dieser Mittagshitze die einzige Lebendige sei unter dem ungeheuren Blau; sie wirft auf die Helle einen strahlend schwarzen Fleck.
>
> Sie schreitet weich, ihren schmalen Oberkörper wiegend, der auf so breiten Hüften ruht. Ihr eng sich anschmiegendes Seidenkleid, hell und rosenfarben, hebt sich lebhaft von der Finsternis ihrer Haut ab und zeichnet genau ihre hohe Gestalt, ihr hohles Kreuz, ihre spitzen Brüste nach.
>
> Ihr roter Schirm dämpft das Licht und wirft auf ihr dunkles Gesicht die blutfarbene Schminke seiner Reflexe. Das Gewicht ihrer fast dunkelblauen Haarmasse zieht ihren zarten Kopf nach hinten und gibt ihr den Ausdruck von Trägheit und Triumph. Schwere Gehänge zwitschern leise an ihren zierlichen Ohren.
>
> Manchmal hebt die Meeresbrise einen Zipfel ihres Rocks und zeigt ihre stolzen und strahlenden Schenkel, und ihr Fuß, dem Fuß der Marmorgöttinnen gleich, die Europa in seinen Museen einschließt, prägt seine Form getreu in den feinen Sand. Denn Dorothée ist so verschwenderisch kokett, daß sie sich lieber barfüßig bewundern läßt als, wie es ihr als einer Freien zusteht, in Schuhen zu gehen.
>
> So schreitet sie in Harmonie, glücklich zu leben und ihr weißes Lächeln lächelnd, als ob sie in der Ferne in einen Spiegel sähe, der ihren Gang und ihre Schönheit zeigt.

La belle Dorothée ist ein überwältigender Prosatext geworden, nicht durch die vielen frappierend realistischen Details, sondern durch die Ermittlung jenes ästhetischen Zusammenspiels, das den dunkelhäutigen, den Negertypus auf seine Weise, nicht durch Annäherung an den europäischen Kanon, schön macht: die Proportionen von Hals, Oberkörper, Brüsten, Hüften, das Farbspiel der Augen und Zähne, vor allem aber und immer wieder die Füße in ihrer schreitenden Freiheit.

Wir wissen nicht, ob der junge Baudelaire auch zu den Liebhabern der schönen Dorothée gehörte, sicher aber ist, daß er sich in sie, in ihren Typus, »versehen« hat, nicht als Weißer, der sich zur schwarzen Rasse gnädig herabläßt, sondern als *artiste pensif*, als nachdenklicher Künstler, dem im Schauen aufgeht, was ihm bisher verborgen war.

Wie neu und kühn dies alles war, geht aus einer Korrektur hervor, die sich der Herausgeber der Zeitschrift, in der *La belle Dorothée* erschien, anmaßte. Er unterdrückte »hohles Kreuz« und »spitze Brüste« und wandelte sie in die »Formen ihres Körpers« um, so das Typische der Entdeckung opfernd und die Allerweltswendung an ihre Stelle setzend. Baudelaire antwortete mit dem gerechten Zorn des Künstlers: »Ich habe Ihnen gesagt: wenn Ihnen ein Komma in einem meiner Stücke mißfällt, nehmen Sie das ganze Stück heraus, aber rühren Sie das Komma nicht an, es hat sein Existenzrecht.« Und: »Glauben Sie wirklich, daß »die Formen ihres Körpers« dem hohlen Kreuz und den spitzen Brüsten entspricht, wenn von der schwarzen Rasse der östlichen Küsten die Rede ist?«

Er wußte, was er wollte: künstlerische Genauigkeit. Aber *La belle Dorothée* war mehr als das: ein Hymnus auf die andere Schönheit, die neu gesehene, da, wo bisher Abneigung und Unverständnis herrschten, weil Nase und Lippe, Haar und Haut nicht dem eigenen Kanon entsprachen.

Nur in einem Detail wird die alte Schönheit Europas zum Vergleich herangezogen: Ihr Fuß ist wie der der Marmorgöttinnen. Aber eben die sind ja nicht mehr frei, sondern in Museen gefangengehalten. Der Vergleich unterstreicht nur, was sie, Dorothée, wirklich ist: eine neue Göttin, stolz und stark wie die Sonne, schön und kalt wie das Erz. Ihr Erscheinen ist wie eine Epiphanie; ihr Triumph kann sich Gelassenheit erlauben, sie kommt, sieht und siegt. Sie hat kein menschliches Gegenüber, nur die Weite des Himmels und des Meeres, in denen sie sich spiegelt. In dem Gedicht der *Fleurs du mal*, das sich auf sie bezieht, heißt ihre Hütte *»sacrée«* (geheiligt).

Zugleich freilich ist sie auch das naive Ding, die simple *créature*. Vielleicht besteht ihre Göttlichkeit gerade in dieser Ahnungslosigkeit, in ihrem Paradieszustand vor dem Biß in den Apfel, der sie fragen läßt, ob man in Paris auch barfuß auf den Opernball gehen kann und ob nicht die Damen von Paris allesamt schöner sind als sie. Paris, das war die Verlockung für diese Naturkinder vor dem Sündenfall. So war zu napoleonischen Zeiten die Großmutter der Jeanne Duval nach Frankreich verschlagen worden, und als Baudelaire Jeanne zu seiner Mätresse machte, noch im Vollbesitz und Vollgefühl der ererbten 75000 Francs, war das die Heimholung, die Bergung jener fernen Dorothée, die ihm auf der Tropeninsel offenbart worden war. Und so fanden die Lobpreisungen der *dame créole*, der Malabaraise und der schönen Dorothée ihre natürliche Ergänzung und glänzende Steigerung in den Hymnen auf die dunkle Geliebte und auf ihre Attribute: *Hymne auf die Schönheit*, *Exotisches Parfüm*, *Die Mähne*, *Sed non satiata*, *Die tanzende Schlange*, *De profundis clamavi*, *Der Vampir*, *Späte Reue*, *Die Katze*, *Duellum*, rund zwanzig Gedichte von den hundert der ersten Ausgabe der *Fleurs du mal*.

Es ist seit langem als Biographismus verpönt, Kunstwerke aus Erlebnissen abzuleiten, Gedichte mit den Namen der sie inspirierenden Weiblichkeiten zu verknüpfen, wie es heute noch die kommentierenden Philologen der Baudelaire-Ausgaben tun. In diesem einen Fall möchte ich den Spieß umdrehen und behaupten: Die Gedichte schufen die Geliebte. Die auf den Inseln gemachte Entdeckung einer antikanonischen, bizarren, regelwidrigen Schönheit veranlaßte den heimgekehrten neuen Kolumbus zu einer Liaison, von der er wußte, daß daraus die poetischen Funken stieben würden. Daß sie auch Krisen und Katastrophen, nicht endenden Streit, unausbleibliche Enttäuschungen hervorbringen würde, war in Kauf zu nehmen.

Jeanne Duval, in der Literatur als Mulattin bezeichnet, war in Wirklichkeit wohl das Produkt einer vielfältigen Mischung, keine *simple créature*, sondern ein mit allen Wassern gewaschenes Großstadtgeschöpf. Baudelaire, ein hochbegabter Dilettant der Zeichenkunst, hat wiederholt versucht, sie auch durch dieses Medium zu erfassen, und leicht entdeckt man in seinen Zeichnungen die Vorzüge der schönen Dorothée auch bei ihr: die schmale Taille, das Hohlkreuz, das üppige Haar, die Ohrgehänge, und leicht ist es, den Gang dazuzudenken, für den Baudelaire die hinreißende Formel gefunden hat: *»Même quand elle marche on croirait quelle danse«* (selbst wenn sie geht, glaubt man, sie tanze).

Aber noch verblüffender ist, daß er den Lobgesängen, die ihrem Haar, ihrem Duft, ihrem Gang gewidmet sind, das ganze Repertoire jener einen Seefahrt in das Tropenparadies einverleibt, in einer Assoziationstechnik, die so ungewohnt, so »modern« ist wie die Entdeckung der schwarzen Schönheit selbst. Gedichte wie *La chevelure (Die Mähne)* und *Parfum exotique* zeigen exemplarisch, daß der Dichter nichts weniger beabsichtigt als die Beschreibung einer Mähne oder eines Wohlgeruchs. Jeannes Haarschmuck, Jeannes Parfüm sind nur Anlässe, ja, Vorwände für die schweifende Phantasie, die ihrerseits so »ausreist« wie der junge Charles auf dem Segler *»Mers du Sud«*.

In *La chevelure* ist die Haarpracht nichts anderes als ein »Alkoven der Erinnerung«, und der Dichter versteigt sich zu dem kühnen Bild, er wolle ihre Locken schwenken und mit ihnen winken wie mit einem Taschentuch – denn schon ist er unterwegs: »Das sehnsüchtige Asien, das brennend heiße Afrika, eine ganz ferne, abwesende, fast erloschene Welt, lebt in deiner Tiefe, aromatischer Wald!« Wie andere auf den Wogen der Musik, so gleitet er auf den Duftwogen ihres Haares davon, nicht etwa zu ihr! Sie ist nur das Vehikel der Vision:

> Dort will ich sein, wo stark und saftreich Mensch wie Bäume
> sich wohlig dehnen in der Tropensonne Glast;

ihr starken Flechten, hebt mich fort wie Wogenschäume!
Du birgst in dir, o Meer aus Ebenholz, die Träume
von Ruderklaven und von Segel, Wimpel, Mast.
(Carl Fischer)

Schon ist das Haar vergessen, übermächtig die Vision:

Ein Hafenlärm erfüllt die Seele, die in weiten
und tiefen Zügen Klang und Duft und Farbe trinkt;
wo Schiffe wie auf Gold und weicher Seide gleiten,
die ihm zum Ruhme ihre mächtigen Arme breiten,
zum reinen Himmel, wo die ewige Wärme blinkt.

Ein neues kühnes Bild holt dann die *chevelure* zurück: »Ich tauche mein nach Trunkenheit verlangendes Haupt in diesen schwarzen Ozean, in den der andere eingeschlossen ist...« Beherrschend aber bleibt das Bild, nein, die herbeigezauberte Wirklichkeit der glücklichen Seefahrt: »und mein subtiler Geist, den die Dünung wiegt, wird dich wiederfinden...« Wen? Die Geliebte? Weit gefehlt: »dich, fruchtbare Trägheit, unendliches Wiegen duftender Muße!« Jeannes phantastisches Haar ist nur eine Art Wegweiser: »Blaue Haare, Zelt aus Finsternissen, ihr gebt mir das immense Blau des Himmelsrundes.« Und wenn es duftet, wonach denn eigentlich? »Nach Öl des Kokosbaums, nach Moschus und nach Teer.« Anders gesagt: Jeannes Haar ist die Droge, die den Segel- und den Südseetraum erzeugt.

Die Hartnäckigkeit der Leitmotive, die Fixiertheit auf bestimmte Bilder und Szenerien, ist erstaunlich. Diese Bilder sind keine Metaphern, also Bilder für etwas eigentlich Auszusagendes, sondern im Gegenteil das Vordringliche, das den Anlaß – Haar, Duft – beiseite drängt. Das Schiff, ein Segler auf jeden Fall, ist unerläßlicher Bestandteil eines wollüstigen Traumes, dessen Elemente *paresse* und *parfum* sind, Einlullendes, das die scharfen Grenzen des Wirklichkeitsbewußtseins aufhebt. So verwandelt sich in dem Gedicht *Le serpent qui danse (Die tanzende Schlange)* die *chevelure* alsbald wieder in ein Meer, und prompt ist der Dichter bereit zur Ausfahrt: »Wie ein Schiff, das im Morgenwind erwacht, rüstet sich meine träumende Seele für einen fernen Himmel.« Daß der Dichter zu Schiff ausfährt, hindert ihn nicht, die Geliebte, diese »tanzende Schlange«, ihrerseits mit einem Segler zu vergleichen: »Ihr Körper biegt und streckt sich wie ein edles Schiff, das in der Dünung von Back- zu Steuerbord rollt und seine Rahen in die Flut taucht.« Wie in den anderen Schiffahrtsvergleichen kommt es auch hier auf Genauigkeit an: Rhythmisch antwortet das Wogenspiel exakt dem Hüftenspiel.

Es nimmt dann nicht wunder, daß auch unter dem Titel *Le beau navire (Das schöne Schiff)* sich das Porträt einer Frau verbirgt (diesmal freilich nicht Jeanne). Das Porträt beginnt mit der Strophe:

> Wenn du die Lüfte fegst mit wehend weiten Säumen,
> gleichst du dem schönen Schiff in fernen Meeresräumen,
> das rauschend seine Segel trägt
> und sich vom Takt beschwingt in trägem Schaukeln regt.

Wie sie – diesmal die Schauspielerin Marie Daubrun – schreitet, *»d'un air placide et triomphant«* (gelassen und triumphierend), ähnelt sie aufs Haar der schönen Dorothée. Deutlich wird auch der Schiffsvergleich: Die schwingenden Röcke »entsprechen« den geblähten Segeln. Zu den Paradoxien dieser Verschmelzungspoetik gehört es freilich auch, daß der Schiffsvergleich jäh aufgehoben wird. Die Brüste der Gefeierten sind wie die vorgewölbten Flächen eines Schrankes voll von Weinen, Parfums und Likören und können sich alsbald in zwei blitzende Schilde weiterverwandeln. Wir können das Gesetz dieses neuen Dichtens jetzt so formulieren: Was auch immer der Gegenstand sei, die Verse dienen ihm nicht, sondern umspielen ihn nur, den eigenen Leitmotiven folgend: Frau und Schiff, Gang und Fahrt, Trägheit und Trunkenheit. Auffallend ist, daß das stärkste, ununterdrückbarste dieser Leitmotive das Wiegen der schreitenden Frau und des segelnden Schiffes ist, der Urrhythmus, dem das Gedicht als rhythmisches Gebilde antwortet – bis zu dem Grade, daß in *Le navire* die Strophen sich in bestimmter Gesetzmäßigkeit wie Wogen wiederholen.

In den späten und erst 1887 veröffentlichten *Fusées (Raketen)*, Aufzeichnungen über Gott und Welt, fängt der fünfzehnte Abschnitt mit dem merkwürdigen Satz an:

> Ich glaube, daß der unendliche und geheimnisvolle Zauber, der in der Betrachtung eines Schiffes, und vor allem eines Schiffes in Bewegung, liegt, zunächst von der Regelmäßigkeit und Symmetrie abhängt, die eines der elementarsten Bedürfnisse des menschlichen Geistes sind, im gleichen Maße wie Vielfalt und Zusammenklang, und im zweiten Fall, wenn das Schiff sich bewegt, in der Erzeugung und Vervielfältigung aller denkbaren imaginären Kurven und Figuren, die im Raum durch die wirklichen Bestandteile des Objekts bewirkt werden.

Der Text ist mühsam formuliert von jemand, der mit den Gedanken ringt, aber doch deutlich in seiner Tendenz: sich über ein überwältigendes Erlebnis, das mit geblähten Segeln herannahende Schiff, rational Rechenschaft zu geben. Alle Sinnlichkeit ist aus dieser Notiz zwar wie weggeblasen, und auf den ersten Blick könnte man angesichts von Stichworten wie Regelmäßigkeit, Symmetrie, Harmonie sogar an die Wiedereinsetzung einer klassischen Ästhetik denken, aber »der zweite Fall«, das Schiff in Bewegung, belehrt schnell eines Besseren. Was da fasziniert, ist die Abfolge der Bewegungen, das verwirrende Spiel der Kurven und Figuren, die höhere Mathematik, *la complication*, genau das, was dann in der modernen Kunst, gipfelnd bei Futuristen und Kubisten, immer wieder neu versucht wurde: die Statik des Gegenstandes zu überwinden und sie in Bewegung aufzulösen.

Die Fortsetzung steigert den Gedanken noch:

> Die poetische Idee, die sich aus dieser Operation einer Bewegung in ihren Linien ergibt, ist die Vorstellung von einem weiten, immensen, komplizierten, aber eurythmischen Wesen, von einem genialen Lebewesen, das alle Seufzer des Menschen seufzt und an seinem ganzen Ehrgeiz leidet.

Es liegt auf der Hand, daß solche Spekulationen nicht durch die majestätischen Fregatten befriedigt werden konnten, wie sie die Niederländer im 17. Jahrhundert säuberlich auf die

Leinwand brachten. Das Schiff, das Baudelaire träumte, war Kunstwesen und Naturwesen zugleich, Lebewesen auf jeden Fall, schwebend zwischen mathematischem Kalkül und mystischem Entzücken. In der *Fusée VIII* liest man: »Gibt es mathematischen Wahnsinn, und gibt es Narren, die ernstlich meinen, daß zwei und zwei drei ergibt? Anders ausgedrückt: Kann die Halluzination... die Gegenstände des reinen Raisonnements überfluten *(envahir)*?« Das ist Baudelaires Problem: Einerseits die poetische Darstellung, die so genau sein müßte wie jene physikalisch-technische Berechnung, die das Takelwerk des Schiffes erdacht und in kunstvollem, künstlerischem Prozeß hergestellt hat, auf der anderen Seite das, was er Halluzination nennt, das wohlige Sichhingeben an einen in wenigen Elementen fixierten Traum, an ein rhythmisches Wiegen, das wie von selbst Verse, Melodien hochträgt, freilich leider auch in Trägheit und Träumerei versanden kann – so daß er eben in dieser *Fusée* sich einen Jemand erdenkt, der ihn morgens mit Peitschenhieben weckt und zur Arbeit treibt.

Der Mann mit der Peitsche blieb aus, und Baudelaires Fleiß beschränkte sich weiter darauf, die Träume, denen er sich genüßlich hingab, aufzuzeichnen und möglichst viel von ihrer Traumwirklichkeit zu retten. In diesen Träumen herrschten die Segelschiffe, die Ausfahrten, die blauen Himmel und die goldenen Strände, aber sie waren alles andere als ansichtskartenmäßig fixiert, das eine floß ins andere über, und wenn das Schiff mit den geblähten Segeln unversehens in die Frau mit den gebauschten Kleidern überging, so waren doch auch ganz andere Verwandlungen möglich. So rühmt der Dichter etwa in einem Aufsatz über Victor Hugo dessen »Seestücke«, aber nur, um gleich den Fregattentraum wiederaufzunehmen, voll Bewunderung für den Willen und die tierische Kraft *(animalité)*, die in dem mechanisch zusammengehämmerten Gehäuse aus Holz, Eisen und Leinwand stecken, und schon wächst das Schiff zum Ungeheuer, das der Mensch geschaffen, dem aber erst Wind und Flut seine Gangart *(démarche)* verliehen haben. Genaugenommen ist es vor allem anderen der »Gang« des

Schiffes, der ihn fesselt, stolz muß er sein und wiegend, das Schiff ist, wenn schon Monster, ein eurythmisches.

Darum sind Baudelaires zahlreiche Paradiese meernah, möglichst mit Schiffen besetzt. Die einzelnen Bilder behalten ihre scharfe Zeichnung und ihr strahlendes Kolorit, sie verschwimmen nicht ineinander, sondern sind wie die scharfen Schnitte einer Filmsequenz nebeneinandergesetzt. Ihre Substanz, ihre Essenz ist am schönsten zusammengefaßt am Ende des Gedichts *Invitation au voyage (Einladung zur Reise)*: *Là, tout n'est qu'ordre et beauté, / luxe, calme et volupté* (Dort ist Ordnung nur und Schönheit, / Luxus, Ruhe, wohlige Lust).

Die Reise geht keineswegs in den Süden, sondern nach Holland, wo Marie Daubrun auftreten soll, aber das Holland, das er sich erträumt (und zu dem er sich aus nur zu guten Gründen nicht auf den Weg gemacht hat), ist dank seiner Kolonie Indonesien voll von exotischem Glanz und kolonialem Reichtum – natürlich in Schiffen hergebracht, die im Hafen auf neue Ausfahrten harren.

In dem ebenfalls mit *Invitation au voyage* überschriebenen Prosagedicht steht der folgende aufschlußreiche Satz über den Dichter, der seinen Träumen übrigens auch mit Drogen nachhalf:

> Jeder Mensch trägt in sich eine Dosis Naturopium, die immerfort ausgeschieden und erneuert wird, denn ehrlich, wie viele Stunden zählen wir denn zwischen Geburt und Tod, die durch positiven Lebensgenuß, durch wohlgelungenes und energisches Tun ausgefüllt sind!

Vollends unerreichbar ist das Paradies in dem Gedicht *Maesta et errabunda (Trauernd und umherirrend)*. Wieder ist das Meer die *berceuse*, die in den Schlaf wiegende Mutter (und zugleich das Wiegenlied), wieder trägt das Schiff – das sich diesmal als *frégate* hilfreich auf Agathe reimt – das Paar ins duftende Paradies, »wo unter einem hellen Himmelsblau nur Liebe und Freude herrschen, wo, was man liebt, würdig ist, geliebt zu werden, wo das Herz in reiner Lust *(volupté pure)* ertrinkt«. Diesmal ist es das grüne Paradies der Kindheit.

Das grüne Paradies der kindlichen Vergnügen,
mit Kuß und Blumenstrauß, mit Spielen und Gesang,
mit zartem Geigenton von nahen Höhenzügen
und abends in dem Hain mit Wein und Becherklang,
das grüne Paradies der kindlichen Vergnügen...

Das ist ein Anfang dessen, was Proust als die *recherche du temps perdu* praktiziert hat, nicht mehr vages Zurücksehnen, sondern die exakte Rekonstruktion, Reproduktion des Traumes und damit seine künstlerische Verwirklichung. Wie ernst es Baudelaire damit war, kann man einem biographischen Detail entnehmen: Ein Mädchen namens Agathe wird mehrfach in Baudelaires »galanten« Notizen erwähnt. Einmal notiert er den Wunsch, mit ihr auszugehen, und beschreibt bis ins einzelne ihre Toilette. Sie soll eine Frisur *»à l'enfant«* (nach Kinderart) tragen, »das Haar aufgelöst und gelockt über den Rücken gebreitet«.

Man kann solche Launen für närrisch halten oder Freud zu Hilfe rufen. Für das Verständnis der Dichtung und des Dichters ist es wichtiger, das lyrische Ich der Kindheit als eine der Variationen des Leitmotivs »paradiesischer Glückszustand« zu erkennen, nach dem im Prosatext *L'invitation au voyage* angegebenen Rezept: *»rêver et allonger les heures par l'infini des sensations«* (träumen und die Stunden durch die Unendlichkeit der Empfindungen immer weiter ausdehnen).

In einer weiteren Paradiesvariante *La vie antérieure (Ein früheres Leben)* hat der Dichter unter weiten Säulenhallen gelebt, Griechisch-Römisches dürfen wir uns vorstellen, aber schon im zweiten Vers ist das unerläßliche Meer da, und in der zweiten Strophe übernimmt es den Hauptpart:

Die Wogen rollten die Bilder der Himmel
und mischten auf feierlich-mystische Weise
die allmächtigen Akkorde ihrer reichen Musik
mit den in meinen Augen sich spiegelnden Farben des
Sonnenuntergangs.

Himmelsblau, Wogen, Farbenglanz, nackte Sklav(inn)en, ganz von Düften imprägniert, ergeben zusammen die Mischung, die hier *volupté calme* (ruhiges Wohlgefühl) heißt, in der alle Sinne das Ihre bekommen, die Sinnlichkeit selbst aber eher besinnlich bleibt.

Das Gedicht ohne Titel *»J'aime le souvenir de ces époques nues«* (Ich liebe die Erinnerung an jene nackten Zeiten) scheint auf den ersten Blick in die Reihe der Paradiesbeschwörungen zu gehören. Näher betrachtet, zeigt es den jungen Baudelaire im Stil der Zeit dichtend, den Regeln der Logik und Rhetorik folgend. Es hat für uns nur das Interesse, daß noch einmal der Streit der Alten und der Modernen aufgenommen und drastisch entschieden wird: Die Alten siegen, denn sie sind die ewig Jungen! Krasser, als es damals erlaubt war, zeichnet Baudelaire die moderne Badeanstalten-Nacktheit: »O Scheußlichkeiten, die die verlorenen Kleider beklagen! O lächerliche Stümpfe! Torsi, denen man besser Masken vorbinden würde! O arme Körper, verzerrt, hager, bauchig oder schlaff…« Damals hingegen vergoldete der Sonnengott selbst die statuenhaften Körper, und in einen Hochgesang auf deren »heilige Jugend« klingt das pathetische Gedicht aus.

Unmittelbar davor steht eines der berühmtesten Gedichte der *Fleurs du mal*, die *Correspondances (Entsprechungen)*, berühmt vor allem, weil es die Lehre von der Synästhesie, der Vertauschbarkeit der Sinneseindrücke, verkündet. »Les parfums, les couleurs et les sons se répondent« (Die Düfte, Farben und Töne antworten einander) heißt der Schlüsselvers. Es betrifft uns hier, weil es verblüffend zeigt, wie Baudelaire aus der Reflexion, aus der mystischen Philosophie des Naturzusammenklangs von selbst wieder in seine Paradiese zurückgleitet, dieses Mal in das warme Bad der Wohlgerüche. Die letzten beiden Strophen des Sonetts lassen den Gedanken der einander entsprechenden Sinne nur noch in Andeutungen gelten, könnten auch »Les parfums« überschrieben sein:

> Es gibt Düfte frisch wie Kinderhaut,
> süß wie Oboen, grün wie Wiesenflächen,
> und andere, verderbt, reich, triumphierend,
> mit der Sprengkraft des Unendlichen,

wie Amber, Moschus, Benzoe und Weihrauch,
die den Überschwang der Sinne und des Geistes singen.

Leicht sind hier die alten Paradiese wiederzuentdecken: das grüne Kindheitsparadies, das heiße Tropenparadies, Unschuld und Sünde, Reinheit und Verführung, aber nicht säuberlich zu trennen, sondern alle rhetorische Ordnung aufhebend in der Dichtung, so verschmolzen wie in dämmerndem Traum oder im Haschischrausch.

Dichten hieß für Baudelaire: gleichzeitig diesen Spielen der Empfindungen, diesem Gleiten von Traumzustand zu Traumzustand, folgen und ihnen doch die feste Form, das Gedicht, vorzüglich das Sonett, abzuringen.

Am schönsten war das Wiegen und Schaukeln, das Eingesungenwerden. Aber es konnte auch wild hergehen in der entgrenzenden Zone der Halluzinationen, so am Ende des großartigen Gedichts *Les sept vieillards (Die sieben Greise)*, das hier als letzte »Verstrebung« des Schiffsthemas zitiert werden soll:

Verzweifelt wie ein Trunkenbold, der alles doppelt sieht,
kam ich nach Haus und schloß entsetzt die Tür,
krank und durchfroren, fieberhaften und verwirrten Geistes...

Vergebens, heißt es weiter, will meine Vernunft den Riegel vorlegen:

Der Sturm vereitelt spielend ihre Mühe,
und meine Seele tanzte, tanzte, eine alte Schaluppe
ohne Mast, auf einem ungeheuerlichen Meer ganz ohne
Grenzen!

Schiffahrt ohne Ende, wohliges Wiegen oder entfesselter Tanz, Himmel- oder Höllenfahrt, das ist der Beginn der neuen Poesie. Und es ist kein Zufall, daß diese neue Poesie viel wilder in den Bildern, viel strömender im Vokabular, viel ungeregelter noch in der Gedankenfolge, sich fortsetzt in dem die eigentliche Epoche der modernen Dichtung eröffnenden Gedicht Rimbauds, das *Le bateau ivre (Das trunkene Schiff)* überschrieben ist.

Baudelaire übrigens hat nie mehr den Fuß auf das Deck eines Schiffes gesetzt. Er hat Schiffe höchstens vom Haus seiner Mutter in Honfleur aus majestätisch vorbeigleiten sehen.

2. Trouver du nouveau

Von dem letzten und längsten Reisegedicht Baudelaires ist bis jetzt nicht die Rede gewesen. Es steht noch nicht in der Ausgabe der *Fleurs du mal* von 1857, schließt aber die Ausgabe von 1861 majestätisch ab, als letztes Stück des Zyklus *La mort*, und die Reise, um die es sich diesmal handelt, ist in der Tat die vom Leben zum Tod. Baudelaire hat es 1859 geschrieben, in einem Anlauf zu neuer Meisterschaft und als Manifest seiner sich festigenden künstlerischen Überzeugungen.

Der Titel *Le voyage (Die Reise)* scheint die Thematik der bewegten Seefahrt und der seligen Küsten wiederaufzunehmen, aber die alten Glückssymbole und farbigen Impressionen tauchen nur noch gelegentlich auf, und die Bilanz ist bitter: »Reisen oder bleiben? Bleib, wenn du bleiben kannst, und muß es sein, brich auf.« Noch einmal blähen sich die Segel des Dreimasters, aber er nimmt nun Kurs auf das utopische Land Ikarien, die Küste Nirgendwo. Die Insel, die von fern wie ein Eldorado aussah, enthüllt sich im Licht des Morgens als Riff. Der Reisende ist nun ein trunkener Matrose, der sich seine Amerikas selbst erfindet, nur um nach dem Scheitern um so grausamer zu erwachen.

Es spricht der Prediger Salomonis: Alles ist eitel, und wenn die begeisterten Reisenden, die er ausfragt, ihm immer neue Trümpfe hinblättern, »die Glorie der Sonne auf dem violetten Meer, die Glorie der Städte beim Sonnenuntergang«, kontert er trocken: »Und was dann?« Da schwenkt schließlich auch der Chor der Reisenden auf die Linie des bitteren Vorbeters ein:

> In der Tat, wo immer sie sich aufhielten, sie stießen auf das ermüdende Schauspiel der unsterblichen, der erblichen Sünde. Auch den Kühnsten, den Liebhabern des Wahnsinns, bleibt nur die Flucht in die Unendlichkeit des Opiums.

Weit über hundert Verse lang wird diese Predigt ausgesponnen, ein barocker Abgesang auf die Herrlichkeit der Welt. Dann nimmt der Prediger die fromme Maske ab und verwandelt sich in den Reisenden zurück, freilich einen zwischen Tod und Teufel, und eine neue rasende Fahrt beginnt. »Wenn der Tod den Fuß auf unseren Rücken setzt«, heißt es nun, »dürfen wir hoffen und Vorwärts! rufen. So wie wir einmal nach China aufbrachen, die Augen ins Weite gerichtet und das Haar im Wind, so schiffen wir uns jetzt auf dem Meer der Finsternis ein, fröhlich im Herzen wie junge Passagiere.« Es ist die letzte Abenteuerfahrt, wie die des Ulysses in Dantes »Inferno«, und es winkt als erster Strand das Lotosland des Vergessens, jene sanfte nachmittägliche Unterwelt, wo die Freunde und die Geliebte warten.

Aber auch diese Nirwanalösung darf es nicht sein. Es heben die letzten beiden Strophen an, hinreißend in ihrer düsteren Schönheit, mit jenem schmetternden Fanfarenstoß zum Schluß, der wirklich das Signal einer neuen Epoche ist:

O Mort, vieux capitaine, il est temps! levons l'ancre!
Ce pays nous ennuie, ô Mort! Appareillons!
Si le ciel et la mer sont noirs comme de l'encre,
nos cœurs que tu connais sont remplis de rayons!

Verse-nous ton poison qu'il nous réconforte!
Nous voulons, tant ce feu nous brûle le cerveau,
plonger au fond du gouffre, Enfer ou Ciel, qu'importe?
au fond de l'Inconnu pour trouver *du nouveau*!

Tod, alter Seemann, auf! Zeit ist's zum Ankerlichten!
Des Lands hier sind wir satt! Drum auf, ans Steuer, Tod!
Mag Meer und Himmel tintenfinster sich verdichten,
in unseren Herzen, die du kennst, strahlt Morgenrot!

Schenk ein dein Gift, daß es uns stärker macht!
Wir wollen, mag es uns das Hirn verbrennen,
den Abgrund suchen, Himmel oder Höll, was soll's?
um auf dem unbekannten Grunde Neues zu erkennen!

Kein Zweifel, daß das ganze lange Gedicht, dieser rhetorisch höchst kunstvoll aufgebaute Traktat mit seinen sechsunddreißig Strophen, auf das Schlußwort *»du nouveau«* zuläuft, das Baudelaire durch Kursivdruck eigens hervorgehoben hat. Die alten Werte haben abgewirtschaftet, einschließlich des Christentums, das im sechsten Gesang dieses Großgedichts bitter abgefertigt wird. Es gibt nur noch die Alternative zwischen trägem Versinken und tollkühner Ausfahrt, trunkener Seemannschaft, um jenseits von Himmel und Hölle, auf dem Boden des Unbekannten, Neues zu entdecken. Wohlgemerkt, *Neues*, nicht *das* Neue. Kein endgültiges Erkenntnisziel wird ins Visier genommen. Keine ideologische Auskunft mehr wird erwartet. So wie der *spleen*, die dumpfe Verzweiflung, die *Fleurs du mal* eröffnet, so schließen sie mit der Verzweiflung des *ennui*, der bleiernen Langeweile, und in diesem Einerlei ist Neues *wegen* seines Neuigkeitswertes das einzig Erquickende. Das ist die Theorie der modernen Kunst, die Peitsche, unter deren Diktat sie sich immer wieder gewandelt, erneuert, umdrapiert hat, bis ihr am Ende eines mehr als hundertjährigen Prozesses nichts mehr einfällt. »Trouver du nouveau« als Erlösung in einer Welt, von der es schon in *Faust* heißt: »Nach drüben ist die Aussicht uns verrannt.«

Der Held der letzten Strophe hat übrigens, wie wohl noch nicht bemerkt worden ist, ein Vorbild oder einen Vorläufer, ebenjenen Doktor Faust, der die Phiole mit dem Gifttrank vom Regal holt, »um auf neuer Bahn den Äther zu durchdringen«. Auch Goethes Faust im Studierzimmer ist eine Art Kolumbus des Jenseits, aber doch hoffnungsbeflügelt, »zu neuen Ufern lockt ein neuer Tag«. Das hohe Meer, auf das dieser erkenntnisdürstende Geist hinausgewiesen wird, ist gewiß nicht tintenschwarz (»Die Spiegelflut erglänzt zu meinen Füßen«). Im übrigen genügen Kirchenglocken und geistliche Gesänge, um ihn wieder auf die Erde zurückzuholen. Das Genie Baudelaire ist von keinem Engel mehr zu retten. Es hat alle Drogen durchprobiert, und das »Neue« ist jeweils nur ein kurzer Halt in der Vision der vom Tod ereilten Welt.

Die Symbolkraft dieser sozusagen mit letzter Kraft ausgestoßenen Parole ist außerordentlich. Sie steht für die lange Folge von Unternehmungen, als die wir die Geschichte der

Moderne – Literatur, bildende Künste, Musik, Ballett, schließlich die neuen Künste – zu verstehen haben. Diese Parole legt ihr auf, nach immer neuen Mitteln der Befriedigung zu suchen – wie die Wissenschaft und die Technik die Expedition, den Vorstoß ins Unbekannte, und das Experiment, das Ausprobieren neuer Möglichkeiten, zu wagen. Unaufhaltsam nähert sich so das eigentlich Dauer erstrebende Neue der Kunst dem Saison-Neuen der Mode, das schon im Entstehen und Lancieren mit seinem baldigen Vergehen rechnet, bis schließlich über einem der Ausstellungstempel der Moderne, der *documenta*, als eines ihrer Kunstwerke das Banner mit der Inschrift flattert *»L'art c'est du nouveau«* (Kunst ist Neues).

Baudelaires großes Gedicht ist, was ihn selbst betrifft, nicht nur Ausdruck einer verzweifelten Stimmung, sondern auch bewußte Provokation. Dem Freund Asselineau schrieb er im Februar 1859: »Ich habe ein Maxime Du Camp gewidmetes langes Gedicht gemacht, bei dem die Natur und vor allem die Liebhaber des Fortschritts mit den Zähnen knirschen sollen.« Maxime Du Camp war jener Freund und Reisegefährte Flauberts, den der Saint-Simonisten-Vater Enfantin veranlaßt hatte, im Jahr der Weltausstellung 1855 das Lob der Lokomotiven und anderer Fortschrittsvehikel zu singen. Er war damals ein wichtiger Mann, gab die *Revue de Paris* heraus, die den Vorabdruck von Flauberts *Madame Bovary* brachte, und Baudelaire war ihm verpflichtet: Er hatte Schulden bei ihm, die er vermutlich nie zurückzahlen würde.

Maxime Du Camp hatte im Vorwort der *Chants modernes* die zeitgenössische Poesie aufs Korn genommen. Man entdecke die Dampfkraft, und man besinge die schaumgeborene Venus. Man entdecke die Elektrizität, und die Poesie verwende ihre Künste darauf, den Traubenspender Bacchus zu preisen. Es war also pure Ironie, wenn Baudelaire gerade das Gedicht *Le voyage* Du Camp widmete. Er möge es ihm doch sagen, schrieb er in der Tonlage zwischen Devotion und Malice, die er perfekt beherrschte, wenn ihm etwas an diesen »byronesken« Versen, zum Beispiel die Scherze über den Fortschritt, nicht behage. Eine Antwort Du Camps ist nicht überliefert.

Baudelaire notierte indessen in seinen *Fusées*:

> Was gibt es Absurderes als den Fortschritt, da der Mensch, wie es durch täglichen Augenschein bewiesen wird, immer dem Menschen gleich bleiben, also immer im Zustand der Wildheit leben wird?

Und in *Mon cœur mis à nu (Mein entblößtes Herz)* formuliert er den später oft als Glaubensbekenntnis Baudelaires zitierten Satz: »Theorie der wahren Zivilisation. Sie liegt nicht im Gas, in der Dampfkraft, auch nicht im Tischrücken, sie besteht in der Verminderung der Spuren der Erbsünde.«

3. Die alten Fräulein, die Witwen und der Schwan

Im selben Jahr 1859 gingen drei Gedichte Baudelaires an einen anderen hohen Adressaten, an den Dichterfürsten der Epoche, Victor Hugo, der zwar in die Verbannung gegangen war, aber auf der Kanalinsel Guernsey, nur wenige Kilometer vom Festland entfernt, als eine Art Gegenkaiser residierte. Wieder waren die Gedichte Huldigung und Herausforderung zugleich, schüchterne Nachahmung des großen Mannes angeblich, aber zugleich ein Sichmessen mit ihm, das auf Übertreffen angelegt war. Der Dichterfürst geruhte, dem immer noch jungen, höchstens skandalberühmten Dichter einen *frisson nouveau*, einen neuen Schauer, zu bescheinigen. Was der Dichter selber dachte, drückte er in einem Brief an den Herausgeber der Zeitschrift, die diese Gedichte drucken sollte, so aus: »Ich fürchte, daß es mir diesmal schlicht gelungen ist, die der Poesie gezogenen Grenzen zu überspringen.« Die Machtverhältnisse waren bekanntlich so: Hugo war der Monarch, er höchstens der Prätendent. Aber er wußte, daß er das Neue schaffen würde; dieses verzweifelte Selbstbewußtsein hielt ihn in Krankheit und Konkurs, in allen sieben Plagen seiner Existenz, am Leben.

»Trouver du nouveau« hieß ihm Kräftemessen mit Hugo, dem Apostel der Elenden, dem komfortablen Exilanten, tiefer sehen im Menschlichen, genauer die Mitmenschlichkeit be-

stimmen. Baudelaire konnte zynisch erscheinen in seinem abschätzigen Blick auf den sozialen Fortschritt, aber in seinem Gebanntsein vom Unglück der Kranken, der Gebrechlichen, der Alten, der Bettler offenbarte sich eine Sympathie und Solidarität, die in ihrer Konkretheit über das alle Elenden dieser Erde umfassende Sozialpathos Victor Hugos weit hinausgingen.

Auch hier war er moderner als die Zeitgenossen. Das Unglück der Arbeiterklasse füllte seit einem halben Jahrhundert alle Zeitungsspalten, aber wer dachte an das Leid der Witwen, der alleingelassenen alten Frauen? Das wiederum war nicht statistisch zu entdecken und festzuhalten, sondern erschloß sich nur dem Blick des aufmerksam durch Straßen und Parkanlagen wandernden Beobachters, des *flâneur*, der die Großstadtmenge nicht als gesichtsloses Vorbeifluten wahrnahm, sondern in jedem und jeder Entgegenkommenden ein Schicksal erriet.

Das Neue zauberte er nicht als Neuheit oder Neuigkeit herbei. Es bedurfte keiner anstrengenden Suche, sondern war in ihm angelegt als der Blick für das, was den anderen nicht auffiel. Ihm fielen die *petites vieilles* auf, die alten Weiblein, wahrhaftig kein Gegenstand lyrischer Gefühle. Schon als Dreißigjähriger hatte er in seinem Tagebuch die Frage gestellt, »welche Mittel man brauche, um einem jungen Dummkopf klarzumachen, daß die unwiderstehliche Sympathie, die ich für alte Frauen empfinde,diese Wesen, die unter ihren Liebhabern, Gatten, Kindern, und auch durch ihre eigene Schuld, so viel gelitten haben, mit keinerlei sexuellem Verlangen vermischt ist.« Und er setzte hinzu: »Wenn unseren Vergnügungen nicht die Idee der Tugend und der universalen Liebe beigegeben ist, enden diese in Qual und Gewissensbissen.« Der hochmoralische Satz entstammte einer jener Anwandlungen zum Guten, wie sie Baudelaire von Zeit zu Zeit überfielen, aber die Sympathie für die alten Weiblein war echt, eingewurzelt: Er sah ihre Geschichte und ihre Geschicke, er erkannte letzte Reste von Weiblichkeit, ja von Mädchenhaftigkeit und war bewegt. In dem krassen Bild, das er von ihnen zeichnet, gibt es einen Lichtblick: »Sie haben die göttlichen Augen des kleinen Mädchens, das über alles staunt und lacht, was glänzt.«

Im Begleitbrief an Victor Hugo bekannte der Dichter, daß er ihn in dem Gedicht *Les petites vieilles* nachgeahmt habe (»Lachen Sie über meine anmaßende Torheit, ich lache selbst darüber«), aber das angeblich von ihm nachgeahmte Gedicht aus Hugos *Orientales* beginnt mit dem Vers »Hélas! que j'en ai vu mourir de jeunes filles!« (Ach, wie viele junge Mädchen hab' ich sterben sehen!) Schärfer, ja parodistischer konnte Baudelaire nicht antworten, in einem Kraftakt, der dem lyrischen Wehmutsschauer angesichts des Todes junger Mädchenblüte das krasse Unglück der lebendig Toten, der »Ruinen«, entgegensetzte.

Ein neues Thema wahrhaftig, und neu auch die Kulisse, in der diese stillen Dramen stattfanden: die wimmelnde, die Alten an den Rand drängende Großstadt.

> Im dünnen Umschlagtuch, im schlecht geflickten Kleid
> treibt sie der Wind nach Haus, die frierenden Gestalten;
> vorm lauten Räderlärm erschrickt ihr ängstlich Herz,
> und wie ein Heiligtum sie ihre Tasche halten,
> bestickt mit Blumen und mit buntem Rätselscherz.

Im Original heißt es: »beim Räderlärm der Omnibusse«; in einer anderen Strophe ist davon die Rede, daß sie sich ängstlich an die Mauer drücken. Was der Flaneur sieht, ist die kalte Unbarmherzigkeit des Verkehrs auch schon zur Zeit der Pferdekutschen und die Hoffnungslosigkeit derer, die nicht mehr mithalten können. Die ängstliche Geste des An-sich-Drückens der Handtasche ist ein Stück Notwehr im »Dickicht der Städte«, gut beobachtet von dem Mitleidigen, der in den bestickten Täschchen noch den Abglanz besserer Zeit erkennt. Als Victor Hugo in seinem Antwortbrief die Wendung vom »neuen Schauer« niederschrieb, ahnte er vielleicht etwas von diesem neuen Blick. Mit leichten Varianten stimmt das Bild »alte Frau in der Großstadt« heute noch. Eben in diesem Gedicht spricht Baudelaire von seinem »cœur multiplié«, seinem »vervielfältigten Herzen«, es ist – über die scharfen Augen hinaus – sein eigentliches Entdeckerorgan.

In einem der *poèmes en prose* wird das neue Paris zum Partner der Leidenden. Es heißt *Die Augen der Armen* und hat als Schauplatz ein Café an einem der neuen Boulevards. Es ist Haussmanns Paris, das hier in die Dichtung einzieht, Bauschutt liegt noch in den Winkeln. »Das Café funkelte«, heißt es, »das Gaslicht entfaltete die ganze Glut seines Debüts und strengte sich an, die blendend weißen Wände, die strahlenden Flächen der Spiegel noch heller zu machen...« Nymphen und Göttinnen tragen auf ihren Köpfen Früchte, Pasteten und Wildbret, Heben und Ganymede reichen auf gestrecktem Arm Eisspezialitäten, und sarkastisch merkt der Erzähler an, die ganze Geschichte und die ganze Mythologie stünden hier im Dienst der Schlemmerei. Es ist Glanz und Herrlichkeit des Second Empire, Fortschrittsrausch und Konsumlust, und die Armen dürfen sich die Nase plattdrücken an der Schauseite dieses Glanzes.

Aber selbst in dieser eindeutigen Situation – ein Armer, ein Kind auf dem Arm, ein Kind an der Hand, starrt in das überirdische Licht – mobilisiert Baudelaire nicht den Klassengegensatz. Gewiß, die schöne Dame, die an der Seite des Erzählers im Café sitzt, möchte den Geschäftsführer rufen und die ungebetenen Zuschauer wegschicken lassen, der Erzähler zürnt ihr aber nur, weil sie sich nicht hineinfühlt in die staunenden Augen der Betrachter, weil sie ihnen ihr Zauberreich nehmen will, während er, der *flâneur* und Menschenkenner, die aufgeputzte Konsumwelt in ihrer Nichtigkeit durchschaut.

Auch das Thema der alten Weiblein verzweigt sich weiter in dem Prosatext *Les veuves (Die Witwen)* und erzeugt aus sich einen neuen, dem der Titel *Die stolze Witwe* gebührt. Ausdrücklich erklärt der Erzähler, der sich als *poète* und *philosophe* vorstellt, daß er die Frauen der Reichen gerne meide: »Dieser Wirbel im Leeren« hat nichts, was den Dichterphilosophen anziehen könnte. Ein Fundort für ihn sind die öffentlichen Parks, »denn er fühlt sich von allem angezogen, was schwach, zugrunde gerichtet, niedergeschlagen, verwaist ist«.

Zunächst sieht es so aus, als ob *Les veuves* nur die spätere Prosaversion der *Petites vieilles* sei; wie dort findet der Beobachter bei ihnen »unzählige Geschichten enttäuschter Liebe, verkannter Aufopferung, nicht belohnter Mühen, demütig ertragenen Hungers und Frosts«. Aber dann wird energisch das neue Motiv anvisiert. »Haben Sie«, wird der Leser gefragt, »auf den einsamen Bänken schon einmal Witwen gesehen, arme Witwen?« Sie seien leicht auszumachen, auch wenn sie keine Trauer trügen. Aber auch diese Frage ist nur eine Überleitung: zu der Witwe, die zunächst als flüchtige Erscheinung beschrieben wird: *roide droite* (steif, aufrecht), stoisch stolz. Der Dichterphilosoph folgt ihr, zuerst ins Lesekabinett, dann in den Park, wo sie sich auf eine Bank setzt, um der Militärkapelle zuzuhören:

> Das war die kleine Ausschweifung dieser unschuldigen (oder geläuterten) Alten, der wohlverdiente Trost nach einem dieser endlos langen Tage ohne Freund, ohne Unterhaltung, ohne Freude, ohne vertrauten Menschen, die Gott vielleicht schon seit Jahren über sie niederregnen ließ, dreihundertfünfundsechzigmal im Jahr.

Nach dem ersten Versuch dann endlich, am Ziel, die wirkliche Witwe, die stolze, vornehme, *une femme grande, majestueuse*, aristokratisch in den Manieren, »ein Wohlgeruch hochmütiger Tugend ging von ihrer ganzen Gestalt aus«. Ihr Gesicht, mager und abgehärmt, ist in völliger Harmonie mit der großen Trauer, die sie trägt. Sie hört – wie das? – beim Militärkonzert nur als Zaungast zu. Nun, ein ebenfalls schwarz gekleidetes Kind begleitet sie, und sie spart am Eintrittspreis, um vielleicht dem Kleinen ein Spielzeug zu kaufen.

Die stoische Witwe und die verhärmte, nur an ihr Kind denkende, könnten Figuren für ein Rührstück abgeben, die Gefahr liegt nahe. Aber was Baudelaire vor allem anderen fasziniert, ist das Bild, die große Dame in Trauer, die Stilisierung in Schwarz, das Tableau. Die alten Weiblein versinken, die Heroine betritt die Bühne. So erscheint sie in den *Fleurs du mal* bald nach den *Petites vieilles*, diesmal den Weg des Flaneurs kreuzend, in einer schnellen, stummen, unvergeßlichen Begegnung. Das Gedicht heißt *An eine Passantin*, und auch dies ist wahrhaftig neu, aus der nun erst möglichen Erfahrung der Menge, des Straßengedränges, der großstädtischen Anonymität geboren. Das Sonett mit seinen vierzehn Versen stellt im ersten den Großstadtverkehr vor (»Die betäubende Straße heulte um mich her«), im zweiten tritt sie auf, »hochgewachsen, schlank, große Trauer tragend, in majestätischem Schmerz«, *une femme passa* (eine Frau ging vorüber), Blitz und nachher Nacht, flüchtige Schönheit, das Erlebnis, das hätte sein können, aber *trop tard*, zu spät, vorbei... Die verführerische Frau, deren Blick ihm das Leben wiederschenkt, ist unendlich weit entfernt von den kleinen Weiblein und den Witwen auf den Parkbänken, aber der *grand deuil* (die große Trauer) schlägt die Brücke.

Es muß eine Vorstellung gewesen sein, die ihn als Bild so besessen hat wie die stolzen Dreimaster und die schlanken Mädchen von Malabar, und mancherlei Vermutungen lassen sich daran knüpfen. Ist der kleine sechsjährige Charles einmal so neben seiner eben verwitweten Mutter hergegangen? Vieles spricht dafür, daß auch dieses Kindheitserlebnis sich ihm als Bildzauber eingebrannt hat. Er hat sie damals heiß geliebt, zärtlich an der eleganten Frau gehangen und den Stiefvater nach allen Regeln der Tiefenpsychologie gehaßt.

Aber die Trauerkleidung hat darüber hinaus etwas, das ihn unwiderstehlich fesselt. Der *grand deuil* macht auch die Trägerin groß und edel. *»Agile et noble, avec sa jambe de statue«* (lebhaft und edel, mit Beinen wie denen einer Statue), so wird die *passante* in dem gleichnamigen Gedicht vorgestellt. Man muß sich eine Bühne dazu denken. Eines der schönsten und berühmtesten Gedichte Baudelaires, eines von denen, die er Victor Hugo schickte, stellt eine solche trauernde Bühnenfigur vor. Es ist zwar *Le cygne (Der Schwan)* überschrieben, beginnt aber sofort mit der Anrede an die Modellfigur aller großen Trauernden des französischen Theaters, mit Andromache. Gleich der dritte Vers beschwört *»l'immense majesté de vos douleurs de veuve«* (die ungeheure Majestät der Witwenschmerzen). In diesem Gedicht fließen vielerlei Motive zusammen, die stolze Witwe und der unglückliche Vogel Albatros, das alt-neue Paris und die klassische Antike, kombiniert in einem modernen Verfahren, das die immer noch auf Logik und Ordnung bedachte Zeit nicht kannte und das eines Tages in unserem Jahrhundert den Namen »Collage« annahm.

Das Gedicht beginnt ganz unvermittelt, im Konversationston, mit der Anrede an die Witwe schlechthin, die klassisch überlieferte und von Racine zur großen dramatischen Gestalt komponierte: Andromache, die Frau Hektors. Sie ist, wie sonst die von den sieben Schwertern durchbohrte Madonna, die Stellvertreterin aller Leidenden, zur Sklavin gemacht, entehrt, in eine Zwangsehe überführt. Trauer muß sie tragen, und in ihrer Trauer schafft sie sich, wie ein Grabmal, ein kleines spielzeughaftes Abbild ihres heimischen Troja und seines Flusses Simois. Ihre Tränen nähren das Bächlein, so hat der Mythos es überliefert. Dann überläßt Baudelaire Andromache sich selbst, sie wird für den zweiten Teil des Gedichtes aufgespart. So pathetisch der Anruf, die Klage, der Tränenbach, so nüchtern Bericht erstattend scheint, was nun folgt. Der Dichter geht über die neue Place du Carrousel und stellt fest, lapidar: »Le vieux Paris n'est plus« (Das alte Paris existiert nicht mehr). Der Seufzer – »ach, die Form einer Stadt verändert sich schneller als das menschliche Herz« – klingt fast ironisch, denn das alte Paris war ja seit dem Mittelalter stehengeblieben, und erst Haussmann hatte es gnadenlos zerstört.

Für einen Augenblick, für eine Strophe, steht dieses alte Paris wieder auf, nicht romantisch verklärt, sondern als Ensemble aus baufälligen Buden, herumliegenden Pfeilern und Kapitellen einer zerfallenen Kapelle, aus großen, vom Pfützenwasser grün gefärbten Blöcken, aus Unkraut und Trödelkram. Auch dies nur ein kurz aufsteigendes Bild, als Kulisse für den Auftritt des neuen Helden, des *Schwans*.

Der ist in jenem zerfallenden Altparis aus dem Käfig einer Menagerie ausgebrochen:

Seine Flossenfüße rieben übers trockene Pflaster,
über den holprigen Boden zog er sein weißes Gefieder.
Den Schnabel neben einem trockenen Bachbett öffnend,
badet er nervös die Flügel im Staub,...

Die Schwanengeschichte, die von ferne an das Albatrosgedicht erinnert, beherrscht nun die Szene. Sie wird nicht poetisch, mit weichem Umriß erzählt, sondern so trocken, wie der Boden ist, auf dem der Schwan sich mühsam fortbewegt. Die Morgenfrühe, in der der Schwan Freiheit und Heimat sucht, wird beschrieben als Großstadtszene mit dem Zubehör alles dessen, was heute Umweltverschmutzung heißt:

Eines Morgens, zur Stunde, wo unter klaren
und kalten Himmeln die Arbeit erwacht,
wo der Abfallplatz eine düstere Staubwolke in die
stille Luft stößt...

»Ce mythe étrange et fatal« nennt Baudelaire das Schwanenschicksal, »diesen seltsamen und schicksalsschweren Mythos«. Aber ein Mythos aus alter Zeit ist es eben nicht, sondern ein Fakt aus der Lokalreportage. Und überdies: Schwäne sind stumm. Nur vor ihrem Tod, erzählt der Mythos, singen sie. Baudelaires Schwan singt nicht, sondern schreit zum Himmel,

zum Himmel manchmal, wie der Mann Ovids,
zum Himmel, der ironisch und grausam blau,
reckt er auf verdrehtem Hals sein Haupt,
wie um sich bei Gott zu beschweren...

Ovid, der größte Mythenerzähler des Altertums, hat die Erschaffung des Menschen so beschrieben: Der Schöpfer habe ihm ein hohes Antlitz gegeben, ihm befohlen, den Himmel anzuschauen und seinen Blick auf die Sterne zu richten. Aber die neue Zeit hat die Menschengesichter nach unten gedreht, und der Schwan, Wasser suchend und Rache flehend, ist eine tragikomische Figur. So ironisch wie der grausam blaue Himmel blickt der Autor auf seine Geschöpfe.

Am verwirrendsten schließlich der Aufbau des Gedichts, wenn man diese lockere Folge von Gedanke, Bild, Erzählung noch Aufbau nennen kann. Warum ist der Schwanenerzählung jenes »Andromaque, je pense à vous« vorgeschaltet? Es ist einer der singulären Fälle, wo Baudelaire, der Dichter des modernen Lebens, eine antike Gestalt in voller Größe auftreten läßt. Der zweite Teil des Gedichts gibt die Antwort:

> Andromache, aus den Armen eines großen Gatten entrissen,
> gemeines Vieh in der Hand des hochmütigen Pyrrhus,
> über ein leeres Grab in Ekstase gebeugt...

Was da heraufbeschworen wird, ist in der Erniedrigung der Königin die Erniedrigung der Antike selbst, die Entleerung des Mythos, die Abschaffung jener Menschenwürde, die der Göttervater verliehen und die Ovid in seiner Schöpfungsgeschichte besungen hat. So wie die Königin in großer Trauer, in den wallenden griechischen Gewändern, in das Bett des Schwächlings Helenos gezwungen wird, so ist der Schwan in die Öde der Großstadt verpflanzt, in eine chaotische Landschaft, in eine tödliche Dürre, in den Giftstaub der Abfallhalden.

Diese Gedankenverbindung stellt der Dichter nicht ausdrücklich her. Er liefert nur die Stichworte: »ich denke«, »ich sehe im Geist«, »ich sah«, »ich sehe«, Einfälle, Erinnerungen, Bilder, eins das andere rufend, später »innerer Monolog« genannt.

Erst der zweite Teil des Gedichts löst das Bilderrätsel halbwegs auf, reiht die Bauteile in einer losen Systematik, beginnend mit Paris:

> Paris wandelt sich! aber nichts in meiner Melancholie
> hat sich auch nur gerührt! Neue Paläste, Baugerüste, Blöcke,
> alte Vorstädte, alles wird mir zur Allegorie...

Genauer hätte er es nicht sagen können: Der Blick, der so unerbittlich die Details registriert, der Paris als riesigen Schutt- und Bauplatz erkennt, genießt nicht »realistisch« die Fülle des Seins, sondern durchschaut die Austauschbarkeit der Dinge. Und so dürfen sie nun der Reihe nach antreten: der Schwan zuerst, Andromache danach.

Ich denke an meinen großen Schwan mit seinen
verrückten Gebärden,
wie ein Verbannter, erhaben und lächerlich,
zernagt von einem ruhelosen Verlangen...

Der Schwan, dieser klagend Hochgereckte, hört nicht auf, Schwan zu sein, aber verbrüdert sich mit anderen Verbannten, aus dem Vaterland Verjagten, und der Adressat, Victor Hugo, kann nicht umhin, an sich selbst zu denken, und liest »sublime et ridicule« (großartig und lächerlich) als die Beschreibung seiner eigenen Rolle, müßte sich ärgern, kann's aber nicht, denn er selbst hat ja gelehrt, daß in einem Theaterstück der neuen, romantischen Art das Sublime und das Groteske sich zu verbinden hätten. Und er kann sich trösten (oder erschrekken) bei der Erinnerung an Napoleons Wort, daß vom Erhabenen zum Lächerlichen nur ein Schritt sei.

Baudelaires Modernität kontrastiert das Erhabene und das Lächerliche nicht mehr, sondern mischt es, macht es allegorisch austauschbar. Es wundert nicht, daß er nun, am Ende des Gedichts, die Reihe Paris–Schwan–Andromache nicht abbrechen läßt, sondern weitere Mythen oder Marionetten seines Welttheaters antreten läßt: schwesterlich neben Andromache eine »négresse«, in der unschwer die vielgeliebte Jeanne wiederzuerkennen ist. Nun ist sie mager, lungenkrank, stolpert durch den Pariser Dreck und sucht mit dem Blick hinter dem Großstadtnebel die Kokospalmen der alten Heimat.

Die nächste Strophe faßt alle Klagenden und alle Opfer zusammen, als vorletzte die Waisenkinder, die wie Blumen verwelken. Die allerletzten melden sich, eine sonderbare Sorte von Unglücklichen, in der letzten Strophe, die eigentlich nur ein Abgesang ist: Matrosen, die auf einer Insel zurückgelassen wurden! Andromache, der Schwan, die schöne Exotin, der trunkene Matrose, lauter Heldenfiguren, aber nun, *captifs, vaincus* (gefangen, besiegt), eingegliedert in die Armee der Elenden.

In dieser letzten Strophe, wo der Matrose so gottverlassen auf dem Trockenen sitzt wie der Schwan im Neubauviertel, stellt sich der Dichter noch einmal vor:

Ainsi dans la forêt ou mon esprit s'exile,
un vieux souvenir sonne à plein souffle du cor!
(So in dem Wald, wo sich mein Geist verirrt,
stößt eine alte Erinnerung voll ins Horn!)

Das ist die genaue Metapher für die Unordnung des Gedichts: Wald, undurchdringlich, ist die Welt. Die Erinnerung verirrt sich darin. Sie stößt ins Horn, und ein Wild tritt aus dem Dickicht. So, nur noch viel länger pirschend und auf der Lauer liegend, wird Marcel Proust nach der verlorenen Zeit jagen.

An *Le cygne* läßt sich demonstrieren, wie energisch Baudelaire – so sein eigener Ausdruck – »die dem Gedicht gesetzten Grenzen überschreitet« – in das unbekannte Land, das Modernität heißt. Das gilt zuerst für den Schockeffekt, mit dem Andromache und der klägliche Schwan aus der Menagerie zusammengebracht werden. Andromache ist die Heldin einer Racine-Tragödie, ihr Name klingt den Franzosen so im Ohr wie uns der Name der Iphigenie. »Modern« ist es, daß der alte Gegensatz Antike–Moderne sich auflöst, daß Antikes als Versatzstück, als Symbol, als Zitat einmontiert wird, daß es effektvoll kombiniert, kontrastiert, kostümiert werden kann. Das »Andromaque je pense à vous« hebt die Distanz auf, lädt das Mythische ein, neben uns Platz zu nehmen, und umgekehrt avanciert der komisch den Hals verdrehende Schwan zur mythischen Figur. Das antike Personal, die antike Kulisse werden nicht abgeräumt, aber in die Normalität, ja Banalität des Alltags überführt, so wie es später in den unzähligen »mythischen« Bildzitaten Picassos geschieht.

Genauso verhält es sich mit der Austauschbarkeit der Gegenstände, mit dem »tout pour moi devient allégorie«. Das alte – mittelalterliche, gotische – Paris und das neue »haussmannische« schieben sich übereinander; das *bric-à-brac confus*, ein verworrenes Durcheinander, erweist sich als die Formel für beide. Das ist der Freibrief für die scheinbar willkürlichen Kombinationen, die man später »surrealistisch« nennen wird. Partei wird nicht genommen: neue Palais, alte Vorstädte, alles das gleiche unter dem Felsengewicht der Melancholie!

Was hier über alle alten Regeln triumphiert, ist die vollkommenste Subjektivität. Baudelaires Originalität mag Materialien und Motive hie und da entlehnen – sie bleibt unverwechselbar, weil dieses ausgeprägte Ich so unbekümmert Gebrauch davon macht. »Andromaque, je pense à vous« ist so unvermittelt in den lyrischen Raum gestellt wie eine Liebeserklärung, die zwei Menschen ohne Umschweif und ohne Begründung miteinander verbindet, und erst nach und nach entwickelt sich aus dem folgenden so etwas wie eine Gedankenführung. Die Rede ähnelt dem spontanen Ablauf von Einfällen, ist allmähliche Verfertigung von Gedanken im Sprechakt selbst und entpuppt sich erst am Ende als kunstvoller Zusammenhang.

Diese neue Unbekümmertheit hebt das alte Ziel der Dichtkunst, den vollkommenen Vers, die in sich gerundete Strophe, keineswegs auf. Sie steigert die Härten, die Dissonanzen, die Inkongruenzen, aber nur, um die abgenutzte alte Poetik aufzufrischen, um dem Poetischen, der Kantilene, wieder ihren vollen Klang zu geben.

Victor Hugo, der alte Meister auf seiner Insel, mochte etwas von dieser Neuartigkeit ahnen, als er Baudelaire schrieb, sein Schwan im Staub lasse tiefere Abgründe ahnen als die Schwäne im grundlosesten See.

Die Entdeckung der Modernität – Baudelaire und die Maler

Auf den ersten Blick hat sich um die Mitte des 19. Jahrhunderts in den bildenden Künsten, vor allem in der Malerei als der am meisten im Blickfeld stehenden, nichts ereignet, was mit dem kühnen Sprung Baudelaires in die Moderne, eine von ihm erfundene und entworfene Modernität, vergleichbar wäre. Es herrschen nacheinander – und manchmal miteinander und gegeneinander – die großen Meister, die »Giganten«, »Titanen«, »Genies«. Der erste in der dynastischen Reihe war

Jacques-Louis David (geboren 1748), dann kam Ingres (1780), nach ihm für kurze Zeit Géricault (1791), der schon 1820 starb, und dann, die erste Hälfte des Jahrhunderts überstrahlend und überschattend, Delacroix (1798). Neben den Genies regierte die Mittelmäßigkeit, die Einhaltung der Regeln, das an den alten Meistern von Rubens bis Velázquez genommene Maß, vertreten durch die Akademie und die von ihrer Jury vorgenommene Auswahl der zu den jährlichen *Salons* zugelassenen Bilder. Hätte es dergleichen in der Literatur gegeben, Baudelaire hätte nicht die mindeste Chance gehabt.

Der allmähliche Wandel vollzog sich im Streit der Schulen, des Klassizismus gegen die Romantik, und es gewann ihn – wie in der Literatur – die romantische Schule mit ihren dramatisch-düsteren Sujets. Géricaults *Floß der Medusa* (1818/19) und Delacroix' *Dante und Vergil in der Barke* (1822) erschreckten und entzückten das Publikum und erzwangen den Durchbruch. Aber Ingres, der klassizistische Groß- und Altmeister, überlebte alle. Einundvierzig Jahre älter als Baudelaire, starb er im selben Jahr 1867, und einige seiner berühmtesten Bilder, wie *Die Quelle* und *Das türkische Bad*, entstanden in der zeitlichen Nachbarschaft der *Fleurs du mal*.

1. Die Salons von 1845 und 1846

Die Salons freilich, die jährlichen Ausstellungen, vereinten jedesmal Tausende von Bildern. In der Boheme, diesem Großverein der Hoffenden, der Anwärter auf Ruhm und Position, dominierten die bildenden Künstler, und für sie herrschte der Zwang, im enggezogenen Rahmen des Zugelassenen und Zuzulassenden dennoch aufzufallen, mit etwas Neuem, das doch den immer noch tyrannisch herrschenden Regeln des guten Geschmacks sich anpaßte. Hier in der Boheme war auch Baudelaire zu Hause und dachte gründlicher als seine Malerfreunde darüber nach, was denn in der Malerei und den graphischen Künsten das Moderne sein könne. Sonderbarerweise ist der beste Blick auf die Entwicklung der Malerei in den vierziger und fünfziger Jahren bei ihm, dem Literaten, zu gewinnen, nicht so verwunderlich freilich, wenn man bedenkt, daß das Reflektieren des eigenen Tuns damals noch nicht so unabdingbar mit der künstlerischen Existenz verknüpft war wie heutzutage. Das »Bilde, Künstler, rede nicht« war der kategorische Imperativ des Handwerks.

Baudelaire anderseits war wie geschaffen, um auch dieses Gebiet außerhalb seines eigentlichen Reviers zu durchstreifen und hier Entdeckungen zu machen. Der freie Blick, der Standpunkt außerhalb der Konventionen, auch derjenigen der gerade »Modernen«, erlaubte ihm Urteile und Vermutungen über Zeittendenzen hinaus, und es ist in diesem Sinne durchaus als symbolisch zu verstehen, daß seine Dichterexistenz mit der freundschaftlichen Verbindung zu Courbet begann und in der Freundschaft mit Manet gipfelte.

In der Familie Baudelaires war die Malerei das Steckenpferd. Der Vater, Beamter, Bürochef unter dem Kaiserreich, dilettierte als Maler, seine zweite Frau, die Mutter Baudelaires, nicht minder. Er starb, als Baudelaire sechs war, aber seine Bilder füllten weiterhin die Zimmer des Elternhauses. Baudelaire erhielt auf dem Lycée eine Eins im Zeichnen, aber Maler war kein standesgemäßer Beruf. Außerdem mußte man sehr fleißig sein und ununterbrochen üben, während das Dichten und Schreiben keiner Sonderausbildung bedurfte.

Immerhin erklärt sich so, aus Tradition und Neigung, daß die erste Schrift überhaupt, die der gänzlich unbekannte junge Baudelaire veröffentlichte, ein *Salon* war, ein kritischer Gemäldekatalog, so könnte man diese Publikationsform nennen. Der jährliche *Salon* war ein gesellschaftliches Ereignis, man mußte ihn besuchen, um Stoff für die Konversation zu haben, die von Kunstkritikern verfaßten Broschüren halfen dabei. Man sprach ihnen nach oder widersprach ihnen, um sich mit eigenem Urteil zu schmücken. Zweiundsiebzig Seiten hat dieser noch mit Baudelaire-Dufay gezeichnete *Salon de 1845*, und ein Meisterwerk der Kunstkritik ist er zwar nicht, aber ein origineller Ansatz.

Ausdrücklich sagt der junge Mann, der sich sein Publikum erst suchen muß, er habe nicht vor, über die Jury von 1845 oder über Jurys im allgemeinen, über eine Juryreform oder über den *Salon* schlechthin zu diskutieren. Er folgt statt dessen der vorgeschriebenen Rangordnung und Reihenfolge, indem er zuerst Historienbilder und Porträts, dann Landschaften und Genrebilder bespricht. Wohl aber lobt er ein Bild und einen Maler über den grünen Klee, der es nie zu besonderer Berühmtheit gebracht hat, einen gewissen William Haussouillier und sein Gemälde *Der Jungbrunnen*. Dabei läßt schon hier ein Satz aufhorchen: »Es gibt zwei Arten, berühmt zu werden«, schreibt der gänzlich Unberühmte, »die Aneinanderreihung jährlicher Erfolge oder den Donnerschlag.« Nur: die Stimme des jungen Unbekannten ist zu leise, um den Donnerschlag für William Haussouillier vom Himmel zu holen.

Diese Frühschrift ist auch bemerkenswert, weil sie mit einem ganz überraschenden Lob beginnt: auf niemand anderes, auf keinen weniger Gepriesenen als auf den Bourgeois. Baudelaire war damals, 1845, in einer peinlichen Situation: Er hatte die Erbschaft durchgebracht, er hatte Schulden und brauchte Geld, es war das Jahr seines Selbstmordversuchs. Wollte er sich bei den Herrschenden, dem *Bürger*könig Louis Philippe, der wohlhabenden Klasse lieb Kind machen? Möglich, aber wenig wahrscheinlich. Er wählte vielmehr den Standpunkt der Opposition gegen die etablierte Opposition, gegen den vielstimmigen Chor, der mit dem Bürgerkönig den Bourgeois treffen wollte und umgekehrt mit dem Bourgeois den Bürgerkönig. Er schrieb an gegen das »Zeitungsgeschrei«, zugunsten des Prügelknaben, auch und ausdrücklich zugunsten des *bon sens*, denn – so argumentierte er – schließlich sind die Bürger diejenigen, die den Künstler bezahlen und leben lassen.

Baudelaire hat das Lob auf den Bourgeois im *Salon von 1846* verstärkend, mit sarkastischem Unterton, wiederholt, aber es ist wichtig, ihn schon hier gegen den Strom schwimmen zu sehen, gegen den Fortschritt und seine Kriegserklärungen. Selbst der Einsatz seiner Einzelstimme für den *Jungbrunnen* war wohlüberlegt. William Haussouillier hatte in England gelernt, wo sich das neue Interesse für die Malerei vor Raffael regte und bald die Präraffaeliten sich zu einer stil- und modebildenden Brüderschaft zusammenschließen sollten wie vorher die Nazarener. Er stach ab von den akademiegeprägten französischen Malern rundum; sein Bild, so Baudelaire, ist *voyant*, durch seine Farbe auffällig; diese ist »von einer furchtbaren, unbarmherzigen, sogar tollkühnen *crudité*« (was sowohl Roheit als auch Frische bedeutet). Baudelaire sah da den Protest eines Neuerers gegen die verschwimmenden Töne, die Halbdunkeltechnik der gängigen Malerei, und er hatte wiederum recht, wenn er das Vorbild für diese »moderne« Maltechnik bei den frühen Venezianern erkannte.

Nach einer eher einschläfernden Übersicht über die ausgestellten Gemälde zog der *Salon von 1845* ein überraschendes Fazit. Er verband hie und da gespendetes Lob mit einer vernichtenden Gesamtbilanz und einer großen, ungewissen Hoffnung. Baudelaire begann mit der Feststellung, daß jedermann immer besser und besser male, und fügte gleich hinzu: »was uns trostlos vorkommt«. Erfindung, Ideen, Temperament gebe es nicht mehr als vorher auch. »Und dennoch«, fährt sein Text fort, »umgibt und bedrängt uns der Heroismus des *modernen Lebens*. Unsere wahren Gefühle ersticken uns so sehr, daß wir sie wirklich kennenlernen sollten.« Und nun die entscheidende Folgerung, die kecke Herausforderung, die der Grünschnabel wagt. »Der wird der Maler sein, der wahre Maler, der dem gegenwärtigen Leben seine epische Seite abgewinnen wird, der uns mit seinen Farben oder seiner Zeichnung verstehen lehrt, wie groß und wie poetisch wir in unseren Krawatten und Lackstiefeln sind.« Und er fügt als Schlußsatz hinzu: »Möchten doch die wahren Entdecker *(chercheurs)* uns nächstes Jahr die besondere Freude machen, die Heraufkunft des *Neuen* zu feiern!«

Auch der *Salon von 1846* war kein Meisterwerk. Er gab sich feuilletonistischer, strebte den eleganten Plauderton an, der damals üblich war, wagte auch kleine Exkurse über die Farbe, über die Landschaft, über Wirklichkeit und Ideal. In einem

Punkt fiel er aber entschieden gegen den von 1845 zurück: Er lobte überschwenglich, über zwanzig Seiten hinweg, Delacroix als Haupt der Modernen, »romantisch« und »modern« gleichsetzend, wie es in Frankreich seit zwanzig Jahren üblich war. Und genau darauf abgestimmt war auch der Schluß, ein Hymnus auf Balzac als den Großmeister einer neugefaßten, »modernen« Schönheit. Hochpathetisch rief der junge Mann aus: »Denn die Helden der *Ilias* reichen euch nur bis zum Knöchel, ihr, Vautrin, Rastignac, Birotteau, und du, Fontanarès... und dir, Honoré de Balzac, dem heroischsten, dem einzigartigsten, dem romantischsten und poetischsten unter allen Helden, die du aus deinem Busen gebildet hast.«

Ja, 1845 war Baudelaire wie Rastignac vor Paris getreten mit seiner kleinen Schrift, hatte kurzerhand eine neue Kunst gefordert, und keinen Hund hatte er vom Ofen gelockt. Nun, nachdem sein Donnerschlag nicht einmal als Lufthauch bemerkt worden war, schien er sich den herrschenden Mächten anzupassen. Balzac war noch hochpräsent, gerade war eines seiner Meisterwerke, die *Cousine Bette*, erschienen, und Delacroix nahm huldvoll das Lob des jungen Autors entgegen, der sich Dufays nannte und dem niemand ansah, daß er einst der große Baudelaire sein werde.

Biegsamer war er nun, in den Milieus eingeführt, dennoch, wo es ging, an seinen Ideen festhaltend. Zwei Themen rettete er aus dem Schiffbruch des ersten seiner *Salons* in den zweiten hinüber: das Kompliment für die Bourgeoisie, der er diesmal den *Salon* geradezu widmet, und das kühne Wort vom Heroismus des modernen Lebens. Die Huldigung an die Bourgeois reiht sich in die Anerkennung der herrschenden Mächte ein. Auch hier großes Pathos: »Sie, meine Herren, sind die Mehrheit – an Zahl und Intelligenz; also sind Sie auch die Macht – die zugleich das Recht ist.« Der Satz, apodiktisch formuliert, kann auch zynisch verstanden werden. Das Lob ist bitter, und was folgt, malt zwar wörtlich genommen eine Utopie an den Horizont, in Wirklichkeit aber eine Tyrannei: »Die einen von Ihnen sind Besitzende, die anderen Gelehrte. Es kommt der strahlende Tag, wo die Gelehrten auch Besitzende sein werden und die Besitzenden auch Gelehrte. Dann wird Ihre Macht vollkommen sein, und niemand wird mehr dagegen protestieren.«

Ohrfeigen in Schmeicheleien verpackt – Baudelaire ist ein armer Teufel mit bescheidenen literarischen Erfolgen, nicht mehr Dandy, sondern Bohemien; aber gerade darum hält er hartnäckig an dem Traum von seiner Moderne fest und erweckt ihn im Schlußkapitel des *Salon de 1846* zu neuem Leben. Diesmal holt er weiter aus. Es stimmt, stellt er fest, eine große Tradition in der Malerei ist zu Ende gegangen, eine neue hat sich noch nicht gebildet. Aber das liegt nur an der Trägheit der Künstler. Das Altbewährte ist leichter. Die große Tradition bestand in der Idealisierung der antiken Welt; aus deren Formenschatz schöpft die Malerei noch immer. Aber wir, die Zeitgenossen, haben auch unsere erst zu entdeckende Schönheit, denn jede Epoche hat die ihr zugeordnete, hat ihre Gegenstände. Dieses Besondere jeder Epoche dokumentiert sich am stärksten in ihren Leidenschaften, und da wir Leidenschaften haben, die nur uns gehören, haben wir auch eine nur uns zugehörige Schönheit.

Verblüffend ist das erste Beispiel, das Baudelaire anführt: Die Antike hat keine nennenswerten Selbstmorde gehabt, und wenn überhaupt, waren es keine *suicides modernes*, »modern« unterstrichen. Wir befinden uns offenbar wieder in einer *Querelle des anciens et des modernes*, einem Aneinandermessen der Vorzüge von alter und neuer Welt, und da ist der Selbstmordvergleich wahrhaftig originell. In Baudelaires Gedankenwelt hat er aber seinen festen Platz: In der Antike war der Selbstmord heroisch oder philosophisch begründet, ein hochdekorativer Akt. Nur in der Moderne gibt es als Motiv den *ennui*, die absolute Weltverzweiflung.

Das leitet zu dem zweiten, ebenfalls düsteren Beispiel über, das schon im *Salon von 1845* anklang, der modernen Tracht. »Hat denn diese oft geschmähte Gewandung nicht ihre eigene Schönheit, ihren eigenen Charme?« ruft er aus. »Ist es nicht der notwendige Anzug unserer Epoche, dieser Leidenszeit, die sogar auf ihren Schultern dauernd Trauer trägt?« Schwarzer

Anzug und Gehrock seien nicht nur das Zeichen politischer Gleichheit, sondern hätten ihre Schönheit auch als Ausdruck des Zeitgeistes, wie wir *âme publique* übersetzen können. »Wohnen wir nicht«, fragt er weiter, »einer nie endenden Parade von Leichenträgern bei, Politikern als Leichenträgern, Verliebten als Leichenträgern, Bourgeois als Leichenträgern?« »Alle sind wir bei einem Begräbnis dabei«, mit diesem herausfordernden Satz schließt der Abschnitt.

War das ernst? Machte er sich lustig? War es der makaber-satirische Humor, der schon in der Anrede an die Bourgeois zu Wort kam? Oder – und mit dieser Vermutung kommen wir der komplizierten Denkweise und den zwei Seelen in Baudelaires Brust näher – bestand der Heroismus des modernen Lebens gerade in der Konsequenz, mit der er sich zu seiner Tintenschwärze und seiner Leichenbittermiene bekannte?

Die Frage, ob moderne Kleidung mit der Würde der Kunst zu vereinbaren sei, war seit dem Beginn der dreißiger Jahre gestellt. Heinrich Heine hatte im *Salon von 1831* bemerkt: »Unser moderner Frack hat wirklich so etwas Prosaisches, daß er nur parodistisch in einem Gemälde zu gebrauchen wäre.« Das war die Frage, die im selben Jahr in Alexandre Dumas' Rühr- und Schauerstück *Antony* auf die Bühne gestellt wurde. »Interessiert man sich denn nicht mehr für Persönlichkeiten unserer Epoche, die wie wir gekleidet sind und unsere Sprache sprechen?« fragt in diesem Stück die »moderne« Vicomtesse, während ihr konservativer Gesprächspartner befürchtet, daß das Publikum durch den »linkischen und zurechtgestutzten Frack« eher abgelenkt werde. Dumas erinnert sich später, welcher Kühnheit es bedurfte, seinen Helden Antony in weißer Krawatte, in schwarzem Anzug, in langer Hose mit Steg und in Lackstiefeln zu präsentieren, und Baudelaire stellt fest, die Welt sei noch voll von Leuten, die Antony mit einem griechischen Umhang »poetisieren« möchten.

Es gehörte eine neue Blickeinstellung dazu, die lange Hose und den gestutzten Frack als schön und kunstwürdig zu entdecken, obwohl sich »fratzenhafte Falten« wie Schlangen um das magere Fleisch der Beine legten. Genauso verhielt es sich mit dem Heroismus. Keine dekorativen Helden mehr wie in Griechen- und Römerzeiten, aber »das Schauspiel des eleganten Lebens und der tausend schwankenden Existenzen, die in den Niederungen der großen Städte umgetrieben werden – Verbrecher und ausgehaltene Mädchen –, wir brauchen nur in die Zeitungen zu blicken, sie beweisen uns, daß auch wir unsere Helden haben.« Wie ironisch das auch immer gemeint sein mag, der Dandy, der Bohemien Baudelaire spielt diese höchst dramatische Wirklichkeit aus gegen die gipsernen Götter und Helden von einst.

2. Courbet und der Beginn des Realismus

Keine drei Jahre nach dem *Salon von 1846* entsteht ein Gemälde, das wie eine Illustration zu Baudelaires Leichenträgerthese aussieht: Courbets *Ein Begräbnis in Ornans*, das zu seiner Zeit ebenso Epoche machte wie vorher *Das Floß der Medusa* und nachher *Das Frühstück im Freien*. Es zeigt keine *pompe funèbre* mehr, keinen Trauerprunk, sondern das triste Schwarz der modernen Zeit, und sieht man vom Rot der Geistlichkeit ab, dann sehen alle ein bißchen aus wie Baudelaires *croque-morts*, und der *croque-mort* selbst, der Totengräber, steht im Mittelpunkt des Bildes.

Courbet war eine Zeitlang, etwa seit 1847, Baudelaires Freund und Weggenosse. Zwei Genies, nicht in der unmittelbaren Konkurrenz des gleichen Handwerks, witterten einander, fanden Gefallen aneinander, stritten miteinander und suchten – beide noch unbekannt – den Erfolg, wenn schon nicht den Ruhm, der ihnen nach eigenem Ermessen zustand.

Eine bekannte Anekdote zeigt sie zusammen am 22. Februar 1848, auf dem Höhepunkt der Revolution, als Zeugen des ersten Blutvergießens. Einer der Aufständischen stolpert bei der Flucht vor der Stadtpolizei und wird von einem Polizisten niedergestochen. Baudelaire und Courbet eilen zur Redaktion der *Presse*, um die Übeltat zu melden. Am nächsten Abend, so erzählt Toubin, einer aus dem Freundeskreis, diniert er mit Baudelaire, der »entzückt war von dem, was er in diesen zwei Tagen gesehen hatte. Der Beginn des Dramas hatte ihn sehr gefesselt, nur sein Ausgang gefiel ihm nicht, und er fand, daß der Vorhang zu schnell gefallen war. Ich hatte ihn niemals so froh, so leicht, so unermüdlich gesehen, ihn, der sonst nie gut zu Fuß war. Seine Augen glänzten. Nach dem Essen gingen wir zur Rotonde, und in dem Café, das an den Abenden vorher so belebt war, finden wir Courbet, ganz allein, nur ein Bier vor sich und in Gesellschaft seiner Pfeife.« Der Erzähler hat es sichtlich darauf angelegt, die beiden Freunde scharf zu kontrastieren: den leichtfertigen Baudelaire und den ernsthaften, in Nachdenken versunkenen Courbet. Toubin verdanken wir auch die weitere Episode, die Baudelaire noch einmal in derselben Nacht zeigt, die Flinte schwingend und mit dem Ausruf »Tod dem General Aupick!«.

Toubin, damals Student, ein Landsmann Courbets, schrieb seine Erinnerungen erst als Siebzigjähriger nieder. Rundum zu trauen ist ihm nicht. Dokumentiert ist nur die Zusammenarbeit an dem Revolutionsblättchen *Le salut public*, zu dessen erster Nummer Courbet das Titelblatt zeichnet, eine rasche Skizze, so unbedeutend wie Baudelaires politische Artikel. Keiner von beiden war ein Barrikadenkämpfer, wenn auch Courbet ein überzeugter Mann des Volkes, ein Demokrat und Antiklerikaler blieb. Vor allem anderen war er Maler, und das drückte sein Bekenntnis vom November 1851, kurz vor dem Staatsstreich Napoleons III., aus. Er betonte, er sei nicht nur Sozialist, sondern auch Demokrat und Republikaner, mit einem Wort Anhänger der ganzen Revolution, aber er fügte hinzu: »Vor allem anderen aber bin ich Realist, das heißt aufrichtiger Freund der wahren Wahrheit *[la vraie vérité]*.« Das konnte auch politisch gemeint sein, aber es bezog sich, wie bald zu sehen war, vornehmlich auf seine Malerei.

Was kann der Maler – so seine Argumentation – anderes malen als das, was er vor Augen hat? Wie kann er sich auf die Historie einlassen, die doch bestenfalls gestellt ist? Sein Beruf ist an die Umwelt gebunden, an das lebendige Gegenüber, sei es Mensch oder Natur. Darum verläßt Courbet gleich nach der Niederschlagung des Juniaufstands Paris und geht in das heimatliche Ornans zurück, um dort zu malen, was er vor Augen sieht: Ornans in allen seinen Varianten, von der Familie und vom Vaterhaus bis zu den Steinklopfern auf der Straße.

Die Freundschaft mit Baudelaire in der Zeit vorher war freilich nicht ganz unfruchtbar geblieben. Courbet war nicht nur Stammgast in der Brasserie Andler, die von einem Bayern und seiner Schweizer Ehefrau geführt wurde, sondern auch – mit seinem schwarzen Assyrerbart – der Hohepriester einer neuen Sekte, die dort lärmte, scherzte, deftig aß und reichlich trank und den Realismus, das Bannerwort der Sekte, hochleben ließ. Baudelaire, wenn er dort auftauchte, saß abseits und schrieb Gedichte, so hat es ein Mitglied des Kreises geschildert. Er gehörte irgendwie dazu, als Kunstschriftsteller und als Zeichner, und so, nachdenklich, ein Buch aufgeschlagen vor sich, das Tintenfaß daneben, hat ihn Courbet gemalt, 1850, wie er selbst angibt, 1847, wie die Kunstwissenschaft vermutet. Möglicherweise hat er, der gebildete Freund, der Literaturkenner, Courbet dazu angestiftet, jene riesige, zweieinhalb mal zwei Meter große *Klassische Walpurgisnacht* zu malen, auf der ein Herr im modischen Frack und mit Schlapphut im Laufschritt ein junges Mädchen verfolgt, angeblich die Natur, der ein Alchimist nachstellt. Die aufmerksame Lektüre der *Klassischen Walpurgisnacht* erbringt freilich nichts dergleichen; der einzige, der dort Damen nachstellt, ist Mephisto, und alle Wesen, die er zu ereilen trachtet, entstammen dem antiken Horrorkabinett, als Gegenstücke der guten alten deutschen Hexen.

Courbet hatte große Hoffnungen auf dieses »modern« frisierte Historienbild gesetzt; so schrieb er im Januar 1848 an die Eltern. »Ich stehe an der Schwelle zum Erfolg«, beruhigte er sie, »ich bin von Leuten umgeben, die in der Presse und der Kunst sehr einflußreich sind. Wir sind jetzt dabei, eine neue Schule zu gründen, deren Vertreter für die Malerei ich sein werde.« Aber die Jury wies das Bild zurück, und Courbet, sparsam, übermalte es.

Hier muß nun eine weitere Hauptperson eingeführt werden, einer von den »einflußreichen Leuten« des Briefes an die

Eltern: Jules Fleury-Husson, der sich den Namen Champfleury, erblühtes Feld, zulegte – Baudelaires Gegenspieler und Sieger im Kampf um Courbets Freundschaft und um den Einfluß auf ihn.

Champfleury kam aus der Provinz, wie Courbet, aber er hatte wenig Chancen, Paris zu erobern. Er kam von unten, und er sah nicht gut aus. Die Goncourts fanden: »Eine unglückliche Physiognomie in allen ihren Teilen, ein schwächlicher Kerl mit einer zerknautschten Figur wie ein alter Hut.« Die Literaturgeschichte von Bédier/Hazard urteilt über seinen Realismus, er sei von Anfang an mit Sterilität geschlagen gewesen. »Selbst wenn er gelernt hätte, zu schreiben«, heißt es in diesem bösen Verdikt, »hätte er niemals das große Werk schaffen können, das zum Triumph seines Stils unerläßlich gewesen wäre.«

Da er kein großer Schriftsteller war und erst recht kein Dichter, machte er aus der Not eine Tugend und aus seinen Schreibversuchen eine Theorie. Da er, dieser Not gehorchend, ein Bohemien war, entwarf er, 1847, sechsundzwanzigjährig wie Baudelaire, eine Milieustudie des Boheme-Elends, um die von Murger romantisch verfälschte »Wahrheit« der Dachkammerexistenz richtigzustellen. Sein Roman hieß *Chien-Caillou*: Chien-Caillou ist ein armer Kupferstecher, der mit seinem Kaninchen von Schwarzbrot und Karotten lebt, aber wenigstens bei zwei Grisetten in der Nachbardachkammer ein bißchen Trost findet. Als die Mädchen ausziehen müssen, tötet er sein Kaninchen, erblindet, wird wahnsinnig und stirbt anonym als Nummer 13 in einem Hospital. Wie lehrerhaft Champfleury seinen Realismus betrieb, ist an seiner Dachkammerschilderung abzulesen. Er teilt die Seite in zwei Spalten: Links ist Platz für die »Dachkammern der Poeten«, rechts finden sich die »wirklichen Dachkammern« *(les mansardes réelles)*. In Dachkammer 1 »sieht es hübsch und freundlich aus; die Sonne lacht in das kleine Zimmerchen, man blickt auf den weiten Himmel und unten auf einen Garten«. Aber »wenn die Dichter die Wirklichkeit liebten, dann könnten sie schreiben, wie folgt: Das Zimmer ist im Winter kalt und unerträglich heiß im Sommer; der Blick geht auf Schornsteine, Dächer und

Regenrinnen, auf zerlumpte Elendsgestalten, auf blasse Kinder und magere Katzen.«

Bekanntlich hat die Wirklichkeit aber viele Aspekte, und selbst Dachkammern ändern je nach Stimmung und Witterung ihr Gesicht. Champfleury war auf die rauhe und auf die graue Wirklichkeit eingeschworen, und mit Hilfe dieser Theorie, dieses von ihm zwar nicht erfundenen, aber ausgerufenen Realismus, hoffte er sich einen Namen zu machen.

Courbet war sehr zufrieden damit, daß ihm Champfleury ein gelehrtes und wirkungsvolles Stichwort für das lieferte, was er ohnehin zu tun pflegte und was ihm nach dem eklatanten Mißerfolg der *Klassischen Walpurgisnacht* ratsam schien: zu malen, was er vor Augen sah. Champfleury war überdies der bei weitem Versiertere unter seinen beiden Literaturfreunden, emsig, umtriebig, stets die Nase im Wind. Courbet malte auch ihn, hielt sich an ihn, und wenn er in Ornans unverdrossen Studien nach der Natur betrieb, so klangen ihm Champfleurys Empfehlungen in den Ohren. Baudelaire hingegen mochte Champfleury nicht, denn er entzog ihm die Grundlage seines Dichtertums: Champfleury war gegen das Versemachen schlechthin, denn hat je ein Mensch in der Wirklichkeit in Versen gesprochen? Er hatte jene alte Theorie zur Hand, nach der das Dichten in Versen, die »gebundene Rede«, eine Schöpfung primitiver Zeitalter war, während jetzt die Wissenschaft mit ihrer prosaischen Kraft und Genauigkeit an der Reihe sei.

Courbet malte indessen in der dörflichen Stille die beiden Bilder, die seinen Erfolg und seinen Ruhm begründeten, die ihn noch zu Lebzeiten Delacroix' zum großen Erneuerer machten: im Salon von 1849 *Une après-dînée à Ornans (Eine Nachmittagsstunde in Ornans)*, im Salon von 1850 das schon erwähnte *Un enterrement à Ornans (Eine Beerdigung in Ornans)*, zwei Genrebilder gegensätzlicher Thematik – gemütlich das Nachmittagsstündchen am noch nicht abgedeckten Tisch, die Gäste einem Geigenspieler lauschend; dörflich-feierlich das Begräbnis, die Trauergemeinde, die nicht nur die Familie, sondern das ganze Dorf umfaßt, sauber nach Männern und

Frauen aufgeteilt, mit dem Zubehör vom Priester und seinen Ministranten bis zum Totengräber und als einzigem sozusagen symbolischen Detail einem Totenkopf.

Was auffiel, waren nicht die ländlichen Sujets; die waren durch die Schule von Barbizon längst salonfähig geworden. Auch der »Realismus« konnte es nicht sein, obwohl Champfleury sich die Hände rieb und konstatierte: »Seit dem *Nachmittag in Ornans*, seit 1849, existiert Courbet.« Delacroix, der Großmeister, merkte zur *Après-dînée* an: »Haben Sie jemals etwas Ähnliches, etwas so Starkes gesehen, das doch von niemandem abhängt? Das ist ein Neuerer, ein Revolutionär; dabei ist er gerade aus dem Ei gekrochen, ohne Vorleistung, ein Unbekannter!« So ganz ohne Vorleistung war das Bild freilich nicht entstanden; inzwischen hat die Kunstwissenschaft ein großartiges frühes Modell für dieses häusliche Konzert identifiziert: Caravaggios *Berufung des Apostels Matthäus*. Courbet hatte unendlich lange studiert, kopiert, war in Italien, Spanien, in den Niederlanden gewesen, und so war ihm der Gedanke gekommen, das Häuslich-Ländliche mit der kompositorischen Würde der alten Meister auszustatten, die Realität von Ornans in das große Format der Tradition zu übertragen. Daß das Häuslich-Ländliche sich nun so großartig präsentierte wie die Szenen der Historienmalerei, darin lag die Kühnheit seines Vorgehens.

Erst recht war das beim *Begräbnis in Ornans* der Fall, dem Gemälde des folgenden Jahres. *Tableau de figures humaines, historique d'un enterrement à Ornans*, so hat er's mit eigener Hand in das Register des Salons eingetragen, »Bild mit menschlichen Figuren, historisch, eines Begräbnisses in Ornans«. »Historisch« war das Schlüsselwort; Courbets Bild sollte das Format und die Würde eines Historienbildes haben, und ein Kultbild war es obendrein. Auch wenn Baudelaires Vision von der schwarzgekleideten Totengräbergesellschaft noch hineingespukt haben mag, hier hatte Courbet sich selbst und seine Meisterschaft gefunden. Jeden einzelnen der Begräbnisteilnehmer hatte er in seinen Vorstudien festgehalten, und das Wort »historisch« unterstrich auch diese dokumentarische

Genauigkeit. Das hieß aber auch: Jeder Dorfbewohner war es wert, in diesem Sinne »verewigt« zu werden.

Schon vor der Eröffnung des Salons hatte Champfleury Courbets Bilder als Ereignis, ihn selbst als vom Himmel gefallenen Meteor angekündigt. »Schon von heute an«, so proklamierte er, »können sich die Kritiker darauf vorbereiten, für oder wider den Realismus zu streiten.« Wieder tauchte die Kleiderfrage auf. Manchem möge es leid tun um die Kostüme van Dycks, räumte er ein, aber: »Herr Courbet hat verstanden, daß die Malerei die kommenden Jahrhunderte nicht über unsere Kleidung hinwegtäuschen darf.« Das war Champfleurys Schulmeisterstandpunkt; das *Enterrement* als Fest bäuerlicher Trachten und Bräuche für die Nachwelt aufbewahrt. Immerhin wies Champfleury in seinem Artikel auch auf Baudelaires *Salon von 1846* hin, nannte die Schrift ein »livre rare et curieux« und zitierte daraus den Satz, daß ein Meister der Malerei auch mit einem schwarzen Anzug, einer weißen Krawatte und einem grauen Hintergrund Farbe schaffen könne.

Das *Begräbnis in Ornans* wurde ein Skandalerfolg. Sein Anspruch, das Bäuerliche zum Menschlich-Exemplarischen zu erheben, sein Pathos, wo nach damaligem Stilgefühl höchstens Idylle und Rührung erlaubt gewesen wären, rief die Gegner auf den Plan.

Was sagte Baudelaire dazu? Kein Wort von ihm ist überliefert. Champfleury hingegen schrieb 1851 zwei begeisterte Artikel im *Messager de l'assemblée*, dem *Boten der Nationalversammlung*. Ein paar Tage später sah sich auch Baudelaire im *Messager* gedruckt – mit einem Thema freilich, das mit Courbet und Malerei beim besten Willen nichts zu tun hatte. Es erschien in vier Teilen seine Arbeit *Du vin et du hachisch*, später umbenannt in *Les paradis artificiels (Die künstlichen Paradiese)*, und es schlossen sich wenig später unter dem Titel *Limbes* jene elf Gedichte an, die sein Werk zum erstenmal der Öffentlichkeit vorstellten.

Er war nun – 1851 – dreißig und hatte noch nichts für die Ewigkeit getan. Seine *Salons*, höchstens von Kunstliebhabern zur Kenntnis genommen, ein paar in Zeitschriften verstreute Gedichte auf der Habenseite; dafür Schulden um Schulden aufgehäuft, Haschisch und immer noch Jeanne Duval. Die Freundschaft mit Courbet hatte sich erschöpft; der brauchte eher Zulieferer als Visionäre. Das Bündnis mit Champfleury schleppte sich fort; der Plan einer gemeinsam herausgegebenen Zeitschrift mit dem Titel *Le hibou philosophique (Die philosophische Eule)*, von Baudelaire mit aller journalistischen Sorgfalt vorbereitet, scheiterte. Baudelaires Aufzeichnung dazu zeigt, daß er notgedrungen mit dem »Realismus« einen Kompromiß einging; die Zeitschrift sollte sowohl »Sittenbilder und Szenen aus dem wirklichen Leben« wie »Novellen des phantastischen Genres« bringen. Zu dem zweiten hatte Champfleury offenbar keine Lust.

Trotzdem gab es einen Hoffnungsschimmer. Schon 1849 hatte Baudelaire sich um neue Freunde und Gönner bemüht und Théophile Gautier gewonnen, der nach der Emigration Victor Hugos eine Art Hofdichter des kaiserlichen Paris werden sollte. Ein weiterer Freund, Poulet-Malassis, hatte eine Druckerei und wollte sein Verleger werden. Aber ein dritter Freund, Ernest Prarond, konnte im Vorwort zu einer Anthologie neuer Dichter immer noch schreiben, es gebe da einen Dichter, der das seltene Glück gehabt habe, indem er manchmal Freunden »de la grande poésie« vortrage, Dichterruhm zu erwerben, ohne einen einzigen Vers veröffentlicht zu haben. So sah es aus: Als Figur war er eindrucksvoll, das Werk, das dieses Prestige befestigt hätte, stand noch aus.

Mit den *Limbes* war er nun endlich da, und es war bezeichnend für ihn und die Situation, daß er auch in einem Gedicht der *Limbes* zu den heiß umstrittenen Fragen der bildenden Kunst Stellung nahm. Um dem von Champfleury und Courbet gepredigten Realismus eins auszuwischen, stand über diesem Gedicht groß die Überschrift *L'idéal*. Gleich in den ersten

Versen wurde die Tageskunst verworfen, an der Spitze die »plappernde Herde der Hospitalschönheiten« des großen Zeichners Gavarni; das Ideal hingegen war rot, blutrot, verkörpert in Lady Macbeth, »du zum Verbrechen mächtige Seele«, und in Michelangelos *Nacht*.

Vier Monate vor dem Erscheinen dieses Gedichts war der Salon von 1850 eröffnet worden – mit den Skandalbildern Courbets, aber auch mit Delacroix' *Lady Macbeth, schlafwandelnd* und mit *Michelangelo in seinem Atelier*. Baudelaires Bekenntnisgedicht verwarf ausdrücklich die kleine, putzige oder kränkliche Gegenwart und plädierte für die Abgründe der Seele und die düstere Vollendung des Genies. Baudelaire war noch Delacroix' Vasall, er war noch nicht Baudelaire.

Indessen legte es Courbet wieder darauf an, das Publikum zu schockieren, und zwar durch eindeutige Verletzung der Normen, die die Darstellung des Nackten in der bildenden Kunst regelten.

Le nu war akademisch zugelassen und durfte sich elegant, auch pikant präsentieren, ein unerläßlicher Bestandteil jener Kunst, die heute noch als »Salonmalerei« firmiert. Courbets *Badende*, die Rückenansicht einer entkleideten dicklichen Dame, daneben im Gras sitzend ihre noch bekleidete Begleiterin oder Dienerin, die sich gerade einen Strumpf auszieht, waren alles andere als elegant, geschweige denn pikant. Delacroix schrieb in sein Tagebuch: »Die Vulgarität der Formen mag noch hingehen, abscheulich ist die Vulgarität und Sinnlosigkeit der Idee. Und wenn diese wenigstens klar erkennbar wäre!«

Die Zeitgenossen nahmen auch an anderen Details Anstoß. Schon der Großmeister Delacroix hatte im Tagebuch und auch bei einem Besuch in Courbets Atelier gerügt, daß das Wässerlein des Bildes kaum für ein Fußbad ausreiche, und in einer Karikatur stellte sich »eine Badende, von Monsieur Courbet« so vor: »Frau von fünfundvierzig Jahren dabei, sich zum erstenmal in ihrem Leben zu waschen, in der Hoffnung, damit ihren Krampfadern etwas Gutes anzutun«. Das Urteil eines deutschen Kunstkenners der Zeit gibt wohl nur wieder, was man damals in Paris munkelte: »Dieser Rücken aber ist so monströs und in seiner Unform so sehr einer abgesteppten Matratze sich nähernd, daß man nicht eben ein fanatischer Anhänger der Antike zu sein braucht, um sich unwillig abzuwenden.«

Wiederum hat auch hier erst die neuere Kunstwissenschaft für die Gestik der beiden Badenden eine Erklärung gefunden. Sie sei ein »Zitat« aus Verkündigungsbildern, links der Engel mit ausgestreckter Hand, rechts Maria bescheiden abwehrend, was der Engel ihr als Ehre anträgt. Nicht, als ob Courbet dergleichen bewußt oder gar parodistisch betrieben hätte; aber indem er »vulgäre«, »triviale« Gegenstände wählte, waren ihm die alten Formen und Formate, Stellungen und Gebärden doch so vertraut, daß er mit ihrer Hilfe malerisch dachte und komponierte. Daraus ließ sich, wie im Fall des *Nachmittags in Ornans*, eine aparte neue Wirkung ziehen. Im Fall der *Badenden* wurde dem Publikum und, wie Delacroix' Urteil zeigt, auch den Kennern zuviel zugemutet. Ähnliches galt für die *Ringer*, die mit den *Badenden* im Salon von 1853 ausgestellt waren. Sie knüpften an die griechische Tradition an und wandten sie zugleich ins Jahrmarktmäßige. Die Griechen hatten ihre Sportkämpfer mit kräftigen, aber edlen Körpern und ausholenden, aber wohlproportionierten Gebärden ausgestattet. Courbets Ringer sind muskelstarrend, die Beine zeigen geschwollene Adern, die Bewegungen sind brutal – so wollte es das Publikum des *Hippodrome d'hiver*, des Vergnügungsetablissements, das Napoleon III. an den Champs-Elysées hatte errichten lassen. So wollte es auch der Künstler; der feierte ohne Rücksicht auf den Publikumsgeschmack die strotzende und explodierende Vitalität.

Wie er sich selbst sah, welches Kraftgefühl ihn durchströmte, zeigt das berühmte Bild von 1854, *La rencontre (Die Begegnung)*, das alsbald unter dem Titel *Bonjour, Monsieur Courbet* populär wurde. Courbet, in der Malerausrüstung, trifft auf seinen Mäzen Bruyas und auf dessen Diener: Courbet fröhlich herausfordernd, »mir gehört die Welt«, Bruyas würdig, wie ein höherer Beamter dem Landesfürsten gegenüber, der

Diener demütig den Kopf gesenkt. Das Publikum verstand und machte sich lustig, ein Karikaturist zeigte Bruyas und den Diener kniend und schrieb darunter: »Huldigung der Dreikönige«. Courbet hatte allen Grund, übermütig zu sein. Die Regierung, die durchaus über seine »linke« Gesinnung Bescheid wußte, machte ihm schmeichelhafte Angebote; als der Generaldirektor der Nationalmuseen, Herr de Nieuwerkerke, ihn wegen seiner Reserve tadelte und ihm Stolz vorwarf, antwortete er: »Ich bin der stolzeste Mann Frankreichs, Monsieur!«

Sein bald darauf niedergelegtes Selbstbekenntnis lautete: »Ich habe außerhalb jedes Systems und ohne Vorurteil die Kunst der Alten und der Modernen studiert. Ich habe weder die einen nachahmen noch die anderen kopieren wollen; ebensowenig habe ich das müßige Ziel der Kunst um der Kunst willen angestrebt. Nein! ich habe nur aus der umfassenden Kenntnis der Tradition das durchdachte *[raisonné]* und unabhängige Gefühl meiner Individualität schöpfen wollen!« Das Wort »modern« gebrauchte er noch, wie es üblich war, als Bezeichnung für alle Neueren seit der Renaissance, es interessierte ihn nicht. Seine Modernität bestand in der schrankenlosen Souveränitätserklärung der Künstlerpersönlichkeit, die beliebig über die Tradition verfügt. So dokumentierte er es mit seinem auch im quantitativen Sinne größten Bild, dem *Atelier des Malers*, das er 1855 ausstellte, im Rahmen der Pariser Weltausstellung, aber in einem eigenen Pavillon. Mochte die Jury die Riesenleinwand abgelehnt haben, er ließ sich nicht einschüchtern, trotzte dem Veto, leistete sich ein eigenes Gelände, einen eigenen Ausstellungsraum, begann mit dem, was die Geschichte der modernen Kunst in so hohem Maße bestimmt: mit der Sezession. Der Kaiser hütete sich einzugreifen, er wollte als Förderer der schönen Künste gelten. (Zwölf Jahre später, bei der Weltausstellung 1867, half Napoleon III. selbst den von der Jury Zurückgewiesenen, den *refusés*, einen eigenen Salon einzurichten.) Courbet hütete sich seinerseits, den Kaiser und das Regime durch Kritisches zu reizen. Das neue, manifestartige Großbild, das er 1855 ausstellte, läßt sich zwar auch, wie in neuerer Zeit geschehen ist, regimekritisch interpretieren, aber eine unanfechtbare Handhabe dazu bietet es nicht.

Bemerkenswert war schon die große Inschrift über dem Pavillon: Da stand nicht der Name des Malers, sondern »DU REALISME« (Hier wird Realismus angeboten), und es waren im Pavillon achtundvierzig »realistische« Bilder ausgestellt, ein großer Teil von Courbets Produktion. Der Blickfang war das neue Riesengemälde, das im erlaubten Ausmaß des für Hallen und Säle vorgesehenen Historienbildes etwas so Persönliches und Privates darstellte wie den Maler und sein Atelier. Der umständliche Untertitel unterstreicht noch die Beziehung zur Person, zum Ich des Malers: »Allégorie réelle déterminant une phase de sept années de ma vie artistiquue et morale« (Realallegorie, die eine siebenjährige Phase meines künstlerischen und geistigen Lebens bestimmt). Rechnet man sieben Jahre zurück, so kommt man zum Jahr 1848, dem Revolutionsjahr, das gleichzeitig das Jahr der engsten Beziehung zu Baudelaire war.

Aber was ist eine »Realallegorie«? Die Allegorie ist ein Mittel, die Wirklichkeit zu umschreiben, zu verfremden, das Gemeinte mit anderen Worten oder Zeichen als den eigentlichen auszudrücken. Eine *allégorie réelle* ist deshalb ein Widerspruch in sich. Das wußte natürlich auch Courbet und hat das Paradox gewagt. *Allégorie*, das Durchscheinen einer anderen Deutung, war oder wurde ein Lieblingsbegriff Baudelaires, bis zu jenem berühmten Vers aus dem *Cygne*: »... tout pour moi devient allégorie«. So also, sinnbildlich, wollte auch Courbet sein Bild von den Eingeweihten, den Freunden, verstanden wissen, mochten die anderen sich daran die Zähne ausbeißen. *Réelle*, »wirklichkeitsgetreu« aber sollte diese Allegorie sein, nach jenem neuen Losungswort, das Champfleury formuliert und das Courbet sich mit der Kraft seiner Natur zu eigen gemacht hatte. Man konnte es auch so ausdrücken: Realismus konnte sich nicht damit begnügen, die Wirklichkeit sauber und Stück für Stück abzukonterfeien. Sie mußte große, bedeutende Gegenstände von eigenständiger Aussagekraft wählen, nicht abgeblaßte Figuren und Symbole wie die Allegorien des Mittelalters oder der Barockzeit, sondern solche, welche die eigene Epoche und die eigene Weltansicht farbenkräftig vor Augen stellten. In diesem Sinne war auch das *Begräbnis in Ornans* eine Allegorie.

Kein Wunder, daß Courbet »realistisch« mit »positiv« gleichsetzte. Gerade war Auguste Comtes *Positivistischer Katechismus* erschienen, als neuer Grundtext wissenschaftlichen Denkens und als Ermunterung zu frohem Blick in die Zukunft, und eine solche Perspektive entsprach genau dem Erfolgsbewußtsein des vollbärtigen und vollblütigen Malers. Dieses zu befriedigen, reichte die Alltagsszenerie nicht aus. Es mußte eine Art neues Sakralbild geschaffen werden, mit dem Maler und seiner Staffelei in der Mitte, auf der rechten Seite die Bundesgenossen, darunter Champfleury und Baudelaire, auf der Linken die Welt, wie sie ist, mehr schlecht als recht, Volk, Elend, Armut, aber neben den Ausgebeuteten auch die Ausbeuter, »die Leute, die vom Tod leben«. So hat er selbst erklärt, in einem langen erläuternden Brief an Champfleury, von dem auch Baudelaire eine Abschrift bekam.

Er war ganz und gar Maler – so zeichnet sich auch dieser das Bild beschreibende Brief mehr durch Farbigkeit als durch Klarheit der Gedanken aus. Was Baudelaire angeht, so finden sich in Courbets Brief ein paar merkwürdige Sätze, die bisher niemand kommentiert hat. Am Ende der Bildbeschreibung heißt es: »Ich habe Ihnen das sehr schlecht erklärt. Ich hätte mit Baudelaire anfangen müssen, aber es wäre zu umständlich, noch einmal von vorne zu beginnen.« Warum – an den Rivalen Champfleury gerichtet – diese Korrektur? Erst wenn man auch den Anfang des Briefes genau liest, enthüllt sich der Bezug. Courbet kündigt zu Beginn seines Briefes das Bild an »als vielleicht größer als das *Begräbnis*, woraus man ersehen wird, daß ich noch nicht tot bin, ebensowenig wie der Realismus, und Realismus gibt's wahrhaftig darin *[puisque réalisme il y a]*. Ja, so dürfen wir nun interpretieren, Baudelaire stand am Anfang, er war der rechte Begräbnisbegleiter, Totenträger und Schädelpoet. Er hat in seine Gedichte immer wieder den Tod eingemischt und die Melancholie gefeiert, er hat für Delacroix und seine Finsternisse, für die Nachtseite des Lebens plädiert. Er gehört in Courbets schöpferische Entwicklung hinein, steht für den tieferen Sinn, die höhere Bedeutung, aber doch abseits, am Bildrand, lesend, isoliert vom Bildgeschehen, während Champfleury dem Künstler am nächsten sitzt.

Courbets Allegorie steht für das triumphierende Leben. Er mag Sozialist oder Anarchist sein, vor allem ist er ein Kerl, ein Mann und Macho, ein Biertrinker und Damenmaler, groß und stark und mit einem assyrischen Bart. Er fordert das Jahrhundert in die Schranken in diesem ersten Jahrzehnt der napoleonischen Herrschaft, und es liegt durchaus in der Konsequenz dieser mit dem Sozialismus liebäugelnden und den Fortschritt feiernden Diktatur, daß sie ihn umwirbt. Eben darum gibt es zwischen ihm und Baudelaire keine Verständigung, und es ist wie eine ungeschickte Geste der Wiedergutmachung – oder wie eine Stichelei –, daß Courbet ihm eines Tages einen gemalten Blumenstrauß widmet, Lebenprangendes dem Dichter der *Fleurs du mal*. Der aber denkt weiter darüber nach, was Modernität unter den Umständen der Zeit bedeutet, und schreibt es eines Tages, ein paar Jahre später, nieder.

4. Die Realismusschlacht

Das kurze Manifest, das Courbet dem Katalog seiner Werke bei der Weltausstellung 1855 vorausschickte, gipfelte in dem Satz: »Faire de l'art vivant, tel est mon but« (Lebendige Kunst zu machen, das ist mein Ziel). Man habe ihm das Etikett »Realismus« nur angeklebt wie früheren Malern das Etikett »Romantik«, beteuerte er. Aber das schwache Dementi konnte die Herausforderung, die Kampfansage, nicht verdecken. Der Feldzug gegen die Tradition war eröffnet, die »idealistische« Malerei war ein Götzenbild, das möglichst bald zu stürzen war. »In meinen Hirschen«, sagte er später zu einem Gesprächspartner, »gibt es nicht für einen Heller Ideal!« »Warum«, so fuhr er fort, »sollte ich in der Welt Dinge sehen, die es nicht gibt, und durch eine Anstrengung meiner Phantasie das verzerren, was sich wirklich in ihr vorfindet?« Ja, das war die Frage. Die »Wahngebilde« von einst hatten in Courbets Bilderwelt nichts mehr zu suchen. Wenn schon Allegorie, dann *allégorie réelle*. Und die großen Maler von ehedem? »Ach, geht mir doch mit eurem Raffael«, konnte er sagen, »in den Bruchbuden unserer Vorstädte gibt es zwanzig arme Teufel, die euch jeden Tag einen Raffael hinmalen, und weder Papst noch König gibt ihnen einen Lorbeerkranz oder ein Stück Brot.«

Wie in Frankreich, dem Land der Kunst-, Literatur- und Theaterschlachten, nicht anders zu erwarten, kam es alsbald zur *bataille réaliste*, zur Realismusschlacht. Champfleury, wer sonst, eröffnete sie am 2. September 1855 mit einem »Offenen Brief an George Sand«, die weitberühmte Autorin, die den Bauernroman kreiert und sich gefühlvoll der sozialen Frage gewidmet hatte und die er nun als Schutzpatronin in Anspruch nahm. Schon im Dezember desselben Jahres veröffentlichte der junge Literat Fernand Desnoyers im *Artiste*, in dem Champfleurys offener Brief erschienen war, sein Manifest *Du réalisme*, im folgenden Jahr war Courbets Freund Max Buchon mit *Le réalisme* an der Reihe, im Juli 1856 kam das erste Heft einer von Louis-Emile Duranty herausgegebenen neuen Zeitschrift heraus, die ohne Umschweif *Réalisme* hieß und es immerhin auf sechs Nummern brachte. Es war gewissermaßen eine konzertierte Aktion, freilich immer mit dem Unterton, daß es sich da nicht um eine neue Schule handle, sondern um die Durchsetzung eines natürlichen Kunstprinzips gegen Unnatur, Übersteigerung und falsche Historisierung. Eine Zeitlang mochte Champfleury sich für einen General an der Spitze einer kämpfenden Truppe halten.

Und Baudelaire? Er hatte offensichtlich aufs falsche Pferd gesetzt, auf Poesie und Phantasie. Er veröffentlichte einen Dreißig-Seiten-Bericht über die Ausstellung, in dem die Realismusdebatte totgeschwiegen und Courbet nur am Rande erwähnt wurde, und legte seine wahren Gedanken in ein paar gekritzelten Notizen nieder.

Darüber schrieb er: »Puisque réalisme il y a« (Da es Realismus gibt), das Zitat aus dem Brief Courbets an Champfleury, und die Kernsätze dieser ressentimentgeladenen Aufzeichnung betreffen eben Champfleury. »Champfleury hat ihn – Courbet – vergiftet... Was Courbet angeht, so ist er der plumpe Machiavell dieses Borgia geworden...« Der Vergleich zeigt, daß es um Macht geht, um Eroberung von Terrain. Champfleury hat den Erobererinstinkt, Courbet leistet ihm Dienste, liefert ihm Argumente. Er dachte einmal ganz anders, war Baudelaire und seinen Ideen zugeneigt, nun hat Champfleury ihn abspenstig gemacht: »Der träumte ein Wort, eine Fahne, eine Aufschneiderei *[blague]*, eine Parole, einen Passepartout, um das alte Losungswort, *Romantik*, zum Einsturz zu bringen.«

Baudelaires ganzer Zorn trifft den Verführer, den Clown *(farceur)* Champfleury: Kurzsichtig, wie er sei, studiere er alles aus größter Nähe und glaube damit die Wirklichkeit zu erfassen. Leider wolle er sein Verfahren aber auch allen anderen aufnötigen. Dabei sei augenscheinlich, daß zu allen Zeiten jeder gute Dichter »Realist« gewesen sei. Es folgt ein erstaunlicher, für das nächste Jahrhundert in der Geschichte der Malerei prophetischer Satz: »Gleichung zwischen Impression und Expression. Aufrichtigkeit.« Er deutet offensichtlich das Umsetzungsverfahren an, das sich im Künstler vollzieht, wenn er das von der Außenwelt auf ihn Zukommende *(impression)* durch seine Gestaltungskraft *(expression)* verwandelt. »Aufrichtigkeit« ist der moralische Impetus, der diesen Prozeß leiten muß.

Im weiteren Verlauf dieser Notizen werden – vermutlich im Hinblick auf einen zu schreibenden Artikel – mildernde Umstände für Champfleury gesucht: Er habe, erbittert über Dummheit, Künstlichkeit, Durchschnittlichkeit der zeitgenössischen Produktion, ein Zeichen der Verständigung für die »Freunde der Wahrheit« gesucht. Aber wer eine Partei gründen wolle, gerate wohl oder übel in schlechte Gesellschaft. Auch ihn selbst, Baudelaire, habe man zu gewinnen versucht, aber – so fährt er warnend und drohend fort –: »Ich wäre ein böses

Geschenk für jede Partei. Mir fehlt es total an Überzeugung, an Gehorsam und an Dummheit.«

Zum Schluß kommt er noch einmal auf Courbet, den Abtrünnigen, zurück. Als Vorsatz ist niedergeschrieben: »Analyse der Natur des Talents Courbets und der Moral«, und dem folgenden Satz darf man entnehmen, daß es nicht weit her sei mit dieser Moral bei Courbet. Er lautet: »Courbet sauvant le monde« (Courbet als Welterlöser). So offenbar hat Baudelaire Courbets Ateliergemälde entziffert: als die neue Botschaft der Welterlösung durch die Kunst, der Maler in der Mitten, links die Verdammten, die vom Tod leben, rechts die Lebenshelfer, die Partei des Guten und der Guten, mit Baudelaire als geduldeter Randfigur.

Dies also war die Vorarbeit zu einer öffentlichen Auseinandersetzung, zu der es nicht kommen konnte, weil da zuviel Persönliches hätte ausgepackt werden müssen. Statt dessen ließ Baudelaire in drei Fortsetzungen eine Art Salon der Weltausstellung erscheinen, geplant als sorgfältig argumentierende Grundsatzerklärung, deren Ansatz sich schon in der Überschrift des ersten Kapitels kundtat. *Méthode de critique* setzte er darüber und erläuterte: »Von der modernen Idee des Fortschritts, angewandt auf die schönen Künste«. Die Abrechnung erfolgte eher mit dem Holzknüppel als mit dem Florett, eher voll Wut als mit Esprit. Er schrieb:

> Diese groteske Idee, die aus der Fäulnis der modernen Torheit aufgeblüht ist, hat den Menschen von seinen Pflichten befreit, die Seele von ihrer Verantwortung losgesprochen, den Willen von allen Bindungen gelöst, die ihm die Liebe zum Schönen auferlegte: und die geschwächten Rassen werden, wenn dieser herzzerreißende Wahn noch länger dauert, auf dem Ruhekissen des Schicksals in den verwirrten Schlaf der Altersschwäche fallen.

Die Kunsttheorie, die Baudelaire der »Barbarei« des Fortschrittsglaubens entgegensetzte, ging diesmal nicht vom Eigenrecht der eigenen Epoche, einschließlich Frack und Zylinder, aus, sondern von der unendlichen Fülle der Schöpfung, der unendlichen Variabilität der Natur, der Unendlichkeit der menschlichen Empfindungen. Sie entsprach genau seinem lyrischen Repertoire und der exotischen Reiseerfahrung, aus der er schöpfte. Er entfaltete die ganze Farbigkeit seines Vokabulars, wenn er diese Vielfalt ausbreitete und die Systemverranntheit der Kunstprofessoren anprangerte, ihren Bastardgeschmack, »der die Farbe des Himmels, die Formen der Pflanzenwelt, die Bewegungen und den Geruch des Animalischen vergessen hat, so daß ihre Finger, von der Feder gelähmt, nicht mehr beweglich genug sind, um über die Tasten des ungeheuren Klaviers der *correspondances* – der geheimnisvollen Analogien zwischen den Seinsbereichen – zu gleiten.«

Eben weil dem so ist, lohnt kein ästhetisches System mehr, denn allem Schönen ist immer ein systemfremdes Element des Bizarren beigemischt. Man muß das Schöne, woher es auch komme, mit einer neuen Naivität aufnehmen. Auch darum ist in der Kunst der Fortschrittsglaube sinnwidrig. Die schöpferische Vitalität tritt einmal in diesem Land, dann in jenem auf, und kein großer Künstler hängt von einem Vorgänger ab.

> Der Künstler hängt nur von sich selbst ab. Er verspricht den kommenden Jahrhunderten nur seine eigenen Werke. Er bürgt nur für sich selbst. Er stirbt ohne Kinder. Er ist »sein König, sein Priester und sein Gott«.

Stolze Sätze, die apodiktisch die Autonomie der Kunst und des Künstlers verfügen. Da hätte Courbet gerne eingestimmt und zugestimmt. Aber in diesem Text kommt er nicht vor. Die erste Fortsetzung dieser Ästhetik von 1855 ist »Ingres« überschrieben, die zweite und abschließende »Delacroix«. Ingres, der Altmeister, wird getadelt: Er habe die Königin aller künstlerischen Fähigkeiten, die Phantasie, verkümmern lassen. Delacroix, der Großmeister, wird dagegen mit aller denkbaren Emphase als der Herrscher in allen Bereichen künstlerischer Fähigkeit herausgestrichen. Er vereine in sich Rembrandts, Rubens', Veroneses Qualitäten, aber darüber hinaus besitze er noch eine Qualität sui generis: Er verkörpert »die glühende und melancholische Stimmung des Jahrhunderts«, etwas absolut Neues, »quelque chose de tout à fait nouveau«.

Als ob Baudelaire auf seine Position von 1846 zurückgefallen wäre, als er »modern« und »romantisch« zu Synonymen erklärte! Wozu die vielen Seiten über die Relativität des künstlerischen Schaffens und des ästhetischen Urteils, wenn sie nur der Sockel für die Huldigung an den kaum mehr umstrittenen Großmeister waren? Wo bleiben alle Spekulationen über Modernität, wo die mit Courbet verbrachte Kampf- und Lehrzeit? Nun, Courbet kommt an einer Stelle doch vor, eine Seite ist ihm in dem Text über und gegen Ingres gewidmet. Ingres, führt Baudelaires Kritik aus, habe dadurch gesündigt, daß er die »Königin der Fakultäten«, die Phantasie, geopfert habe. Aus einer ganz anderen Motivation habe auch ein ganz junger Maler die gleiche Sünde begangen, »dessen bemerkenswertes Debüt sich vor kurzem mit der Gewalt eines Volksaufstands vollzogen hat«. Ausgerechnet Ingres und Courbet, möchte man fragen, der Klassizist und der Realist, der Traditionalist und der Revolutionär, am gleichen Pranger? Ja, sagte Baudelaire, denn sie verbindet der Sektengeist, der die Vielfalt der künstlerischen Fähigkeiten »massakriert«. Auch die Literatur und die Politik, formuliert er weiter, brauchen von Zeit zu Zeit als Reaktion »diese kräftigen Temperamente«, diese »Protestanten«, diese Leugner des Übernatürlichen *(antisurnaturalistes)*, aber nur als solche Gegenkräfte sind sie heilsam, denn – er hebt den Zeigefinger – wie Ingres die Phantasie der klassizistischen Ästhetik zum Opfer bringt, so opfert sie Monsieur Courbet der »äußeren, positiven, unmittelbar zu ergreifenden Natur«. Sie gehorchen in ihrem Kampf gegen die Phantasie verschiedenen Antrieben, aber zwei entgegengesetzte Fanatismen führen sie zum gleichen Debakel.

Da ist der Einschub schon zu Ende, Ingres ist wieder an der Reihe. Bemerkenswert: es fällt nicht das Wort »Realismus«, es fehlt jeder direkte Angriff; aber auch von dem »Maler in seinem Atelier«, dieser *allégorie réelle* mit Baudelaire als moderner Stifterfigur, ist nicht die Rede. Man kann die drei Artikel über den Salon der Weltausstellung als romantisches

Manifest lesen, als Absage an die Avantgarde, die Courbet großartig, Champfleury doktrinär vertritt. Delacroix, dem hier erneut gehuldigt wird, ist vor langen Jahren als romantischer Neuerer in die Arena getreten und hat niemals das Bekenntnis gewechselt. Aber damit würde man Baudelaires künstlerischem Selbstbewußtsein nicht gerecht. Er will die wahre, die wirklich neue Moderne gegen eine falsche vertreten, die sowohl im Fortschrittsglauben des Kaisers wie in den sozialistischen und liberalen Ideen der Opposition triumphiert. Das »wahre Wahre« ergibt sich aus der philosophischen und theologischen Vertiefung des romantischen Prinzips, aus einer neuen Einsicht in Natur und Menschenwelt, die gleichzeitig einen höheren Wirklichkeitsgehalt besitzt. Der Fortschritt setzt natürlicherweise auch auf die Verbesserung des Menschen, der technisch instand gesetzt wird, die Weltübel auszurotten. Er, Baudelaire, stellt den »Erbsündeglauben« dagegen, die Überzeugung von der Sündhaftigkeit, Schwäche, Nichtverbesserungsfähigkeit des Menschen. Darum liegt Melancholie über der Zeit, und modern ist der Künstler, der dieser seiner Zeit die ihr gemäße »moderne« Kunst schenkt.

Die Huldigung an Delacroix ist taktischer Natur. Indem er gelobt wird, wird Courbet herabgesetzt, zu einem viel versprechenden, aber wenig haltenden Hasardeur. In den bildenden Künsten findet Baudelaire nichts Neues. In der Literatur aber tritt es plötzlich auf den Plan. Am 1. Juni 1855, zwischen dem ersten und dem dritten Artikel über die Exposition, veröffentlicht die angesehenste Zeitschrift Frankreichs, die *Revue des deux mondes*, unter dem Titel *Les fleurs du mal* achtzehn Gedichte Baudelaires, und am 2. Juni werden die ersten beiden der *Petits poèmes en prose* gedruckt. Seit dem 25. Juli 1854 erscheinen in regelmäßiger Folge Baudelaires Übersetzungen von Edgar Allan Poes Erzählungen, Musterbeispiele dessen, was er selbst unter »phantastisch« versteht, Vorzeigestücke für das, was er selbst, der Lyriker, nicht leisten kann. Und 1855 beginnt er unter dem Titel *Fusées (Raketen, Brandsätze)* mit Tagebuchaufzeichnungen, in denen sich seine Originalität, sein Neudenken, an immer neuen Anlässen und Gegenständen erprobt.

Nicht als ob er jetzt etabliert wäre. Im April meldet er, daß er im letzten Monat sechsmal umgezogen sei, Schulden und Krankheiten zerren an ihm. Aber er fühlt sich jetzt, mit vierunddreißig, endlich seiner Sache gewiß: *»J'ai trouvé la définition du beau – de mon beau«* (Ich habe die Definition des Schönen gefunden – meines Schönen). Zur Schönheit gehört, so definiert er nun, *das Geheimnis* und – »ich habe den Mut, zu gestehen, bis zu welchem Grade ich mich modern im Ästhetischen fühle«. Zu dieser Art von Modernität ist Mut vonnöten, wahrhaftig, aber nun hat er ihn.

Nun werden Verlagsverträge geschlossen, es erscheinen die beiden Bände von Poes *Histoires extraordinaires* im angesehenen Verlagshaus Michel Lévy, und am 25. Juni 1857 beginnt der Verkauf der neuen Gedichtsammlung, der *Fleurs du mal*. Der dauert freilich nicht lange. Am 5. Juli erscheint im *Figaro* ein Artikel, der das neue Buch der Immoralität bezichtigt, und auch ein Lobpreis der *Fleurs du mal* in der Regierungszeitung *Moniteur* hält das Unheil nicht mehr auf. Die für Verstöße gegen die öffentliche Moral zuständige Kammer verfügt die Beschlagnahme. Der Skandal ist da, Baudelaires Prozeß wird Tagesgespräch. Stolz schreibt er der Mutter am 27. Juli, drei Minister stritten sich um ihn. Sainte-Beuve, der Starkritiker des Regimes, und Mérimée, der angesehenste Autor im literarischen Zirkel der Prinzessin Mathilde, stünden auf seiner Seite. Nur eine Frau brauche er noch als Vermittlerin – und siehe da, die berühmte Madame Sabatier, der er lange in Gedichten gehuldigt hat, erhört ihn, und er wird Gast an der Tafel, an der Flaubert, Gautier und der Modemaler Meissonier regelmäßig speisen.

Das Gericht ist weniger liberal als die Öffentlichkeit. Der Staatsanwalt Maître Pinard, bald Innenminister des Zweiten Kaiserreichs, beschwört das Gericht, »gegen dieses gefährliche Fieber« zu entscheiden, »das dazu führt, daß *alles* gemalt, *alles* beschrieben, *alles* gesagt werden kann«. Das ist der Realismusvorwurf, groteskerweise ausgerechnet an seine Adresse.

Baudelaire wird zu dreihundert Francs Geldstrafe verurteilt, die im Gnadenweg auf fünfzig Francs gesenkt werden, und er erhält schon im folgenden Jahr eine Regierungsbeihilfe von einhundert Francs für die Übersetzung der Erzählungen Poes. Immerhin ist die Verurteilung gleichzeitig eine Auszeichnung, und Victor Hugo schreibt aus der Verbannung: »Ihre *Fleurs du mal* strahlen und blenden wie Sterne.«

Zu Beginn des Jahres hatte der berühmte Prozeß gegen Flauberts *Madame Bovary* stattgefunden, der mit einem Freispruch endete. Nun eilt Baudelaire dem Kollegen mit einem Grundsatzartikel im *Artiste* zu Hilfe und rechnet noch einmal mit dem Todfeind ab, der schlimmer ist als alle Staatsanwälte. »Unsere Ohren sind in der letzten Zeit durch ein kindisches Schulgeschwätz ermüdet worden, wir haben von einem literarischen Verfahren namens Realismus reden hören – eine ekelhafte Beleidigung, die allen Seelenkennern ins Gesicht geschleudert wird, ein vages und dehnbares Wort, das für das gemeine Publikum nicht eine neue Schaffensmethode, sondern nur die minuziöse Beschreibung von Einzelheiten bedeutet...« Ja, Flaubert habe von dieser Geistesverwirrung profitiert, um einen so trivialen Gegenstand wie einen Ehebruch und eine so banale Figur wie die einer Arztfrau aus der Provinz zu einem großen Kunstwerk zu gestalten. Flaubert selbst hatte übrigens nicht anders geurteilt. Er schrieb George Sand: »Beachten Sie wohl, daß ich verabscheue, was man übereingekommen ist Realismus zu nennen, obwohl man mich zu einem seiner Hohepriester hat machen wollen.« Es war ebenjene George Sand, der Champfleury seinen »offenen Brief über den Realismus« hatte zukommen lassen.

Viel Staat war mit dem Begriff nicht zu machen, damals nicht und heute nicht, wo sein letzter Ausläufer, der sozialistische Realismus, kapituliert hat. Auch Champfleury hatte mit seiner Erfindung und mit seinem Bündnis mit Courbet wenig Glück. Courbet fragte nicht nach ihm, ärgerte sich, wenn Champfleury es wieder einmal besser wußte, und überwarf sich mit ihm, als er die Taktlosigkeit besaß, Courbets Mäzen, den reichen Sonderling Bruyas, in einer Novelle bloßzustellen. Courbet veranstaltete zwar noch ein »Fest der Realisten«, zog die Vokabel aber bald aus dem Verkehr. Nachdem der Eklat gelungen war, diente sie ihm nicht mehr. Er malte, was man bei ihm bestellte, Landschaften und Jagdbilder und am liebsten reiche Damen.

Baudelaire und Flaubert, die beiden Autoren, die erst durch ihre Prozesse einander nähergerückt waren, hatten sich auf eine sehr ähnliche Weise entwickelt und mit ihrer Zeit auseinandergesetzt.

Beide wollten sie eine neue künstlerische Modernität, beide fühlten sie, daß diese nicht durch das Verfahren des Näherhinsehens, der genaueren »wissenschaftlichen« Beschreibung, zu gewinnen sein werde. 1849, in dem Schlüsseljahr nach der Revolution, hatte Flaubert seine Freunde mit einem spätantiken Stoff, der *Versuchung des heiligen Antonius*, gelangweilt, und sie hatten ihm ein *sujet terre à terre*, einen aus dem wirklichen Leben gegriffenen Stoff, vorgeschlagen. Das war *Madame Bovary*, und nun hatte er – so lange wie Baudelaire an den *Fleurs du mal* und Courbet am *Atelier* – daran gearbeitet, sieben Jahre als das Maß eines Künstlertums, das die Sprache als Material wichtiger nahm als die ausgesuchten Einzelheiten eines Arzthaushalts. Es versteht sich, daß Flaubert so antiprogressistisch eingestellt war wie Baudelaire; im Apotheker Homais hat er die perfekte Karikatur des Fortschrittsmannes geliefert. Über dem Roman liegt, wie über den *Fleurs du mal*, die Stimmung des *ennui*, der Weltverdrossenheit, der Weltverzweiflung; überwunden werden kann die triste Wirklichkeit nur durch die Kunst, die sie zur Form gestaltet, wie in jener Mittagessensszene, die Erich Auerbach in seinem berühmten Buch über die Nachahmung der Wirklichkeit in der Literatur *(Mimesis)* als Beispiel herausgegriffen hat:

> Vor allem bei den Mahlzeiten hielt sie es nicht mehr aus, in dem Zimmer im Erdgeschoß, wo der Ofen rauchte, die Tür kreischte, die Wände schwitzten und der Fußboden feucht war; die ganze Bitterkeit der Existenz wurde ihr auf dem Teller

> serviert, und beim dampfenden Rindfleisch stiegen aus ihrer Seele Schwaden ihres faden Daseins. Charles war ein langsamer Esser; sie knackte ein paar Haselnüsse oder zeichnete, auf den Ellenbogen gestützt, mit der Messerspitze Linien auf das Wachstuch des Tisches.

Solche Bilder und Stimmungen ließen sich natürlich auch als realistisch ausgeben. Aber ebendies war nicht gemeint. Diese Prosa wollte so dicht und so stimmungbeschwörend *(évocatoire)* sein wie ein Gedicht. So hat es Baudelaire immer wieder formuliert: der Dichter als Hexenmeister, als Beschwörer und Zauberer. Und so kamen, auf die Herausforderung der Realisten antwortend, seit 1855 in einem langsamen Prozeß der Formensuche seine *Petits poèmes en prose*, die Prosagedichte, zustande. Gut, war ihr Leitgedanke, wenn der Vers der alten Dichter heute seine Berechtigung verloren hat, dann will *ich*, der moderne Dichter, zeigen, daß die Lyrik auch die Prosa sich untertan machen kann.

Das war der Gegenstoß, zugleich der Anstoß zu einer neuen, freien Produktivität. Gewiß, Baudelaire hatte die Form des Prosagedichts nicht erfunden. In dem Widmungsbrief an den Kritiker Arsène Houssaye, der die Sammlung der *Petits poèmes en prose* einleiten sollte, berichtet er von dem großen Eindruck, den solche Gedichte eines damals schon vergessenen Autors, Aloysius Bertrand, auf ihn gemacht hatten. Das Buch, 1842 erschienen, hieß *Gaspard de la nuit* (frei übersetzt *Ritter der Nacht*), und *Poèmes nocturnes (Nachtgedichte)* waren auch die ersten sechs Prosagedichte Baudelaires überschrieben, die im August 1857 in einer Zeitschrift erschienen. Aber dergleichen romantische Nachtseitenpoesie war eben nicht das, was er im Sinn hatte, konnte nicht ausreichen, Modernität zu konstruieren. Die konnte nur die Weltstadt liefern, die neue Metropole, die in ebendiesen Jahren aus dem immensen Bauplatz des Barons Haussmann entstand. Das ihn bedrängende Ideal einer neuen poetischen Prosa, so schreibt er in dem Widmungsbrief an Houssaye, sei »aus dem Umgang mit den enormen Städten, aus der Kreuzung ihrer unzähligen Beziehungen« hervorgegangen. Das hatte er auch Flaubert voraus, dessen *Madame Bovary* ausdrücklich den Untertitel »Sitten der Provinz« trug, dem Provinzler Flaubert, der in der Normandie hocken blieb und nach dem Skandalerfolg der *Madame Bovary* sich wieder den Träumen von einer bilderprächtigen altorientalischen Kultur überließ, aus denen sein nächstes Werk, *Salammbô*, hervorgehen sollte.

5. Constantin Guys, der »Maler des modernen Lebens«

Baudelaire aber arbeitete nun an einer neuen Programmschrift zur bildenden Kunst, und es entstand Ende 1859 und Anfang 1860 der große Essay *Der Maler des modernen Lebens*, der 1863 in drei Nummern des *Figaro* erschien.

Zwischen dem *Salon von 1846* und der Veröffentlichung dieser Schrift liegen siebzehn Jahre. Baudelaire war nun Jemand, wenigstens den Eingeweihten, den literarischen Zirkeln als exzentrische Figur geläufig. Niemand freilich hielt ihn für einen Kunstkritiker oder Ästhetikexperten, trotz seiner hartnäckigen Schreibbemühungen gerade in diesem Bereich. Er mochte etwas davon verstehen, aber nur als Liebhaber. Seine Gedanken kreisten mit nie nachlassender Intensität um immer die gleichen Fragen: Was das Schöne sei und wie es sich in der eigenen Zeit, der Moderne, verwirkliche. Die Maler, die er nannte, ausgiebig besprach, tadelte, in den Himmel hob, waren Beispielfiguren für seine Thesen, und wenn er in dem Essay von 1863 dem Publikum einen einzigen neuen Künstler vorstellte, so lag der Akzent nicht auf dem Mann, sondern auf seinen Gegenständen, auf seinem einzigen Gegenstand: *peintre de la vie moderne* (Maler des modernen Lebens). Und zwar bis zu dem Grade, daß er den Namen des Künstlers geradezu unterschlug und ihn als Monsieur G. präsentierte. Das mochte bei dem einen oder anderen Leser die Neugier wecken oder bei den wenigen Kennern ein verständnisvolles Schmunzeln hervorrufen – eine Werbeformel für Constantin Guys war es nicht.

Gleich der erste Abschnitt des Essays ist *Le beau* überschrieben: »Das Schöne, die Mode und das Glück«. Der These von der einen, absolut gesetzten Schönheit wird die vom historischen Wechsel des Schönheitsbegriffs entgegengesetzt. Schönheit besteht demnach aus zwei Elementen, einem ewig unveränderlichen und einem relativen, umstandsbezogenen, das bedingt ist durch die Epoche, die Mode, die Moral, die Gefühle *(passions)*. Dieses zweite Schönheitselement ist die »Kruste des göttlichen Kuchens«, amüsant, kitzelnd, appetitanregend *(apéritive)*, und ohne sie wäre der Kuchen unverdaulich. Das ist in der Überschrift des Kapitels der Faktor Mode, und er erzeugt das Glück, das als drittes Element darin genannt wird. An den Modezeichnungen, damals noch ein Zweig handwerklicher Kunst, lasse sich dieses Aufblühen und Vergehen der Schönheitsmodelle ablesen. Die überraschende Folgerung: Wenn man schon die *historischen* Zeugnisse schätze und sammle, so sollte man die gleiche Schätzung auch der Gegenwart zukommen lassen.

> Das Vergnügen, das wir aus der Darstellung der Gegenwart gewinnen, hängt nicht nur von der Schönheit ab, mit der sie ausgestattet ist, sondern auch von der ihr wesentlichen Qualität der Gegenwärtigkeit.

Eine Formel von dieser apodiktischen, dogmatischen Schärfe wird man um 1860 in keinem anderen Text finden. Es ist die Formel, welche die Moderne in ihrer raschen, manchmal rasenden Abfolge legitimiert, ihr zusätzlich zu jedem anderen ästhetischen Titel den Bonus verleiht, gegenwärtiger und damit ästhetisch zugkräftiger zu sein als alle Kunstmoden der Vergangenheit.

Der Künstler, mit dessen Werk Baudelaire seine These belegt, Constantin Guys, wird vorgestellt als »homme du monde, homme des foules et enfant« (Mann von Welt, Mensch aus der Menge und Kind). Der »homme du monde« wird sorgfältig vom Dandy unterschieden, mit dem er allerdings die Einsicht in die »moralischen Mechanismen« der Gesellschaft teilt. Der Dandy ist blasiert, strebt zur Insensibilität, während Monsieur G., der Held des Essays, die unersättlichste Leidenschaft hat, zu sehen und zu fühlen. Seine Leidenschaft und sein

Beruf sind es, *d'épouser la foule*, sich mit der Menge zu vermählen. Hier, in der Beschreibung dieser Welt- und Menschenzugewandheit, ist Baudelaire in seinem Element. Hier findet er überwältigende Formulierungen wie die, daß »der Liebhaber des universellen Lebens in die Menge eintritt wie in einen immensen Speicher von Elektrizität«.

Monsieur G. ist nicht Baudelaire, aber Baudelaire möchte sein wie Monsieur G., der in der sommerlichen Morgenfrühe erwacht und die Stunden beklagt, in denen die Sonne schon geschienen hat ohne ihn. ER, sein Held, sieht alles.

> Wenn eine Mode, ein Zuschnitt sich leicht verändert hat, wenn ein geknotetes Band, eine Schnalle durch eine Kokarde entthront ist, wenn der Nackenschleier am Hut breiter geworden ist, der Haarknoten tiefer rutscht, wenn der Gürtel höher sitzt und der Rock weiter wird, sein Adlerauge hat es auf weite Entfernung schon erspäht.

So bleibt Herr G. auch als letzter wach: »überall dort, wo die Lichter glänzen, wo die Dichtung widerhallt, das Leben wimmelt, die Musik vibriert...«

Nun, nach dieser Einführung, kann Baudelaire es wagen, über das nächste Kapitel schlicht *La modernité* zu setzen. Es ist ein neues Wort; in Littrés großem Wörterbuch ist es als Neubildung gebucht und mit dem Datum seines angeblich ersten Auftretens, dem 8. Juli 1867, versehen, in einem Zitat Théophile Gautiers. Baudelaire aber war früher, er hat das Anrecht darauf, die Sache und das Wort für die Sache entdeckt zu haben.

Die *modernité* verwirft, was in Baudelaires Zeit die unerläßlichste aller Voraussetzungen für das Malerhandwerk war: das Studium der alten Meister. Jede Epoche, also auch und erst recht die eigene, habe ihren eigenen Kode: »Auch für die alten Maler hat es eine Modernität gegeben... Sie sind vollkommen harmonisch, weil das Kostüm, die Haartracht und selbst die Gebärde, der Blick und das Lächeln ein Ganzes von komplexer Vitalität bilden.« Die Modernität ist also ein flüchtiges, zeitgebundenes Element; man muß sie im Flug erhaschen, das

Statische der Klassik widersetzt sich ihr. Nur die schnelle, skizzenartige Zeichnung ist ihr gemäß; das ist die Kunstform, in der Monsieur G. seine Visionen verwirklicht.

Was für die Damenmode als Exempel gilt, trifft auf alle Lebensbereiche zu. Es wundert uns nicht, daß Baudelaire als zweites Beispiel das Schiff einfällt, »die strenge und elegante *Schönheit* des modernen Schiffes« verglichen mit den überladenen und gedrechselten Formen der Segler des 16. Jahrhunderts. »Und was wäre von einem Künstler zu halten, der ein Vollblut aus den Rennställen von heute darzustellen hätte, und er würde ins Museum gehen, um die Pferde van Dycks zu studieren?« Ein ganzes Kapitel von Baudelaires Essay schließlich ist den *voitures* gewidmet, den Wagen, die der Epoche so lieb und wichtig waren wie uns die schnellen Autos. G. ist ein Meister in ihrer genauen Darstellung. »In welcher Stellung sich das Gefährt auch befinde, in welcher Geschwindigkeit es sich bewege, wie ein Schiff gewinnt auch ein Gefährt aus der Bewegung eine geheimnisvolle, komplexe Anmut, die sehr schwer zu stenographieren ist.«

Als ob die versammelte Künstlerschaft von Paris dieser Predigt von 1863 gelauscht hätte, entfaltete sich seit den sechziger Jahren jene große, allumfassende Kunstmode, die wir »impressionistisch« nennen, und Baudelaire hatte ihr tatsächlich die Formel *obéissance à l'impression* (Gehorsam gegenüber dem Eindruck) geliefert. Es ist der stürmische Durchbruch des gelebten Lebens, der Picknickausflüge und Badefreuden, der Rennveranstaltungen und Volkskonzerte, der Bootsfahrten und Nachtlokalszenen – gegen die alten Mächte des Historienbilds und der Mythologie, der feierlichen Fresken und pompösen Tafelbilder, und in der Tat, Constantin Guys war ihr erster Künstler und Baudelaire sein Prophet. Monsieur Constantin Guys mußte dem Pariser Publikum wirklich erst vorgestellt werden, und auch Baudelaires Artikel im *Figaro* schafften den Durchbruch nicht. Er war und blieb – in weit höherem Maße als Baudelaire – ein Außenseiter, ein alter Sonderling und Hagestolz. Er war im selben Jahr wie Victor Hugo, 1802, geboren, zur Zeit von Baudelaires Artikelreihe ein Sechziger.

Schon sein Vater hatte für Skandal gesorgt: Er war als französischer Vizekonsul in Konstantinopel zum Islam übergetreten. Der Sohn überwarf sich mit ihm, reiste durch Europa, verdiente sich den Lebensunterhalt als Stallknecht und Zureiter, auch als Hauslehrer mit Französischstunden und fand seinen Beruf erst als Vierzigjähriger, als er endlich eine Verwendung für sein zweites Naturtalent neben dem Reiten, das Zeichnen, entdeckte. Er wurde Bildreporter für die *Illustrated London News*, die 1842 als neuartige Bildzeitung, als eine der ersten Illustrierten, von Herbert Ingram gegründet worden waren. Ingram erfand auch den neuen Beruf des Bildberichterstatters. Guys reiste für ihn im Krimkrieg an die Front. Seine mit Notizen versehenen Zeichnungen vom Kriegsgeschehen wurden in der Londoner Zentrale in Holzschnitte für den Druck umgewandelt.

Guys' zeichnerisches Naturtalent, durch keine akademische Ausbildung umgelenkt, schuf sich als Ausdrucksform die rasche, pointierte Skizze. Er sah, behielt, entwarf: Krieg und Frieden, Konstantinopel und Paris, Hofstaat und Parlament, vor allem und am liebsten aber Straßenszenen und immer wieder unermüdlich Frauen, elegante Damen im Schwung ihrer Kostüme, Türkinnen, Spanierinnen, Marktfrauen und Bordellmädchen. Er hatte, was man »die Hand« nennt, und als es ihm nach seiner Londoner Anstellung wieder schlechtging, überschwemmte er Paris mit seinen unsignierten Zeichnungen, die vorwegnehmen, was später Manet, Degas, Toulouse-Lautrec zur Meisterschaft brachten: *la vie moderne*. Sein Freund Nadar, der große Photograph, berichtet darüber:

> Wie eine der Nacht entschlüpfte Epidemie hatten seine Zeichnungen in der Morgendämmerung die ganze Stadt erfaßt, bis hin zu den bescheidensten Auslagen der letzten Trödler... Man kaufte diese Zeichnungen für ein Nichts: für einen Franc die großen, für fünfundsiebzig oder fünfzig Centimes die anderen, soviel man wollte. Man einigte sich auf ein Dutzend und bekam ein dreizehntes dazu.

Nadar und Baudelaire nahmen Blätter in Kommission und boten sie bei ihren Bekannten zum Verkauf, das Musée

Carnavalet erwarb für wenig Geld gleich einen ganzen Stoß und verfügt heute über die größte Guys-Sammlung überhaupt.

Je älter Guys wurde, um so schwerer hatte er es, denn längst machte die Photographie der Zeichnung Konkurrenz, auch in der Berichterstattung. Schon eine Photographie von Nadar aus dem Jahr 1855 zeigt ihn als alten Mann, mit Seehundschnurrbart; 1883 hat Manet den über Achtzigjährigen in einer Pastellzeichnung festgehalten. 1885 wurde er auf dem Nachhauseweg nach einem Nachtessen bei Nadar von einer Kutsche überfahren, er, der die schnellen Wagen so gern gezeichnet hatte. Danach hat er noch sieben Jahre in einem Altenheim vegetiert, und in ebendiesem letzten Jahrzehnt des *dix-neuvième* begann sein Ruhm.

Baudelaire hat nicht behauptet, daß er ein großer Künstler sei, aber er fand bei ihm – und nur bei ihm – genau das, was auch er in seinen Pariser Skizzen verwirklichen wollte: die Unverwechselbarkeit einer neuen Zeitstimmung. Das blieb bei Guys freilich auf Momentaufnahmen beschränkt, und Nadar hatte sicher recht, wenn er in einem Interview bemerkte: »Vielleicht hatte er gar keine Seele, nur eine Pranke – aber die war großartig.«

Für Baudelaire war Guys so etwas wie der Ausgangspunkt für eigene imaginäre Gemälde. Indem er Guys' Manier beschrieb, konnte er die eigene entfalten, konnte eine Art *petit poème en prose* dichten wie zum Beispiel das über die Frauen und Mädchen in dem so überschriebenen Kapitel seines Essays. Über die zeitgenössische modische Schönheit, den Vamp von 1860, heißt es dort:

> Sie tritt hervor und schreitet und gleitet und tanzt und rollt mit dem Gewicht ihrer umsäumten Röcke, das ihr zugleich als Halt und Balance dient; sie wirft unter ihrem Hut ihre Blicke wie ein Porträt in seinem Rahmen. Sie ist die Wildnis inmitten der Zivilisation. Sie hat ihre Schönheit, die ihr aus dem Bösen zukommt und die frei von jeder Geistigkeit ist, aber manchmal von einer Müdigkeit getönt, die Melancholie vortäuschen will. Sie richtet den Blick in die Weite wie ein

Raubvogel: ebenso planlos, ebenso gleichmütig zerstreut, zuweilen auch ebenso aufmerksam haftend. Da sie der Typ der Zigeunerin ist, deren wirre Wege die Grenzen einer geregelten Gesellschaft überschreiten, läßt sich die Gewöhnlichkeit ihres Lebens, eines Lebens in Schlichen und Kämpfen, durch ihre künstliche Zurichtung hindurch unvermeidlich erkennen. Auf sie treffen genau die Worte des unnachahmlichen Meisters, La Bruyères, zu: »In manchen Frauen findet man eine künstliche Größe, die den Bewegungen der Augen, der Haltung des Kopfes, der Art des Ganges eigen ist, die aber nicht darüber hinaus geht.«

Dieses Porträt ging seinerseits weit über die flotten, frechen, feschen Zeichnungen des Constantin Guys hinaus, der dergleichen nicht lesen mochte und, so heißt es, Baudelaire nicht einmal ein Dankeswort hat zukommen lassen. Die Stelle, mit dem klassischen Zitat am Schluß, läßt auch erkennen, worum es Baudelaire immer ging und was er in seinen großen Augenblicken erreichte: die exakte Abbildung und Diagnose der eigenen Epoche und zugleich die Fixierung ihrer unverwechselbaren Eigenschönheit, ohne die klassischen Modelle, aber mit dem gleichen Vollendungsanspruch.

6. Manet

Im gleichen Jahr 1863, am 13. August, stirbt Delacroix. In drei Fortsetzungen erscheint in der *Opinion nationale* Baudelaires großer Nachruf, *L'œuvre et la vie d'Eugène Delacroix*. Auf dem Huldigungsbild, das Fantin-Latour für den großen Maler entwirft, steht Baudelaire neben diesem und Manet. Er gehört zur Familie.

Wiederum im Jahr 1863 malt Manet die beiden Bilder, die ihn berühmt machen und die den Courbet-Skandal von 1855 wiederholen: *Olympia* und *Das Frühstück im Freien*. Baudelaire hat ihn in einem Aufsatz über die neue Mode der Radierungen lobend erwähnt, es knüpft sich eine Freundschaft an, die herzlich, aber literarisch unergiebig ist.

Mit dem »peintre de la vie moderne« hat Baudelaire sein letztes Wort zur bildenden Kunst gesagt. Aber Manet malt, als ob er Baudelaires Programm Stück für Stück in die Tat umsetzen wolle. Im selben Jahr 1863 entsteht das *Konzert in den Tuilerien*, auf dem unter den Zuhörern im buntgemischten Publikum Baudelaire und Champfleury zu erkennen sind, und Manet beginnt mit den Bildern von den Rennen in Longchamps, einem Lieblingsthema Constantin Guys'. Er malt auch Jeanne Duval, Baudelaires vergangene Geliebte, als *Liegende Frau* in einer weiten Krinoline auf ein Sofa hingestreckt, malt ein Porträt Baudelaires, das verloren ist, und eine faszinierende Radierung von ihm, die über den bekannteren Bildern Baudelaires zu leicht vergessen wird.

Die Frage ist, soweit ich sehe, noch nicht geklärt, ob Baudelaires Ideen auch bei der Entstehung der 1863 gemalten und 1865 ausgestellten berühmten *Olympia* mitgewirkt haben. Deren Skandalerfolg beruht ja nicht auf der unverblümt dargestellten Nacktheit – der Akt war ein vielgeliebtes Genre, das der Altmeister Ingres mit seiner *Quelle* von 1856 noch einmal vorbildlich vor Augen gestellt hatte –, sondern auf der Keckheit, mit der ein entblößtes Straßenmädchen wie eine nackte Göttin gezeigt wurde. Was Tizians *Venus von Urbino*, dem Modell liegender nackter Schönheit, erlaubt war, konnte einem noch so lieblichen Hürchen nicht gestattet werden. Triumph war ja offenbar, bei aller scheinbaren Unbewegtheit der Hauptperson, beabsichtigt: Die schwarze Dienerin präsentiert den Blumenstrauß des vornehmen Verehrers, und Luxus atmen die Draperie des Bettes, das breite goldene Armband und die große Perle am simplen schwarzen Bändchen um den Hals. Gerade in ihrer Ungetrübtheit, beinahe Unberührbarkeit könnte sie eben den Strophen der *Fleurs du mal* entstiegen sein, und wie ein Markenzeichen Baudelaires, des großen Katzenliebhabers, zeigt sich am rechten Bildrand eine schwarze Katze, von der man, wie bei der Negerin, eigentlich nur die funkelnden Augen wahrnimmt. Wie Courbets *Atelier* ist auch die *Olympia* eine *allégorie réelle*.

Das Bild konnte nicht umhin, Baudelaire zu gefallen, aber wir haben kein Wort von ihm dazu. Ihm war zugestoßen, was zwar jedermann so oder so geschieht, ihn aber besonders schmerzen und kränken mußte. Er war schon in den Vierzigern alt geworden, weißhaarig, gebrechlich, fortwährend von Krankheiten geplagt und arm überdies. Ein Generationsgenosse Manets, ein junger Dichter, Maler, Bildhauer, Komponist, ein Hans-Dampf-in-allen-Gassen also, Zacharie Astruc, hatte der *Olympia* ihren Namen gegeben und dazu überdies ein langes Poem über *La fille des îles (Das Mädchen von den Inseln)* verfaßt, und die erste Strophe dieses Gedichts war auf dem Titelschild zu lesen, das dem ausgestellten Bild beigefügt war.

Die wachsende Entfremdung zwischen dem von Hause aus reichen jungen Maler und dem ältlichen Dichter, der alle Freunde anpumpte und um Hilfeleistungen anging, betrifft nicht mehr die Entwicklung der modernen Malerei, sondern nur noch die Biographie des Dichters, der immer galliger wurde, den Mißerfolg seiner Lese- und Vortragsreise nach Brüssel den Belgiern in die Schuhe schob und in seinem Grimm den Wunsch äußerte, mit einem künftigen Werk der ganzen Menschheit einen Tort anzutun. So bekam auch Manet, dieser ideale Kandidat für den *peintre de la vie moderne*, von dem älteren Freund einiges ab.

Immerhin zog Manet nicht nur offensichtlich den Dilettanten Astruc dem erprobten Kunstsachverständigen Baudelaire vor, sondern er befreundete sich auch mit einem noch jüngeren literarischen Anfänger, der zuerst beim Zoll gearbeitet hatte und dann in der Werbeabteilung eines Verlages tätig war, einem gewissen Emile Zola. Dieser Zola, der übrigens seinerseits mit einem ein Jahr älteren Maler namens Cézanne befreundet war, veröffentlichte im Jahr der *Olympia*, 1865, seinen Erstlingsroman mit dem Titel *La confession de Claude (Claudes Bekenntnis)*. Der idealistische, aber schwächliche junge Dichter Claude beichtet darin seine Haßliebe zu einem Straßenmädchen, und zwar »nackt, wahr, bis zur Roheit«. Baudelaire konnte nicht wissen, daß der junge Mann aus dem Süden mit dem italienischen Namen schon ein Jahr zuvor, 1864, einem Freund in einem langen Brief eine Theorie der Literatur vorgetragen hatte, die wie ein Ei dem anderen der Realismustheorie Champfleurys glich. Zola, so stellt sich heraus, ist für Manet, was Champfleury für Courbet war, er liefert die Theorie. Auf Manets Porträt Zolas, das im Todesjahr Baudelaires, 1867, begonnen wurde, ist mit den Bildern an der Wand eine Art Programm dargestellt: Es hängen da ein japanischer Samurai von Utamaro, Manets *Olympia* und die *Trunkenbolde* von Goya nach Velázquez: Gewalt, käufliche Liebe, Suff.

In jenem Brief hatte Zola seinem Freund erklärt, es gebe drei durchsichtige Zwischenwände *(écrans)*, durch welche die Wirklichkeit erfaßt werden könne. Die Glaswand der Klassik, so Zola, vergrößert die Gegenstände, die romantische ist ein Prisma, das die Wirklichkeit entstellt, und »toutes mes sympathies, s'il faut le dire, sont pour l'écran réaliste« (alle meine Sympathien, gestehe ich, gehören der realistischen Glaswand). Gewiß, es sei sicher nicht leicht, ein solches Medium zu charakterisieren, das im Grunde wie Fensterglas sei, also fast nichtexistent, aber so müsse das Medium eben sein, so durchsichtig, daß die Bilder hindurchgehen und nach diesem Durchgang ihre Wirklichkeit zurückgewinnen. Später, in *Du roman (Über den Roman)*, schließt Zola ausdrücklich die Einbildungskraft als Mittel des Romanciers aus.

Es ist die Theorie, die Baudelaire tödlich gehaßt, bekämpft und verdammt hat. Mit dem Einfluß Zolas muß es zusammenhängen, daß er nach dem *Olympia*-Skandal einen Jammerbrief Manets, den ihm dieser nach Belgien nachschickte, mit einem wahrhaft erschreckenden Satz beantwortet hat.

Manet hatte geklagt, wie schlecht ihn Kritik und Publikum behandelten, und Baudelaire verwies in seiner Antwort darauf, daß schon ganz anderen als ihm dies widerfahren sei, Chateaubriand und Wagner zum Beispiel (sich selbst hätte er gern im gleichen Atem genannt). Und nun der erstaunliche Satz: »Und um Ihnen nicht zuviel Hochmut einzuflößen, sage ich Ihnen: Diese Männer sind Vorbilder, jeder in seiner Art und in einer an Talenten sehr reichen Umwelt, und Sie sind nur der Erste in einer Verfallszeit *[décrépitude]* der Kunst.«

Der Hochmut ist hier ganz auf der Seite Baudelaires, der die Rolle des welt- und zeitmüden Künstlers vergleicht mit der Wehleidigkeit eines talentierten jungen Burschen, der den Ruhm auf dem Präsentierteller überreicht haben möchte. Und mit dem häßlichen Wort *décrépitude*, das auch die Hinfälligkeit der menschlichen Natur, die Schwäche des Alters umfaßt, verabschiedet er sich von seiner eigenen Theorie, wonach jedes Zeitalter sich seine eigene Kunst schafft. Zum Schluß tröstet er Manet mit einem zweischneidigen Kompliment: Er habe zwar nach dem Urteil geistreicher Leute Mängel und Schwächen, aber diese seien mit unwiderstehlichem Charme verbunden. Das kann man übersetzen: ein schwacher Künstler, aber ein reizender Mensch.

Den Brief beschließt eine merkwürdige Frage. Der Überbringer des Briefes habe ihm gesagt, daß das Bild mit der Negerin und der Katze, die *Olympia* also, dem gleichzeitig von Manet eingereichten religiösen Bild weit überlegen sei, und Baudelaire hängt unvermittelt den Satz an: »Ist es tatsächlich eine Katze?«

Das kann nur heißen: Ist da wirklich ein Stück von mir in das Bild eingegangen? Der enttäuschte Freund, der von einer neuen Generation überholte Vorkämpfer klammert sich an ein Zeichen. Die Katze ist Baudelaires Wappentier, zwei berühmte Gedichte der *Fleurs du mal* gehören ihr ganz. In *Le chat* heißt es: »Ich sehe im Geist meine Geliebte vor mir. Ihr Blick ist wie der deine, liebwertes Geschöpf, tief und kalt, er schneidet und spaltet wie ein Dolch...«

Noch einmal war er der Alte: hochfahrend und hoffend, sich selbst durch Grobheit die Chancen verderbend und doch um ein Lebens-, um ein Liebeszeichen bettelnd. Er bekam wohl keine Antwort. Gegenüber Champfleury, der ein Katzennarr war wie er, äußerte er, Manet habe zwar ein starkes Talent, aber einen schwachen Charakter.

Wäre er noch der Alte gewesen, kein Zweifel, daß die jungen Maler, die sich nun um Manet im Café Guerbois sammelten, ihn als Ahnherrn in ihre Runde aufgenommen hätten. Aber er konnte nicht mehr, die Reise nach Belgien bestätigte nur grausam, daß er am Ende war. Die Schulden wuchsen ihm über den Kopf, der Bankrott des Verlegers und

Freundes Poulet-Malassis bedrohte seine Urheberrechte, die Arbeiten, die er sich vorgenommen hatte, wurden nicht mehr fertig. Im Mai 1865 belehrte er noch von oben herab Manet über dessen Schwächen, im Oktober wird die eigene Schwäche unübersehbar, im Dezember quälen ihn die Neuralgien so, daß er zu den stärksten schmerzstillenden Mitteln greifen muß: Opium, Digitalis, Belladonna, Chinin. Die Angst quält ihn, daß seine Werke keinen neuen Verleger finden.

Noch einmal macht er sich im März 1866 von Brüssel aus zu einer Reise auf: nach Namur, und es ist wieder ein bildender Künstler, zu dem er pilgert, der große Radierer Félicien Rops. Der soll ihm das Titelblatt zu den *Epaves* machen, der Gedichtsammlung *Strandgut*, die auch die nach dem Prozeß verbotenen Gedichte der *Fleurs du mal* enthält. In Belgien können sie straflos gedruckt werden. Radierungen hat Baudelaire immer geliebt, und Rops ist nun seine dritte Entdeckung nach Daumier und Constantin Guys. Auch Rops hat die *vie moderne* als Sujet gewählt, 1862 die Radierungsfolge *Cafés et cabarets de Paris* herausgebracht und 1864 *Les cythères de Paris (Die Venusstätten von Paris)*. Mit Baudelaire teilt er die romantische Religiosität, die mit dem Satan lieber Umgang pflegt als mit dem Beichtvater. Rops entwirft eine ziemlich schaurige Titelvignette: ein Gerippe, aus dessen Achselhöhlen Äste, Zweige und Blätter wachsen, die von schwarzen Vögeln und purzelnden Putten bevölkert sind. Darunter das Skelett eines Pferdes und die züngelnden Gewächse der sieben Todsünden. Darüber, von einem großen schwarzen Vogel getragen, das Medaillon mit Dichterbild und Dichternamen.

Als Baudelaire mit Rops und Poulet-Malassis die Kirche Saint-Loup in Namur besichtigt, erleidet er einen Schwächeanfall. Am nächsten Tag tritt geistige Verwirrung ein, er ist halbseitig gelähmt, kann nicht mehr sprechen, wird zu den Nonnen von Saint-Jean et Sainte-Elisabeth gebracht. Die Mutter, zweiundsiebzigjährig inzwischen, holt ihn ab und bringt ihn in die hydrotherapeutische Klinik des Doktor Dumas in Paris-Chaillot. Er freut sich wie ein Kind, als die *Epaves* mit dem Titelbild von Rops erschienen sind. Manchmal kommen Madame Meurice oder Madame Manet in die Klinik und spielen dem Kranken aus *Tannhäuser* vor.

Er stirbt nach einjährigem Aufenthalt in der Klinik am 31. August 1867. Am seinem Grab sprechen die Freunde Asselineau und Théodore de Banville; wegen der Ferienzeit, so heißt es, ist der Kreis der Teilnehmenden klein. Seine Urheberrechte werden am 4. Dezember 1867 zu einem Schätzpreis von tausend Francs versteigert. Es erwirbt sie der Verleger Michel Lévy für eintausendsiebenhundert Francs. Im folgenden Jahr verurteilt das Gericht von Lille den Freund Baudelaires, Poulet-Malassis, der die *Epaves* veröffentlicht hat, zu einem Jahr Gefängnis und fünfhundert Francs Geldstrafe. Die Exemplare der *Epaves*, derer die Polizei habhaft wird, müssen vernichtet werden.

Eine traurige Geschichte. Aber keine hoffnungslose. Im Jahr 1865 hat ein Dreiundzwanzigjähriger namens Stéphane Mallarmé im *Artiste* eine *Symphonie littéraire* veröffentlicht, deren zweiter Teil eine Huldigung an Baudelaire ist, und ein Einundzwanzigjähriger namens Paul Verlaine schreibt in der neuen Wochenzeitung *L'art* drei enthusiastische Artikel über ihn. Der kranke Baudelaire nimmt die Huldigungen eher mißmutig zur Kenntnis. Er merkt an: »Diese jungen Leute machen mir eine Heidenangst. Mir ist nichts so lieb, wie allein zu sein.«

Im Dezember 1868 beginnt die Gesamtausgabe seiner Werke im Verlag Michel Lévy; sie ist am 7. Mai 1871 mit dem siebten Band abgeschlossen, der Deutsch-Französische Krieg ist in vollem Gange. Madame Aupick, die Mutter, erlebt noch den letzten Band. Sie stirbt im selben Jahr und wird neben ihrem Gatten und ihrem Sohn auf dem Friedhof Montparnasse beigesetzt.

IV
Nach Baudelaire – Versuch einer Theorie der Moderne

Das bittere Ende Baudelaires war zugleich ein stiller Anfang, der Anfang seines Ruhmes. Die exzentrische Figur verschwand aus dem Bewußtsein der Zeit, das klassische Werk trat allmählich in seinen Konturen hervor.

Sein Leben bezeugt, wie ungeheuer schwer es für neue Ideen, Formen, Bewußtseinsinhalte ist, sich zu formulieren, wenn ihnen der Geist der Zeit, oder auch nur ihre Trägheit, entgegensteht. Wie lang hat es gedauert, bis es Baudelaire in seinem ununterbrochenen Reflektieren der ästhetischen Gesetze aufging, daß es jenseits des erklärten Epochengegensatzes klassisch-romantisch (wobei romantisch für modern stand) ein Drittes geben müsse oder daß unter einem anderen Aspekt die Alternative romantisch–realistisch (realistisch=modern) nicht ausreichte, um die tatsächlichen Inhalte und Ansprüche einer neuen Epoche zu bezeichnen.

Was er überzeugend in seinen Gedichten und *Petits poèmes en prose* und tastend, sich an eine neue Begrifflichkeit heranarbeitend, in seinen theoretischen Schriften geleistet hat, die Grundlegung der Modernität, hatte mit lauter Begriffshindernissen zu kämpfen. Das Wort »modern« selbst sperrte sich. Es war in zwei entgegengesetzten Richtungen festgelegt: seit altersher, nämlich seit anderthalbtausend Jahren, in der Bedeutung: wir von heute gegen die Alten, das Altertum, die Antike. Dabei wurde das Heute immer breiter, es umfaßte alle und alles mindestens seit dem Ende des Mittelalters und dem Aufgang der neuen Zeit, der *modern ages*, und wenn es überhaupt einen dem Heute näherliegenden Zeitraum meinte, dann war das Zeitgenössische im allgemeinsten Sinne gemeint, im Gegensatz zu früheren unvollkommeneren Zeiten, aus denen der Fortschritt die modernen Menschen hinausgeführt hatte, oder zu edleren Menschheitsperioden, gegen welche die moderne Zeit drastisch abgesunken war.

In diesem letzteren Sinn gebraucht ein so gewaltiger Umwälzer wie Nietzsche den Begriff: »Jetzt ist nur eine Art von Ernst in der modernen Seele übriggeblieben, er gilt den Nachrichten, welche die Zeitung oder der Telegraph bringt.«

So umfassend und vage dieser Begriff von »modern«, so flüchtig und beliebig der andere, der »modern« mit der Mode, also dem regelmäßigen, an die Saison geknüpften Wechsel der Empfehlungen oder Vorschriften für Kleidung und Zubehör verband. Das zugehörige Adjektiv hätte eine Bildung wie »neumodisch« oder »modisch« sein können, aber »modern« war praktischer und setzte sich durch, um den Abstand zwischen dem eben vergangenen »Gestern« und dem eben aufziehenden »Morgen« zu bezeichnen.

Es lag nahe, daß im Fortschrittsglauben beide Begriffe einander näher kamen. Gemeinsam war ihnen das Werbungselement, die Ausmalung eines strahlenden Morgen (auch die Mode wird ja lange vor ihrem »Erscheinen« kreiert, angekündigt, produziert) gegenüber einem verbesserungsbedürftigen Heute und einem »altmodisch« gewordenen Gestern.

Der Streit darüber, ob die modische Tracht der Epoche, vor allem die Herrenmode, von der zeitgenössischen Kunst abgebildet, vom zeitgenössischen Theater auf die Bühne gebracht werden könne, zeigt die Mode in unmittelbarer Auseinandersetzung mit dem Zeitgeist.

Einen sehr viel weiter ausholenden und gewagteren Schritt hat Baudelaire getan. Er entdeckte, daß auch der Epochenwechsel ein modisches Phänomen war. So wie die Mode, indem sie diktatorisch Längeres oder Kürzeres, Weiteres oder Engeres, Schlichteres oder Geschmückteres vorschreibt, jedesmal einen Wechsel des Sehens und des Schönfindens, des Geschmacks und seiner Gewohnheiten vorschreibt, so sind die Epochen ihrerseits jeweils mit einem neuen, nur ihnen eigenen Schönheitsempfinden begabt. Es gibt zwar auch, so Baudelaire, ewige Schönheitsgesetze, aber das Köstliche am Kuchen, sein besonderer Geschmack, wird von den bizarren oder pikanten Zutaten der neuen Epoche (oder auch: der verschiedenen Nationen) bestimmt. Es liegt auf der Hand, daß damit die ewigen Gesetze an Gewicht verlieren, das Neue *(trouver du nouveau)* an die erste Stelle rückt. Die Entdeckung der Schönheit der schwarzen Rasse durch einen Weißen ist ein Paradebeispiel, das Baudelaire durch seine künstlerische und seine Lebenspraxis besiegelt hat.

Aber Baudelaires neue Sensibilität geht weit über dieses Postulat des Eigenwerts der Epochen hinaus. Es analysiert die eigene Epoche nicht mehr nach dem üblichen Schema (etwa Fortschritt oder Verfall), sondern im Erspüren der Atmosphäre, im witternden Wahrnehmen ganz neuer sozialer und Seelenbefindlichkeiten, im Bewußtsein, daß eben nur dieses gleichzeitig exakte und intuitive dichterische Erkundungswagnis das Bild der Zeit liefern würde, nicht die wissenschaftliche oder pseudowissenschaftliche Beschreibung, wie sie Balzac angestrebt hatte und wie sie Zola von neuem vornehmen sollte.

Er hatte damit in einem Maße recht, das er selbst kaum hat ahnen können. Dabei war die Entthronung der klassischen Schönheitsgesetze ein breit orchestrierter Vorgang, in dem Baudelaire nur eine erste Geige spielte. Daß es dabei um die Alten und um die letzte Schlacht in der *Querelle des anciens et des modernes* ging, muß noch einmal unterstrichen werden. Was mit dem Verlust des klassischen Kanons aufgegeben wurde, ist nur zu vergleichen mit dem Verlust an religiöser Substanz und an christlichen Glaubens- und Kultformen während des 19. Jahrhunderts.

Was die von Baudelaire ausgerufene Modernität aber am stärksten kennzeichnet und in ihrem geschichtlichen Werden bestimmt, ist das Fehlen jeder leitenden Idee und jedes Baumodells. Die Moderne hat nichts als das Bewußtsein der Moderne, also des leeren Raumes, den sie mit ihren Plänen und Entwürfen ausfüllen muß. Sie ist ein Entdeckerzeitalter mit dem ihm auferlegten Verfahren des Ausprobierens und Durchprobierens, des Experiments und der Expedition, und damit übertrumpft sie die Mode, die nur auf dem Kalkül des Kommenden beruht. Es wäre aber irrig, in diesem Entdeckertum nur das Heroische zu sehen, nicht auch das Spekulative. In diesem letzteren berühren sich Mode und Modernität.

So ist die Moderne nichts weniger als eine Bewegung oder eine Strömung, also ein von vielen gleichmäßig getragener

Gesamtprozeß. Sie ist vielmehr das Dach über zahllosen einzelnen und kleinen Gruppen, die ausziehen, ihr Glück zu suchen, dem erahnten Zeitgeist zu dienen, den kommenden Zeitgeist mitzubestimmen, und ihr einziges Dogma ist, daß sie nicht mehr zurückkehren kann in das friedliche, aber altmodisch eingerichtete Haus der Vorfahren. Sie ist auf Fahrt. Nietzsche, der wie Baudelaire nur zweimal – hin und zurück – den Fuß auf das Deck eines Segelschiffs gesetzt hat, war von der Ausfahrtmetapher ebenso hingerissen wie Baudelaire. »Nach neuen Meeren« hieß die Losung in den *Liedern des Prinzen Vogelfrei* (in denen übrigens auch eine Liebeserklärung an Baudelaires Vogel Albatros steht). Die kürzeste Formulierung dafür hat der spanische Dichter Antonio Machado gefunden: »No hay caminos – hay que caminar« (Es gibt keine Wege, es gibt nur das Gehen).

In der in den achtziger Jahren voll einsetzenden neuen Epoche blieb das Verhältnis zwischen der technischen Fortschrittlichkeit, die sich selbstverständlich weiter als modern empfand, und der künstlerischen Moderne gespannt. Dennoch hatte schon Baudelaire entdeckt, daß sie die eine und die andere Seite derselben Medaille waren. Haussmanns neue Boulevards mit ihren glatten Bürgersteigen und macadamisierten Straßenflächen erzeugten überhaupt erst jenes Großstadtdurcheinander, die schiebende und geschobene Menge, ohne das Baudelaires Gedicht *A une passante* nicht hätte entstehen können. Die Modernität ist eben darum an die Weltstädte gebunden, die Nationen treten zurück, die technische und die künstlerische Fortschrittlichkeit, wenn auch einander spinnefeind oder ignorierend, siedeln sich in den gleichen Zentren an, Paris zuerst, New York zuletzt, mit manchen ihrerseits bedeutenden Nebenschauplätzen wie London, Wien, Mailand, Barcelona, Berlin, Budapest, Sankt Petersburg oder Moskau. Obwohl jedermann lieber über Asphalt schreitet als durch Schlamm und Morast, machte ebendiese Bindung an die Metropolen die Moderne den Traditionalisten und Nationalisten verhaßt. Oswald Spengler formulierte 1917 im *Untergang des Abendlandes* den Todfeind als »Stadtkultur, unmetaphysische Zivilisation, Ende, Kosmopolitismus statt Heimat, Masse statt Volk, Konvention statt Tradition«. Goebbels stand in seiner Spur, wenn er die »Asphaltliteraten« verdammte, was wiederum Hitler nicht hinderte, die »fortschrittlichen« Autobahnen mit Asphalt statt mit heimischer Erde zu überziehen.

Aus diesem ohne jedes historische Vorbild sich vollziehenden Aufbruch von lauter einzelnen in eine Moderne, die nicht Ziel, sondern Weg war, ergibt sich, daß das so gern gebrauchte Bild von der Avantgarde, nimmt man es wörtlich, nicht stimmt. Es setzte sich keine Truppe mit vorgegebener Marschrichtung in Bewegung; lauter Pfadfinder kämpften sich durch den Dschungel oder verirrten sich.

Eben darum wuchs aber auch der Anspruch, das Missionarische oder Prophetische, und mischte sich beim Publikum mit dem Zweifel, ob da nicht zweifelhafte Gesellen, Hochstapler, Scharlatane sich selbst und ihr Werk mit solchen Botschaften ins rechte Licht zu setzen versuchten. Jedenfalls war Originalität nun nachhaltiger gefragt als je zuvor, sei es, daß derselbe Künstler sich in immer neuen Experimenten, in einer Abfolge von »Perioden«, präsentierte wie Picasso, sei es, daß er sich mit einem Markenzeichen durchsetzte, das ihn als Chagall, De Chirico oder Dalí erkennen ließ. Ganz von selbst übernahm eben mit diesem neuen Stil der Produktion und Präsentation die Kritik eine neue Rolle: Sie deutete das Neue und brach ihm die Bahn. Während die Kritik noch zu Zeiten Baudelaires sich bemühte, die Meinung des gemeinen Mannes in elegantere Wendungen gefaßt wiederzugeben oder noch zu überbieten (über Manet 1863: »Sein scharfes Kolorit dringt in die Augen wie eine Stahlsäge«), wird nun ihr Widerstand immer geringer, die Wegweisung immer eifriger. Da die Kunst fortwährend neue unbekannte Territorien erobert, darf die Kritik nicht mehr hinter ihr zurückbleiben, und der Markt, vertreten durch ihrerseits entdeckungsfreudige Galeristen, krönt die Entdecker. Die gleichen Gesetze gelten, leicht abgewandelt, für die Literatur und die Musik, auch für den Film und das Ballett.

Wir werfen, um Erbe und Wirkung Baudelaires deutlich zu machen, noch einen Blick auf die Literaturszene nach 1870. Arthur Rimbaud, geboren in dem Jahr 1854, in dem die ersten achtzehn Gedichte der *Fleurs du mal* erschienen, schreibt mit sechzehn, 1871, in einem programmatischen Brief: »Baudelaire ist der erste unter den Sehern, der König der Dichter, ein wahrer Gott« (»ein wahrer Gott« unterstrichen). Aber Rimbaud macht kein Hehl daraus, daß auch er zu den *voyants* gehört, den Tieferblickenden und weit in die Zukunft Schauenden, und er räumt der Dichtung gewaltige Zukunfts- und Gestaltungschancen ein: In ihr wird die *énormité* Norm, die Poesie wird der Aktion nicht mehr nachträglich ihren Rhythmus liefern, sie selbst wird *en avant* sein, an der Spitze. Übrigens räumt der gerade in der Pubertät steckende Junge auch den Frauen eine gewaltige Zukunftsrolle ein: »Die Frau wird Unbekanntes entdecken, auf seltsame Dinge, unerkundbare, widerwärtige, köstliche stoßen; wir werden sie annehmen und verstehen.« Schluß dagegen mit den alten, schon krepierten Enormitäten »von einst«, den Jehovahs und den »Säulen«; Judentum, Christentum und Antike werden mit leichter Hand weggefegt.

Zu den Sehern rechnet sich bald ein anderer junger Mann, Stéphane Mallarmé. 1861 entschließt er sich, durch die zweite Ausgabe der *Fleurs du mal* überwältigt, Dichter zu werden, und entdeckt als solcher ganz Neues, nämlich die magische Kraft des *Wortes (le verbe)*, die er im alchimistischen Prozeß des Dichtens befreit. Auch hier wird ein neuer Schöpfungsvorgang initiiert, und es sammeln sich an den berühmten *mardis* (Dienstagen) Adepten um den Meister. In langer Arbeit entsteht die reine Dichtung, etwa *L'après-midi d'un faune (Der Nachmittag eines Fauns)*; ein Holzschnitt Manets schmückt die Erstausgabe von 1876, Debussy macht daraus eines seiner berühmtesten Werke. Unter den Jüngern ist ein Deutscher aus der oberrheinischen Nachbarschaft: Stefan George. Er nimmt Mallarmés Modernität nach Deutschland mit, wird dort seinerseits ein Seher und Führer zu höheren Sphären, aber kein Prophet der Modernität.

Denn in diesem Deutschland, das bald nach dem neuen Kaiser das wilhelminische heißt, wird aus der Botschaft Mallarmés etwas ganz anderes, nämlich das Losungswort eines prononcierten Antimodernismus, eines Führertums, das auf unheimliche Weise jenem anderen Führer den Weg bahnt, der Deutschland in den Abgrund führt. Auf die gleiche Weise ist Nietzsches an den französischen Modernen geschulter Scharfblick vergessen, während sein Übermensch die Gebildeten begeistert und sein Zarathustra die Kriegsfreiwilligen von 1914 in die Schlacht begleitet.

Mit Baudelaire teilt George die Abneigung gegen den Fortschritt und die Absage an seine angebliche Modernität. In dem programmatischen Gedicht VII im *Teppich des Lebens*, der 1900, im Jahr der Jahrhundertwende, in dreihundert Exemplaren für die Freunde und Jünger erschien, ist die Fortschrittswelt ironisiert:

> Weite menge siehst du rüstig traben
> laut ist ihr sich mühendes gewimmel:
> forscht die dinge nützet ihre gaben
> und ihr habt die welt als freudenhimmel.

Aber dagegen steht bei George als Glaubensbekenntnis nicht das Ja zu einer schöpferischen Gegenmoderne eigenen Rechtes, sondern das uralte, wieder blankgeputzte Ideal der Anhänger des Alten in der *Querelle des anciens et des modernes*:

> Eine kleine schar zieht stille bahnen
> stolz entfernt vom wirkenden getriebe
> und als losung steht auf ihren fahnen:
> Hellas ewig unsre Liebe.

Ich habe mein Exemplar des *Teppich des Lebens* antiquarisch erworben. Der Vorbesitzer hat diese Strophe wie ein Wappen auf die erste Seite geschrieben. Vielleicht war er Gymnasiallehrer, vielleicht ein junger Mensch, dem diese Strophe das Herz warm machte.

Aber das ist eine andere Geschichte. Sie heißt »Deutschland und die Moderne«, oder: »Die Moderne und Deutschland«. Es ist eine unglückliche Geschichte. Zu ihr gehört Hitlers Mordanschlag gegen die Moderne, der zwar nicht so blutig und so grausig war wie die Ausrottung der Juden, aber die Deutschen doch so zurückgeworfen hat, daß sie die Lektion von 1900 erst nach 1945 lernen durften.

Anhang

Bibliographie

I. Das Wort »modernus« und seine Folgen

Vorläufige Klärung einiger Begriffe

»Moderne«

Die Berliner Moderne 1885–1914. Hrsg. v. J. Schutte, Stuttgart 1987.

Freund, Walter: *Modernus und andere Zeitbegriffe des Mittelalters*. Köln/Graz 1957 (Neue Münstersche Beiträge zur Geschichtsforschung Bd. 4).

Geschichtliche Grundbegriffe. Hrsg. v. O. Brunner, W. Conze u. R. Koselleck, Bd. 4: Artikel *Moderne*, Stuttgart 1978.

Ghellinck, Joseph de: *Neotericus, neoterici*. In: *Archivium latinatis medii aevi* 15:1940, S. 113–126.

Hanstein, Adalbert von: *Das jüngste Deutschland*. Leipzig 1900.

Die literarische Moderne. Dokumente zum Selbstverständnis der Literatur um die Jahrhundertwende. Hrsg. v. G. Wunberg, Frankfurt a. M. 1971.

Reallexikon der deutschen Literatur. Hrsg. v. W. Kohlschmidt u. W. Mohr, Bd. 2: Artikel *Moderne*, Berlin ²1965.

Rötzer, Hans-Gerd: *Traditionalität und Modernität in der europäischen Literatur. Ein Überblick vom Attizismus-Asianismus-Streit bis zur Querelle des anciens et des modernes*. Darmstadt 1979.

Wolff, Eugen: *Die jüngste deutsche Literaturströmung und das Prinzip der Moderne*. Berlin 1888.

»Modernität« und »Dekadenz«

Bauer, R.: *Altes und neues über die Dekadenz*. In: *Literaturwissenschaftliches Jahrbuch* Bd. 32. Berlin 1991.

Borchmeyer, Dieter: *Décadence*. In: *Moderne Literatur in Grundbegriffen*. Hrsg. v. D. Borchmeyer u. V. Zmegač, Frankfurt a. M. 1987.

Montinari, Mazzino: *Nietzsches Auseinandersetzung mit der französischen Literatur des 19. Jahrhunderts*. In: *Nietzsche heute*. Hrsg. v. S. Bauschinger, S. L. Covalis u. S. Lennox, Bern/Stuttgart 1988.

Müller-Lauter, Wolfgang: *Artistische décadence 1982 als physiologische décadence*. In: *Festschrift für Eugen Biser*. Hrsg. v. H. Bürkle u. G. Bekker, Regensburg 1983.

Pestalozzi, Karl: *Nietzsches Baudelaire-Rezeption.* In: *Nietzsche-Studien* Bd. 7. Berlin/New York 1978.
Pfotenhauer, Helmut: *Nietzsche als Leser Baudelaires.* In: *Friedrich Nietzsche. Perspektivität und Tiefe. Bayreuther Colloquium 1980.* Hrsg. v. W. Gebhard, Frankfurt/Bern 1980.

»Epoche«

Blumenberg, Hans: *Aspekte der Epochenschwelle.* In: ders., *Die Legitimität der Neuzeit.* Frankfurt a. M. 1966.
Epochenschwelle und Epochenstrukturen im Diskurs der Literatur- und Sprachhistorie. Hrsg. v. H. U. Gumbrecht, Frankfurt a. M. 1985.
Freyer, Hans: *Schwelle der Zeiten. Beiträge zur Soziologie der Kultur.* Stuttgart 1965.
Frühe Neuzeit – frühe Moderne? Forschungen zur Vielschichtigkeit von Übergangsprozessen. Hrsg. v. R. Vierhaus, Göttingen 1992.
Geschichtliche Grundbegriffe. Hrsg. v. O. Brunner, W. Conze u. R. Koselleck, Bd. 4, Stuttgart 1978.
Riedel, M.: *Epoche, Epochenbewußtsein.* In: *Historisches Wörterbuch der Philosophie.* Hrsg. v. J. Ritter, Bd. 2, Stuttgart 1972.

II. Napoleon III. und seine Welt

Übergänge: manches Neue, viel Beharrung

Curtius, Ernst Robert: *Balzac.* Bern ²1951.
Friedenthal, Richard: *Karl Marx. Sein Leben und seine Zeit.* München 1981.
Marx, Karl: *Der achtzehnte Brumaire des Louis Bonaparte.*Nach der 1852 in New York erschienenen Erstausgabe. Vorwort v. H. Marcuse. Frankfurt a. M. 1965.
Maurois, André: *Prométhée ou la vie de Balzac.* Paris 1965 (deutsch: *Prometheus oder Das Leben Balzacs.* Wien/Düsseldorf 1966).
Tulard, Jean: *Le mythe de Napoléon.* Paris 1971 (deutsch: *Napoleon oder Der Mythos des Retters.* ²1979).

Der Kaiser, der modern sein wollte

Aubry, Octave: *Le Second Empire.* Paris 1938.
Berl, Heinrich: *Napoleon III.* München 1946.
Dansette, Adrien: *Louis Napoléon à la conquête du pouvoir, 1961. Du 2 décembre au 4 septembre.* Paris 1972.

Euler, Heinrich: *Napoleon III. in seiner Zeit. I. Der Aufstieg*. Würzburg 1961.
Girard, Louis: *Napoléon III*. Paris 1986.
Guérard, Albert L.: *Innovation et réaction*. Paris 1973.
Guérard, Albert L.: *Napoléon III*. Paris 1943.
Herre, Franz: *Napoleon III*. München 1990.
La Fuye, Maurice / Babeau, Emile Albert: *Louis-Napoléon Bonaparte*. Paris 1951.
Napoleon III – Enlightened Statesman or Proto-Fascist? Hrsg. v. B. D. Gooch, New York 1963.
Plessis, Alain: *De la fête impériale au Mur des fédérés*. Paris 1973.
Seignobos, Charles: *Révolution de 1848 et Second Empire / Le déclin de l'Empire*. In: Ernest Lavisse, *Histoire de la France contemporaine*. Bd. 6 u. 7, Paris 1921.
Sencourt, Robert: *The Modern Emperor*. London 1933.
Simpson, Frederick A.: *Louis Napoleon and the Recovery of France*. London 1909, Neuauflage 1965.
Simpson, Frederick A.: *The Rise of Louis Napoleon*. London 1909, Neuauflage 1968.
Smith, William H. C.: *Napoléon III*. Paris 1982.
Zeldin, Théodore: *Histoire des passions françaises*. Bd. 5, Paris 1986.

Die Eisenbahnrevolution

Benjamin, Walter: *Das Passagenwerk II*. Frankfurt a. M. 1983 (Kapitel »Saint-Simon«, »Eisenbahnen«).
Du Camp, Maxime: *Les chants modernes*. Paris 1855.
Du Camp, Maxime: *Souvenirs littéraires*. Paris 1962.
Janin, Jules: *Une inauguration de chemin de fer*. In: Charles Simond, *Paris de 1800 à 1900*. Paris 1907.

Die Welle der Weltausstellungen

The Crystal Palace Exhibition Illustrated Catalogue (1851). An Unabridged Republication of the Art Journal Special Issue. New York 1970.
Haltern, Utz: *Die Londoner Weltausstellung von 1851*. München 1971.
Maag, Georg: *Kunst und Industrie im Zeitalter der ersten Weltausstellungen. Synchronische Analyse einer Epochenschwelle*. München 1986.
Plum, Werner: *Weltausstellungen im 19. Jahrhundert*. Bonn 1975.

Haussmann oder Der wahre Umsturz von Paris

Margaret, Joan / Chapman, Brian: *The Life and Times of Baron Haussmann.* London 1957.

Guiral, Pierre: *La vie quotidienne en France à l'age d'or du capitalisme 1852–1879.* Paris 1976.

Kließ, Walter: *Urbanismus im Industriezeitalter. Von der klassizistischen Stadt zur Garden City.* Berlin 1992.

Lameyre, Gérard-Noël: *Haussmann préfet de Paris.* Paris 1958.

Pinkney, David H.: *Napoleon III and the Rebuilding of Paris.* Princeton 1958.

Stierle, Karlheinz: *Phantasmagorien der Großstadt. Paris im Spiegel der Literatur von Rousseau bis Benjamin.* In: *Frankfurter Allgemeine Zeitung,* 2.8.1986.

III. Baudelaire in seiner Epoche

Baudelaire, Charles: *Œuvres complètes.* Hrsg. v. C. Pichois, 2 Bde., Paris 1975/76.

Baudelaire, Charles: *Correspondance.* Hrsg. v. C. Pichois, 2 Bde., Paris 1973.

Baudelaire, Charles: *Sämtliche Werke / Briefe.* Hrsg. v. F. Kemp u. C. Pichois. 8 Bde., München 1977ff.

Baudelaire, Charles: *Die Blumen des Bösen.* Französisch/deutsch. Übertragen v. C. Fischer. München 1979.

Baudelaire, Charles: *Die Blumen des Bösen.* Prosaübersetzung v. F. Kemp. München 1986.

Asselineau, Charles: *Charles Baudelaire, sa vie et son œuvre.* Paris 1869.

Bandy, William T.: *Baudelaire Judged by His Contemporaries.* New York 1933.

Benjamin, Walter: *Das Passagenwerk II.* Frankfurt a. M. 1983.

Biermann, Karlheinz: *Literarisch-politische Avantgarde in Frankreich 1830–1870. Hugo, Sand, Baudelaire u. a.* Stuttgart 1982.

Crépet, Eugène: *Charles Baudelaire. Etude biographique.* Paris 1906.

Fietkau, Wolfgang: *Schwanengesang auf 1848. Ein Rendezvous am Louvre: Baudelaire, Marx, Proudhon und Victor Hugo.* Reinbek 1978.

Friedrich, Hugo: *Die Struktur der modernen Lyrik.* Hamburg 1956.

Kleinstück, Johannes: *Der Gott, der uns entweicht. Baudelaire und die Romantik.* Stuttgart 1992.

Oehler, Dolf: *Ein Höllensturz der Alten Welt. Zur Selbsterforschung der Moderne nach dem Juni 1848.* Frankfurt a. M. 1988.
Oehler, Dolf: *Pariser Bilder I. Antibourgeoise Ästhetik bei Baudelaire, Daumier und Heine.* Frankfurt a. M. 1979.
Pia, Pascal: *Baudelaire.* Paris 1952, Neuausgabe 1982.
Pichois, Claude / Ziegler, Jean: *Baudelaire.* Paris 1987.
Sahlberg, Oskar: *Baudelaire und seine Muse auf dem Weg zur Revolution.* Frankfurt a. M. 1980.
Stenzel, Hartmut: *Der historische Ort Baudelaires.* München 1980.

Gruppenbild mit Autor: die Generation von 1821

Balzac, Honoré de: *Un prince de la Bohème. Scènes de la vie parisienne.* Paris 1863.
Bardick, Robert: *The First Bohemian. The Life of Henry Murger.* London 1961.
Carassus, Emilien: *Le mythe du dandy.* Paris 1971.
Easton, Malcolm: *Artists and Writers in Paris. The Bohemian Idea 1803–1867.* London 1964.
Kreuzer, Helmut: *Die Boheme.* Stuttgart 1968.
Labracherie, Pierre: *La vie quotidienne de la Bohème littéraire au XIXe siècle.* Paris 1967.
Mann, Otto: *Der Dandy. Ein Kulturproblem der Moderne.* Heidelberg 1962.
Moss, Armand: *The Legend of the Latin Quarter.* New York 1946.
Murger, Henri: *Boheme, Szenen aus dem Pariser Künstlerleben.* Stuttgart 1967.
Neumeister, Sebastian: *Dandies, Baudelaire et Cie.* Paris 1977.
Prévost, John C.: *Le dandysme en France (1817–1839).* Genf 1957.
Seigel, Jerrold: *Bohemian Paris. Culture, Politics and the Boundaries of Bourgeois Life 1830–1930.* New York 1986.
Warnod, André: *La vraie bohème de Henry Murger.* Paris 1947.

Porträt des Künstlers als junger Mann

Arnold, Paul: *Le dieu de Baudelaire.* Paris 1947.
Bénouville, Guillain de: *Baudelaire le trop chrétien.* Paris 1936.
Blin, Georges: *Le sadisme de Baudelaire.* Paris 1947.
Burton, Richard D. E.: *Baudelaire and the Second Republic. Writing and Revolution.* Oxford 1991.
Caubet, Louis: *La névrose de Baudelaire.* Thèse de médicine, Bordeaux 1939.

Fondane, Benjamin: *Baudelaire et l'expérience du gouffre*. Paris 1947.
Laforgue, René: *L'échec de Baudelaire. Etude psycho-analytique sur la névrose de Charles Baudelaire*. Paris 1931.
Mauriac, François: *De quelques cœurs inquiets*. Paris 1919.
Milner, Max: *Baudelaire, enfer ou ciel qu'importe!* Paris 1967.
Mouquet, Jules / Bandy, William T.: *Baudelaire en 1848*. Paris 1946.
Pommier, Jean: *La mystique de Baudelaire*. Paris 1932.
Royère, François: *Baudelaire mystique de l'amour*. Paris 1927.
Ruff, Marcel A.: *L'esprit du mal et l'esthétique baudelairienne*. Paris 1955.
Scouras, Photis: *Baudelaire toxicomane*. Paris 1930.
Trial, Raymond: *La maladie de Baudelaire*. Thèse de médicine, Paris 1926.

Neue Töne – Baudelaires Gedichte

Burton, Richard D. E.: *Baudelaire in 1859. A Study in the Sources of Poetic Creativity*. Cambridge 1988.
Ferran, André: *L'esthétique de Baudelaire*. Paris 1933.
Friedrich, Hugo: *Die Struktur der modernen Lyrik*. Hamburg 1956.
Johnson, Barbara: *Défigurations du langage poétique. La seconde revolution baudelairienne*. Paris 1979.
Lloyd, James Austin: *L'univers poétique de Baudelaire*. Paris 1956.
Pichois, Claude: *Baudelaire. Etude et témoignages*. Neuchâtel 1976.
Said, Edward: *Orientalism*. New York 1972.
Vivier, Robert: *L'originalité de Baudelaire*. Paris 1927.

Die Entdeckung der Modernität – Baudelaire und die Maler

Austin, Lloyd J.: *Baudelaire et Delacroix*. Annales de la Faculté des Lettres et Sciences humaines de Nice IV. Paris 1968.
Boucher, François, u. a.: *Au temps de Baudelaire, Guys et Nadar*. Paris 1945.
Bouvier, Emile: *La bataille réaliste*. Paris 1913.
Bowness, Alan: *Courbet and Baudelaire*. In: *Gazette des beaux arts* 90:1977.
Castex, P. G.: *Baudelaire critique d'art. Etude et album*. Paris 1969.
Drost, Wolfgang: *L'inspiration plastique chez Baudelaire*. In: *Gazette des beaux arts* 49:1950.
Drost, Wolfgang: *Kriterien der Kunstkritik Baudelaires*. In: *Baudelaire*. Hrsg. v. A. Noyer-Weidner. Darmstadt 1976.
Duflo, Pierre: *Constantin Guys*. Vorwort v. C. Pichois. Paris 1988.

Europäischer Realismus. Hrsg. v. R. Lauer, Darmstadt 1980.
Ferran, André: *L'estéthique de Baudelaire.* Paris 1933.
Gilman, Margaret: *Baudelaire the Critic.* New York 1943.
Horner, Lucie: *Baudelaire critique de Delacroix.* Genf 1956.
Huyghe, René: *Le poète à l'école du peintre.* In: *Baudelaire. Collection génies et réalités.* Paris 1961.
Kadi, Simone: *La peinture chez Proust et Baudelaire.* Paris 1973.
Koella, Rudolf: *Constantin Guys.* Winterthur 1989.
Kohl, Stephan: *Realismus: Theorie und Geschichte.* München 1977.
Lacambre, G. und J.: *Champfleury. Textes choisis.* Paris 1973.
Martino, Pierre: *Le roman réaliste sous le Second Empire.* Paris 1913.
Moss, Armand: *Baudelaire et Delacroix.* Paris 1973.
Müller, Udo: *Realismus. Begriff und Epoche.* Freiburg i. Br. 1982.
Prévost, Jean: *Baudelaire. Essai sur l'inspiration et la création poétiques.* Paris 1953.
Realismustheorien in Literatur, Malerei, Musik und Politik. Hrsg. v. R. Grimm u. J. Hermand, Stuttgart 1975.
Roger-Marx, Claude: *Constantin Guys.* Paris 1949.
Schaettel, Marcel: *Baudelaire et Courbet. Les amis de Gustave Courbet.* In: *Bulletin* 43:1970.
Sloane, Joseph C.: *Baudelaire as Art Critic.* In: *Bulletin baudelairien* 5:1969.
Werner, A.: *Baudelaire Art Critic.* In: *The Kenyon Review*, November 1966.

Personenregister

Bildnachweis:

Abbildungen im Bildteil S. 1, 3, 4, 5, 6u, 7, 10o, 10u, 11o, 11u, 12, 14o, 14u, 15o, 15u: Archiv für Kunst und Geschichte, Berlin.

Herausgegeben und übersetzt von Michael Schulte. 252 Seiten mit 8 Abbildungen. Serie Piper 1026

Das Paris der zwanziger Jahre: Hauptstadt der Moderne, Treffpunkt der Avantgarde. James Joyce und Gertrude Stein, Ernest Hemingway und F. Scott Fitzgerald, Ezra Pound und Ford Madox Ford, Constantin Brancusi und George Antheil haben dort gelebt und ihre Werke geschaffen, einander verehrt und gemieden, sich gegenseitig in berühmten Cafés unter den Tisch getrunken und Boxkämpfe miteinander ausgefochten. Überliefert wurden diese Begebenheiten von Freunden und Verlegern, Schriftstellern und Publizisten. Aus deren erstmals ins Deutsche übersetzten Erinnerungen stellt Michael Schulte witzige Porträts zusammen, Momentaufnahmen, in denen sich die Berühmtheiten nicht immer nur von ihrer Schokoladenseite zeigen. Es entsteht ein lebendiges, in mancher Hinsicht hochprozentiges Bild einer der produktivsten Phasen der europäischen Kultur.

PIPER